国家社会科学基金2008年度西部项目
"草原丝绸之路视域下的契丹服饰研究"
（项目编号：18XKG006）

内蒙古自治区社会科学基金2022年度后期资助项目

王春燕 著

辽代服饰研究

LIAODAI FUSHI YANJIU

人民出版社

责任编辑：詹　夺
封面设计：姚　菲
版式设计：吴　桐

图书在版编目（CIP）数据

辽代服饰研究 / 王春燕 著 . —北京：人民出版社，2023.12
ISBN 978－7－01－025705－1

I. ①辽⋯　 II. ①王⋯　 III. ①辽墓－墓室壁画－服饰－文化－研究
　IV. ① K879.414

中国国家版本馆 CIP 数据核字（2023）第 087778 号

辽代服饰研究
LIAODAI FUSHI YANJIU

王春燕　著

人民出版社 出版发行
（100706　北京市东城区隆福寺街 99 号）

中煤（北京）印务有限公司印刷　新华书店经销

2023 年 12 月第 1 版　2023 年 12 月北京第 1 次印刷
开本：710 毫米 ×1000 毫米 1/16　印张：25.75　插页：2
字数：353 千字

ISBN 978－7－01－025705－1　定价：118.00 元

邮购地址 100706　北京市东城区隆福寺街 99 号
人民东方图书销售中心　电话（010）65250042　65289539

1   2   3   4

5   6   7   8

彩图一　壁画中的契丹服

1—3.宝山 M1　4、5.陈国公主墓　6.滴水壶辽墓　7.耶律弘世墓　8.库伦 M2

彩图二　壁画中的汉服

1、2、4、5.许从赟墓 3.周家店墓

彩图三　辽金服饰部分遗物对比图

1.大西沟辽墓 2.红花岭辽墓 3、10、12、14.齐国王金墓 4.巴彦库仁 M1 辽墓 5.朝阳沟
辽墓 6.新香坊 M5 金墓 7.黑龙江博物馆藏 8.耶律羽之辽墓 9、11、13.吐尔基山辽墓

序

宋朝苏辙《奉使契丹二十八首》其十《出山》"燕疆不过古北隅，连山渐少多平田。奚人自作草屋住，契丹骈车依水泉。橐驼羊马散川谷，草枯水尽时一迁。汉人何年被流徙，衣服渐变存语言。力耕分获世为客，赋役稀少聊偷安"。诗句："衣服渐变存语言"点出了辽朝契丹人穿着打扮与汉人不同，混居的汉人服饰逐渐胡化的现象。

辽代衣服很难保存下来，盗墓的破坏更是雪上加霜，幸运的是在发现的辽墓内偶尔能遇到保存较好的衣服实物。例如，早年发现的辽宁省法库县叶茂台7号墓，墓主是一位成年女性契丹人，雕花彩绘石棺内出土成套的衣服。内蒙古阿鲁科尔沁旗的耶律羽之墓也有衣服出土。发掘方式的改进和保护技术的升级对获取衣服资料具有重要意义，例如，著名的吐尔基山辽墓的主人是一位契丹女性，其彩绘木棺被整取到室内，在实验室内非日光下进行考古发掘作业，获取多层衣服的完整资料，是以往难以企及的。由于整理纺织品遗物需要专业技术强的保护定型，需要外请专家，整理编写报告的时间漫长，这些重要的衣服至今未能实现发表报告，详细资料仍然没有公布。

研究衣服，纺织遗物最重要，但是发现少，颜色也都褪色而非原色。辽墓壁画发达，彩色人物画像比比皆是，发现的壁画发表速度快，成为研究辽代服装的主要资料。

辽代服饰研究是学术研究的热点之一，有大量论文和专著问世，研究的专题和角度各异，不断推进学术进展。王春燕的《辽代服饰研究》是采用考古学研究的方法，首次对辽代出土的服饰遗物、壁画资料进行系统梳理。作者对内蒙古馆藏的纺织品实物进行了广泛调研，使得研究具有实物观摩的基础。在分类考察的基础上，对历时性、民族性、区域性特点和社会背景原因都做了探讨，作者力图"透过现象看本质，把庞杂混乱的一手资料用一定的方法排列出来，然后找到隐藏在它们后面的内在联系并分析原因"。辽代服饰是中华古代服饰文化的组成部分，在我国服饰史上占有重要地位，这本书以翔实的分析向读者展现辽代服饰概貌与来源发展之脉络。

2023 年 6 月 4 日

目 录

绪　论

第一节　解　题

唐代晚期，游牧于内蒙古草原东南部的契丹族崛起。唐亡后，中央多元一体的稳定秩序被扰乱，中原地区进入了五代十国的动荡时期。契丹族领袖耶律阿保机乘机而起，建立了辽朝，自阿保机907年称帝起，到1125年被女真人灭亡止，辽朝共历二百一十九年。辽朝曾威震四方，创造出璀璨的物质文化，留下丰富的墓葬遗存，其中壁画和出土丝织品、人体装饰品资料内涵丰富，新中国成立后，随着辽代考古资料的迅速积累，为服饰研究提供了资料上的可能性。

"辽"与"契丹"常被混用。"契丹"一词既是民族的称呼又是国号，被当作国号使用的时间较早，曾两度被统治者交替使用，太祖耶律阿保机在916年首次使用，而"大辽"为辽太宗耶律德光于938年所定，圣宗耶律隆绪在982年改回"契丹"，此后道宗耶律洪基在1006年将其改为"辽"，后世用"辽代"指代辽国或辽王朝政权或时代，"契丹"指代契丹族群。本书的研究对象是辽王朝所辖疆域境内所有人群穿着的服饰，其中契丹服和汉服是重要组成部分，从本研究拟定的研究范围来看，辽代服饰作为研究对象比契丹服饰更加适用，即揭示辽代政权存续期间的服饰面貌，而契丹服作为民族服饰是辽代服饰中最有特点的部分。故本书中的"辽代服饰"涵盖辽代不同族群不同地域的服饰，而"契丹服"专指契丹民族服饰，在时间范围上更加广泛。

第二节　主要研究资料

服饰研究参考资料，一般包括文献史料、壁画图像和出土遗物三类。文献史料是见诸各种载体的文字记录，壁画图像是辽代墓葬壁画上展现的直观形象，出土遗物是来自考古发掘的各种器物。本研究依靠的研究资料主要包括文献记录、辽墓壁画描绘的人物形象及各种出土织物、饰物三大类。

一、文献史料

主要参考史料有正史《辽史》《金史》中的《舆服志》，《新唐书》《旧唐书》中的《契丹传》，除正史外，还有《奉使辽金行程录》《东京梦华录》《岁时广记》《中吴纪闻》等宋人笔记，《三朝北盟会编》可做参考。其中，赵永春辑注的《奉使辽金行程录》于2017年在商务印书馆出版①，将辽宋对峙时期宋朝使节沿途经过路线及所见所闻的语录再现出来，47篇语录中有涉及服饰和人群构成的记述，成为不可多得的珍贵史料。

二、壁画图像

新中国成立前的壁画图像是伴随着辽庆陵的考古调查而面世的，日本人鸟居龙藏于1906—1908年和1930—1933年先后两次在内蒙古和东北地区考

---

① 赵永春辑注：《奉使辽金行程录》，商务印书馆2017年版。

察，在庆陵拍摄了部分文物照片，从后来写文章讨论契丹和中亚在服饰和建筑的相似性推测，其中应该有壁画照片；1939 年田村实造和小林行雄对辽庆陵继续进行考古调查并掠夺了部分文物，1953 年出版的《庆陵：辽代帝王陵及其壁画的考古调查报告》，首次系统地揭露了辽代帝王陵的壁画资料。

在新中国成立后的七十余年中，辽壁画墓的发掘清理不断收获令人振奋的消息，据不完全统计，已发掘的辽壁画墓已超过 120 余座，除画面模糊不清和资料未公开发表的之外，可供服饰研究的有 83 例墓葬，主要分布在内蒙古、辽宁、河北、山西、北京等地区，相当于辽代上京道、中京道、东京道、西京道、南京道所辖区域。随着辽代壁画墓葬资料的逐渐积累，我们感觉到辽墓壁画在区际面貌上存在着较大差异，五京地区壁画墓人物装束的多样性和差异性，使得我们更加关注五京地区服饰的区域性。建立五京所辖壁画墓的空间框架，首先需要将壁画墓葬出土地点的今地名与中国历史地图集的古地名对应，并在辽代疆域图上标示出来。

辽西京道管辖大同府大同地区和归化州宣化地区，根据考古发掘者王银田先生的介绍，大同地区辽代壁画墓约有 20 例，除画面模糊不清和资料未公开发表的之外，本研究收录的资料有 16 例，包括南关 M2、卧虎湾 1、2、3、4、5、6 号墓、周家店、许从赟、东风里、机车厂、西环路 M1、十里铺 27、28 号墓、新添堡 29 号墓、铁路生活区辽墓，此外，距离大同不远的朔州市政府工地发现一座砖室壁画墓①；河北张家口宣化区是唐代雄武城与辽代归化州所在地，在宣化下巴里村Ⅰ区②、Ⅱ区③先后发掘了 11 例辽代晚期的砖砌壁画墓，其中 7 座有墓志出土。辽上京地区壁画墓中的契丹服资料是最为丰富的，更为可贵的是，从辽建立初期至辽末没有断裂，几例处于关键节点

①　山西省考古研究所平朔考古队：《朔州辽代壁画墓发掘简报》，《文物季刊》1995 年第 2 期。

②　河北省文物研究所：《宣化辽墓》，文物出版社 2001 年版。

③　张家口市宣化区文物保管所：《宣化下八里Ⅱ区辽壁画墓考古发掘简报》，文物出版社 2008年版。

的重要墓葬还是纪年墓，目前有 20 余例墓可供研究，为探索契丹人的传统服饰提供了研究基础。辽中京地区壁画墓例地点为 18 个，数量为 25 个，以敖汉旗最为集中，辽代属于武安州，包括七家 M1、七家 M2、下湾子 M1、下湾子 M5、韩家窝铺 M6、韩家窝铺 M1、喇嘛洞沟辽墓、皮匠沟 M1、羊山 M1、羊山 M2、羊山 M3、北三家 M1、北三家 M3、白塔子辽墓、娘娘庙辽墓，其次为朝阳市，辽代属于兴中府，包括水泉 M1、水泉 M2、耿延毅墓、召都巴镇辽墓、木头城子辽墓，此外，宁城县鸽子洞辽墓、赤峰市元宝山区塔子山 M2、阜新四家子村辽墓、北票季杖子村辽墓也在研究之列，这批资料多数得以详备报道，韩家窝铺等一部分资料有待正式刊布；辽东京地区最终确定纳入本研究的壁画墓例地点为 2 个，数量为 7 个，集中在关山辽墓群和叶茂台辽墓群，包括关山 M4 萧和墓、关山 M3 萧知行墓、关山 M5、关山 M8 萧德让墓、关山 M9 萧知微墓、法库叶茂台 M16 萧义墓、叶茂台 M7，辽东京壁画墓发现数量不多，保存情况也不佳。辽南京道位于长城以南地区的山前之地，考古发现的北京及周边地区辽代壁画墓，约有 11 座左右，但是保存情况都比较差，报道亦颇简略[1]，绝大多数墓葬或因为未规划人物或因残破，使我们无法看到很多鲜活的壁画人物形象，只有北京韩佚墓[2] 和大兴区青云店辽墓[3] 能够看到部分侍女的服饰情况。

此外，还有权重很小的一部分图像不是绘制在墙壁上，而是在石棺、木棺上创作，别有特色。如翁牛特旗广德公墓的木棺上彩绘侍女形象，难得的女子髻发在此得以窥见，和通辽吐尔基山辽墓彩棺上的人物布局极为相似；再如翁牛特旗解放营子墓在石棺上绘制草原毡帐美景、仪仗图，图像内涵丰富，题材种类多样，特殊的男女发式在此得以呈现。这些补充资料也是辽代

---

① 北京大兴区青云店辽墓简报中介绍：新中国成立以来，北京地区发现的辽墓有 40 余座，圆形墓占 80%；壁画墓 10 余座，保存较好的有百万庄一号墓、韩佚墓、赵德钧墓等。

② 北京市文物工作队：《辽韩佚墓考古发掘报告》，《考古学报》1984 年第 3 期。

③ 北京市文物研究所：《北京大兴区青云店辽墓》，《考古》2004 年第 2 期。

壁画图像的必要组成部分，棺具上的人物服饰精心布局，更具典型性和代表性。

三、出土遗物

出土遗物包括两部分：一是随葬的衣服成品，即丝织品遗物，作为有机质难以保存或出土时粘连难以修复；二是随葬的各种材质的人体装饰品，是发式和衣服的重要搭配和组成部分，作为无机质容易保存，但是很多是零散件，需要复原其原貌，并研究其功能。

截至目前，赤峰大营子辽赠卫国墓等 20 余座辽墓发现了丝织品残片 [1]，多因发掘年代早、保护意识弱等因素致使风化粘连严重，保存状况不佳，其中代钦塔拉 M3 辽墓、耶律羽之辽墓、吐尔基山辽墓、豪欠营子辽墓、法库叶茂台辽墓等遗迹出土的服饰丝织品保存较好，具有重要的研究价值。为了全面系统地掌握一手资料，作者实地走访了内蒙古考古研究院、内蒙古博物院、赤峰市博物馆、阿鲁科尔沁旗博物馆、巴林左旗博物馆、巴林右旗博物馆、敖汉旗博物馆等文物收藏单位，对现存辽代丝织品的现状进行了调查了解，同时结合出土墓葬，对辽代服饰丝织品进行综合概述。

内蒙古翁牛特旗解放营子墓出土陶器、木器、银器以及大量的丝织品。报告中只有简单的文字描述，现收藏在赤峰市博物馆，作者于 2018 年和 2019 年曾先后两次赴赤峰博物馆考察了这批丝织品，有泥金印花罗带、黄色绘花绢、红褐色罗帽、黄色织锦香囊以及绣花、墨绘罗绢残片，保存状况较好，根据发掘资料综合判断，该墓相对年代在辽中期以后，即道宗初年。

---

[1] 出土丝织品残片的具体墓葬有赤峰大营子辽赠卫国墓、巴林左旗林东北山和尚庙、巴林右旗友爱窖藏、巴林右旗馒头沟辽墓、阿鲁科尔沁旗宝山 2 号墓、喀喇沁旗上烧锅 4 号墓、克什克腾旗二八地 1 号墓、山西应县木塔佛宫寺、通辽科尔沁左旗小努日木辽墓、巴林右旗庆州白塔、巴林左旗司马记墓等。

内蒙古赤峰市阿鲁科尔沁旗耶律羽之辽墓出土了丰富的丝织品。据考察，该墓出土的丝织品收藏于三个地点，一部分保存于内蒙古文物考古研究所，两件比较完整，修复后经常在内蒙古博物馆组织的展览中展出，其余保存于库房抽屉，因粘连严重，不便打开；另一部分保存在阿鲁科尔沁旗博物馆，黄色吊敦、褐色短襦和褐色帽子三件保存最为完整，其余的经过修复，荷包附带上有墨书文字，疑为契丹字；最后一部分由于历史原因，借展至杭州的中国丝绸博物馆长期展出，修复后比较完整。据赵丰研究，有的属于辽式斜纹纬锦，有的属于缎纹纬锦①，时期是 942 年。

内蒙古兴安盟科右中旗代钦塔拉辽墓 M3 出土的服饰遗物最为丰富完整。据报道，女墓主的丝织衣服大部分已朽烂，但仍可辨出入葬时曾穿着几套衣服：上身贴身一件右衽绢质单衫，下身一件丝质夹裙；第二层上身一件右衽丝质夹裙；第三层为一件丝质金丝线绣凤棉长袍，腰部佩戴的荷包内装一条包裹着一根金针的丝巾，足穿一双软底靴。男墓主双耳佩戴一副金耳环，腰部佩一把腰刀和一个荷包，内装一条包裹着虎头骨牌的丝巾；男尸身着服装只能辨认出：外着一件丝质金丝线绣花棉长袍，腰部束铁质腰带，足穿一双绣花软底鞋。②

辽宁法库叶茂台 M7 墓主人穿有十多件衣服。据简报报道，该墓出土服饰有长袍、短襦和裤子，此外还出土一个头饰、一副刺绣的手套和一双缂丝的靴子，此墓主人大概是一位辽初到辽中期的老年妇女。

此外，在巴林左旗辽上京博物馆展览中还发现一套僧侣的葬具，由木棺和木雕真容偶像组成。棺内有一具男性真容偶像，仰身直肢，光头，身披素罗袈裟，上下身内穿衣服，足穿软锦履，四肢关节可以活动，胸腔和头壳内各装有死者骨灰，单烧单放，可以属于辽代火葬中一种特殊的佛教徒的葬

---

① 赵丰：《辽代丝绸》，香港沐文堂美术出版社 2004 年版。

② 兴安盟文物工作站：《科右中旗代钦塔拉辽墓清理简报》，《内蒙古文物考古文集》（第 2 辑），中国大百科全书出版社 1997 年版。

俗，同时也为研究辽代僧侣阶层的服饰提供了素材。

　　出土人体饰物的种类很多，头饰有固定头发的钗或装饰发式的簪子、步摇，固定帽子的金环；项链通常以饰物或珠子用金丝穿缀而成，复杂的选用大的琥珀饰物间隔，穿成两重长项链，金银 T 形饰和心形饰左右制衡，名其璎珞；手镯流行扁体金银镯子，戒指以盾面金银戒指最为特色，腰带出土的频次是最高的，汉式腰带和契丹式腰带并行不悖。总之，辽代墓葬有重人体装饰的传统，从材质上看，最爱金银，其次是玉石，愿意做成带链的饰物，挂在蹀躞带上，通过对比，我们发现契丹人更喜欢使用琥珀，汉人更钟爱玉石。出土人体饰物的墓葬不胜枚举，以赤峰大营子驸马墓、通辽吐尔基山辽墓、兴安盟代钦塔拉 M3、阿鲁科尔沁旗耶律羽之墓、克什克腾旗二八地 M1、建平张家营子辽墓、奈曼旗陈国公主墓、凌源小喇嘛沟 M1、多伦贵妃墓、阿鲁科尔沁旗温多尔敖瑞山辽墓出土者最具典型性。

第三节　研究现状

　　国外学者中日本学者对契丹服饰的关注较早，新中国成立前，松井 [①]、桑原骘藏 [②] 等学者利用文献做过服饰、发饰方面的尝试，新中国成立后，大批辽代墓葬被发掘，使得壁画、丝织品、饰物重新面世，对契丹服饰的形象资料才开始有了认识，田村实造首次披露了辽代帝王陵的壁画资料，并根据文献与壁画的比对，探讨了国服与胡帽、汉服与幞头的关系。[③]

---

　　① 〔日〕松井等：《契丹人的衣食住》，《满鲜地理历史研究报告》4 号，1918 年。
　　② 〔日〕桑原骘藏：《中国人辫发的演变》，《东洋史说苑》，京都弘文堂书房，1929 年。
　　③ 〔日〕田村实造：《论契丹族的服饰——头发和胡服》，日本《考古学杂志》33 卷 12 号，1943 年 2 月；〔日〕田村实造：《再论契丹服的服饰——国服与汉服》，日本《考古学杂志》34 卷 7 号，1944 年 7 月。

中国学者的服饰研究热起源于 20 世纪 80 年代，历史学界、美术学界、考古学界越来越多地关注这一课题。其一，在服饰通史的研究中，沈从文、孙机、周保锡、周汛、高春明①、王明泽②、华梅③、黄能馥、陈娟娟等学者考证服饰名物，推演服饰发展历程，揭示服饰文化内涵，可谓成果丰富。沈从文先生的《中国古代服饰研究》④是一部文献与文物多元结合的学术名著，是中国古代丝绸、服饰研究领域的开山之作，他精选 179 个不同时期的服饰案例，并与文献结合释读，孙机在带具、服饰的变革、女子化妆⑤等诸多方面的考证上着力，考证方法和结论让人信服。然而在大多数的服饰通史专著中契丹或辽代服饰是缺项，或者对契丹的服饰材料介绍得很少，局限于零散的个案研究和宏观的概貌介绍，介绍最多的当属周保锡的《中国古代服饰史》⑥和黄能馥、陈娟娟的《中华历代服饰艺术》⑦，单设辽代服饰章节，前者尝试从文献和壁画的角度对辽代男子、妇女、军戎、仪容进行整体梳理，图像与文献互证的方法至今值得借鉴，后者收集了较多清晰的壁画、丝织品图像资料并展示出来。其二，关于契丹服饰的专题研究，随着辽壁画墓和出土织物的不断积累与丰富，为研究提供了重要的资料基础，王青煜、赵丰、李甍等学者从不同角度研究契丹服饰。王青煜 2002 年的《辽代服饰》是最早研究契丹服饰的专著⑧，较早从图片和文献互证的视角审视壁画和实物资料；赵丰另辟蹊径，从织造技艺、染缬技艺、刺绣技艺的角度对辽庆州白塔出土丝织品进行了深入研究，从颜色成分测试、绘制手法、图案风格等角度

① 周汛、高春明：《中国古代服饰大观》，重庆出版社 1994 年版。

② 王明泽：《中国古代服饰》，北京科技出版社 1995 年版。

③ 华梅：《中国服饰》，五洲传媒出版社 2004 年版。

④ 沈从文：《中国古代服饰研究》，商务印书馆 1981 年版。

⑤ 孙机：《中国古舆服论丛》，文物出版社 2001 年版。

⑥ 周保锡：《中国古代服饰史》，中国戏剧出版社 1984 年版。

⑦ 黄能馥、陈娟娟：《中华历代服饰艺术》，中国旅游出版社 1999 年版。

⑧ 王青煜：《辽代服饰》，辽宁画报出版社 2002 年版。

对耶律羽之墓出土彩绘丝织品展开分析，发表的系列论文和专著体现了以技法和工艺为视角研究辽代服饰的最高水平[①]；李薇2013年出版的专著，收集的壁画、实物资料比较丰富，在辽代二元政治体系的框架下考察契丹服饰[②]；田广林等学者利用图像和实物对契丹衣裳和佩饰进行研究[③]，孙机[④]、冯恩学透过契丹蹀躞带与突厥蹀躞带的形制对比探讨背后的文化交流[⑤]，冯先生也对宣化辽墓服饰等方面存在的契丹族汉化与汉族契丹化现象进行过专门研究[⑥]。其三，关于服饰饰物的专项研究，研究成果也颇为可观，于宝东[⑦]、许晓东[⑧]、朱天舒[⑨]、张景明、王春燕[⑩]、周琳[⑪]等学者进行过辽代玉器、琥珀、金银器、璎珞的专项研究，也出现了墓例出土饰物的个案研究[⑫]，为服饰研究的细化和深化做了充裕的资料储备。此外，《中国大百科全书》的编撰者先后独立出版了《中国大百科全书·纺织分类》和以服饰条目为重要组成部分的《轻工分类》掀起了服饰辞典的编撰热潮，孙晨阳、张珂编著的《中国古代服饰辞典》选择古代典籍中固有的词汇，词的释义来自《说文解字》等古代典籍的释文或历代名家对古代典籍文献中服饰词汇的注疏，信息出处可靠，为研究提供了极大的便利。

---

① 赵丰：《辽代丝绸》，香港沐文堂美术出版社2001年版。

② 李薇：《中国北方古代少数民族服饰研究·契丹卷》，东华大学出版社2013年版。

③ 田广林：《契丹头衣考略》，《内蒙古文物考古文集》（第一辑），中国大百科全书出版社1994年版。

④ 孙机：《论近年来出土的突厥与突厥式金银器》，《文物》1993年第8期。

⑤ 冯恩学：《蹀躞带——契丹文化中的突厥因素》，《文物季刊》1998年第1期。

⑥ 冯恩学：《辽墓反映的契丹人汉化与汉人契丹化》，《吉林大学社会科学学报》2011年第3期。

⑦ 于宝东：《辽金元玉器研究》，内蒙古大学出版社2007年版。

⑧ 许晓东：《辽代玉器研究》，紫禁城出版社2003年版。

⑨ 朱天舒：《辽代金银器》，文物出版社1998年版。

⑩ 王春燕：《辽代金银器研究》，科学出版社2020年版。

⑪ 周琳：《辽代璎珞佩饰研究》，辽宁师范大学硕士学位论文，2011年。

⑫ 李逸友：《辽金带式考实——从辽陈国公主驸马合葬墓出土的腰带谈起》，《文物》1987年第11期。

辽代服饰的前期研究成果越来越丰富，对某一个案或某一专题的研究已达到前所未有的高度，但是仍然存在薄弱环节和不足，还有整合研究和深入探索的必要性，具体表现在：其一，专题性研究涉及面窄，缺乏宏观性的把控，没能在更广阔的时空框架下，动态地把握服饰的发展过程，进而建立辽代服饰的考古学时空框架；其二，资料收集不全，资料整合不够，对不同区域的服饰材料缺少对比研究，忽视辽代服饰的区域性问题；其三，服饰的文化内涵、对比交流研究显得尤为不足，馆藏丝织品和其他民族服饰的对比资料欠缺，对庞杂资料的整合能力不够，许多资料仍处于堆砌展示阶段，同时就饰物论饰物，就服饰论服饰，忽视服饰背后隐含的文化内涵及文化联系。

第四节　研究内容与研究意义

一、研究内容

本书的具体研究对象是辽代服饰的类型组合、社会属性、演变特征以及文化交流。

主要内容有三项：一是服饰名称的文献辨析和服饰各部分的类型分析，突破一概以现代术语命名服饰的习惯，尽可能还原它的真名；我们将分区域对辽墓壁画人物的服饰以及墓葬出土的丝织品、饰物一并进行类型学分析，初步建立契丹服饰总的构成体系。二是社会属性研究，服饰不仅是遮风挡雨的实用品，还是社会文化的体现者，服饰各部分不是孤立存在的，特定的搭配有着特定的表达，我们将重视服饰的搭配组合，样式、衣料、颜色、花纹等服饰元素的延续与变化，恰恰反映出服饰的民族特色，通过排列和对比，力图将遗存所见服饰考古资料分出契丹民族传统服饰、汉族服饰与其他民族服饰几种情况，再考察各地区在壁画人物、丝织品、饰物方面有无差异，结合壁画空间布局，分出墓主人夫人、属下官吏亲属、侍从三个等级。三是探索服饰的时空变迁和服饰的文化交融。结合辽代壁画墓分期编年墓葬研究成果，重新确认一部分无纪年墓葬的年代，探讨服饰的各部分在历史发展进程中的阶段性变化。契丹族的发展壮大经历了漫长的过程，在发展中与中原汉人、北方民族保持着不同的关系，对后世人群也产生了某种影响，我们将摸索他们在服饰上呈现出来的互鉴与交流。

隋唐以来的服饰，经过南北朝时期的大融合，演变出两套系统即礼服与常服，辽代服饰继续沿着这样的双轨制路径向前发展，在汉化和胡化的问题上显然是经过深思熟虑的，没有参照北魏的全盘汉化和后期的全盘胡化，而是秉承了唐代以来包容度极高的民族政策，表现在服饰上，呈现出契丹服和汉服自由并存，与礼服和常服组合后衍生出双重二元现象。辽代文献中记载的样式多是礼服，在礼仪性场合使用，如国母和契丹官员穿契丹式礼服，国主和汉官穿汉式礼服的记述，契丹式礼服以金花毡帽、紫色窄袍、红黄绦裹革、金玉装饰为特征，礼服是存在等级之分的，体现在颜色和貂裘品质上，然而礼服的形制在壁画中很难见到图像资料，原因在于辽代的壁画是写实的壁画，描绘墓主人的日常生活，人物穿着的衣服属常服系列。本研究所探讨的范围多集中在常服领域，原因有二：一是研究开展依靠的资料以壁画和出土丝织品为重点，而墓葬图像反映的内容是以墓主人为中心的写实生活，墓主人穿戴的衣物以常服为主，能判定为赐服礼服的比例并不高；二是历史学者依据文献开展的礼服礼制研究已经比较充分了，下一步关注的焦点应该集中到与实物、图像进一步结合互证上来。

本书分区域对辽墓壁画中的人物服饰以及遗迹出土的服饰实物进行了类型学分析，归纳出每一区域比较典型的组合类别，并依据类别探索服饰的民族性和等级性，指出服饰中存在少量汉人被契丹同化和少量汉人同化契丹人的现象，壁画人物的等级以墓主人为最高等级，其他两个等级因与墓主人的亲疏关系而递减。回顾了前辈关于辽墓分期的研究成果，也对部分壁画墓的年代重新认定，以此为依据考察服饰的分期，分为四期，认为契丹传统服饰在第三期发生内部的变革和演进，国俗文化成分在不断调整和发展。辽代服饰可以分为长城以北北区和长城以南南区，北区再分辽上京地区、辽中京地区和辽东京地区三小区，南区再分辽西京地区和辽南京地区两小区，总结了各区特点，分析了服饰文化的阶段性特点。在更广阔的时空范围内，探索了辽代服饰与草原文化传统、汉文化传统的关系以及在金元时期的微沉淀。契丹贵族汉化深，太宗制定的因俗而治的国策对于服饰的发展走向产生了重要影响：一方面腹地契丹人的汉化速度减慢，探索本民族服饰的发展路径；另一方面辽境内汉人在服饰文化上拥有更多的自主选择权，多元一体的服饰格局初步形成。

二、研究意义

本书有着重要的学术价值和探索的必要性。以往研究侧重服饰资料展示或某一专题的研究，研究的广度和深度还有拓展的空间。本研究借助近年全国开展的馆藏文物数据库普查项目，全面收集服饰的实物、图像资料，以及近年发掘或发表的墓葬服饰材料，突破以往研究成果资料收集不全和研究体例方法上的局限，运用考古学方法深入整合梳理庞杂的服饰资料，在整合的基础上推理出让人信服的辽代服饰的演变特征和社会属性，在更广阔的时空框架下，对辽代服饰文化进行从现象到规律的总结，也是在前人研究成果上最大限度地使用考古学方法对辽代服饰资料的一次大综合大整合式的系统研究。辽代服饰是辽文化的重要组成部分，对其整体性的文化揭露也是中国古代服饰研究中的重要一环。

本书具有显性和隐性两方面的应用价值。中国古代服饰史是一部不断融合、不断革新的历史，通过考古学图像资料的复原性研究，为我们再现服饰上演进的局部和过程；宋辽时期，服饰的互动交流更为频繁，反映的是人群间的交流与交往，中华民族共同体意识可以通过历史上汉族与北方各民族服饰上共有的文化标识而被重新唤起，这是一种隐性的潜在的文化认同；同时贯彻习近平总书记"让文化遗产活起来"的精神，研究成果能直接运用到博物馆的文物展览中，提升观赏的知识性，服饰族属研究可以为辽代墓葬的年代断代、族属识别提供参考依据，也可以为现代丝绸的中国设计提供思路，具有可预见的显性应用价值。辽代服饰研究有着广泛的关注群体，其中有历史学、民族学、考古学、美术学的学界同仁，也有服饰设计者、展览设计者、美术爱好者的参与，雅俗共赏，应用面相对广泛一些，研究成果可以供各界参考、应用或者推广。

第五节　研究思路与方法

服饰是辽代考古和历史研究中的重要课题之一。辽墓壁画中有服饰的形象资料，辽代丝织品、饰物被大量发现并保存下来，文献史料中也有记载的痕迹，为研究辽代服饰创造了难得的客观条件。辽代服饰研究的瓶颈在于透过现象看本质，把庞杂混乱的一手资料用一定的方法排列出来，然后找到隐藏在它们背后的内在联系并分析原因，而考古学的类型分析法在资料的驾驭方面犹胜一筹。

本研究采取"点""线""面"的研究思路。点属于微观研究，关键在于考辨名物，辨析文献、壁画、遗物中的服饰名称和功用。"线"可分为横向和纵向两条线，横向线在服饰搭配组合研究的基础上，剖析服饰的民族性、地域性、等级性等社会属性，旨在对遗存及史料中所见服饰资料进行宏观考察，总结社会属性的典型特征并区分差异性，提出值得深入研究的问题；纵向线在研究墓葬，尤其是墓葬分期的基础上，深入探讨遗存中所见各种服饰文化因素的时空变迁，进行阶段性定位，并结合横向研究提出的问题进一步分析，力求从服饰学的角度审视辽代统治政策的调整与适应。"面"将辽代服饰置于整个北方草原的背景之中，与前代北方民族服饰进行对比研究，与同时期的北宋服饰、西夏服饰进行对比研究，与后世的金代女真服饰、南宋汉族服饰进行对比研究，通过多视角比较，清晰把握辽代服饰的渊源与流向，进而审视服饰上折射出的民族间不同的关系。

针对不同的研究资料采取不同的具体研究方法。根据各部分具体资料的保存情况及研究目的的差异，综合采用考古学类型分析法、历史文献学、民族学等学科的研究方法，从比重上看，考古学方法运用得最为广泛，在庞杂资料的处理上，类型分析法最为有效。具体操作中，由于本研究借助的研究资料为文献、图像、出土实物三类，而三者同时互证的情况很少，根据三种资料不同的特性，采取不同的分析方法。只见文字，未见实物和图像描绘者，通过各类文献的考证，判定史料价值，推断服饰特征；文献与图像互证者，将文献考辨源流和图像类型分型结合起来，将考古学的类型分析法运用到壁画人物各部分服饰的分类研究中，追本溯源；无文字说明的出土丝织品和金玉饰物，尤其是丝织品的保存状况很差，首先协调联系文物收藏单位进行实地调查，对样式、颜色、技法得出的认识是其他途径无法比拟的，然后运用考古学的类型学方法探索形态变化的过程，总结规律。

辽代服饰研究具有较强的可行性。近年来考古发掘的进一步开展和考古报告的编写，以及各地方文物普查、文物数据库的建立使得一大批涉及辽代文化的遗存，如壁画、丝织品实物等成了辽代物质文化研究的材料基础，为我们进一步探讨辽文化的方方面面提供了可能。当然在研究中也能预见存在的难点，第一，分类分型是一项量大烦琐的工作，出土饰物这块因有前人的研究基础还容易些，但是涉及一批未公布且保存不佳的丝织品就并非易事了，更难的是壁画人物中各部分服饰的识别与归类，需要花费时间按照区域制作一大批表格辅助研究；第二，服饰的组合和社会属性是本研究的创新点和重点内容，组合的研究是为社会属性服务的，结合墓葬分期分析服饰的民族性、等级性是一项复杂的工作，在更广阔的时空框架下去把握辽代服饰的演变会成为研究的难点；第三，辽代服饰包括契丹服和汉服，长城南北、五京不同区域又经历了不同的发展与变化，收集全部有关联的服饰资料，辨析与前代北方民族附属、周邻民族服饰、后世服饰的异同，加之边疆地区民族服饰的杂糅性，共同增加了研究的难度系数。

第一章

契丹服饰的类型学研究

　　为了巩固辽代疆域，辽统治者相继修建了上京临潢府（今内蒙古赤峰市林东镇）、东京辽阳府（今辽宁省辽阳市）、南京析津府（今北京市西南）、中京大定府（今内蒙古宁城县）、西京大同府（今山西省大同市），谓之辽代五京①。由于辽墓壁画资料和出土遗物资料的丰富性和分散性，试图借用辽代五京的地域范围，分区域对服饰资料进行类型学梳理，有利于在比较视角下开阔视野，增加新认识。

第一节　辽上京地区服饰的类型

　　辽朝是以契丹人和汉人为主体的国家，国服和汉服是其主流服饰，《辽史·仪卫志二》记载："会同中，太后、北面臣僚国服；皇帝、南面臣僚汉服"，国服即契丹服，开篇需要辨别这两类主流服饰，最直接的途径就是把握并分析其典型要素。

一、契丹服各部分的类型分析

　　契丹服是相对于汉服而言的，指代契丹人的衣裳，北宋文献中被称为

---

　　① 也有学者提出异议，参见关树东：《辽朝州县制度中的"道""路"问题探研》，《中国史研究》2003 年第 2 期。

"胡服"。研究契丹服需要从它的典型要素入手，辨析髡发、巾帽、短袍、长袍、鞋、靴的细节特征，进而梳理可能存在的早晚演变关系。

（一）发式、头衣

1. 髡发

《说文·髟部》载："髡，剃也。"① 根据剃发的位置和存留发量，分为四型。

图 1-1　发式与巾帽②

1. 宝山 M1 西壁男侍 2. 吐尔基山辽墓彩棺小门右侧侍卫 3. 陈国公主墓前室西壁北侧持骨朵侍卫 4. 宝山 M1 西壁男侍 5. 吐尔基山辽墓甬道东壁男侍 6. 宝山 M2 石室东壁南侧侍女 7. 韩匡嗣墓驾鹰男侍 8. 滴水壶辽墓西北壁提壶男侍 9. 库伦 M1 墓道东壁牵马人 10. 库伦 M6 墓道东壁男侍 11. 浩特花 M1 西耳室过洞北壁侍女 12. 韩匡嗣墓的侍女石俑 13、14. 滴水壶辽墓西北壁侍女 15. 库伦 M1 天井东壁左三侍女 16. 滴水壶辽墓南壁持壶男侍

① （清）段玉裁：《说文解字注》，上海古籍出版社 1981 年版，第 428 页。
② 图中的 2 笔者于内蒙古博物院《大辽契丹》展厅拍摄，5 摘自《中国出土壁画全集 内蒙古卷》，11 摘自简报，12 摘自《辽代服饰》，余摘自《内蒙古辽代壁画》。

17. 库伦 M6 墓道西壁站立男侍 18. 库伦 M2 墓道西壁驼车前站立的男侍

　　A 型 髡去所有头发，保持统一长度的发茬，耳际有鬓发。

　　A Ⅰ式 鬓发修剪较短，类似当今的"寸头"。见于宝山 M1 墓室西壁年长的侍从（图 1-1，1）。

　　A Ⅱ式 鬓发留长，削薄自然垂落。见于吐尔基山墓彩棺木门右侧的侍卫鬓角留长（图 1-1，2）；床金沟 M5 的多位男侍均为此发式。

　　A Ⅲ式 鬓发修剪成细长的发绺垂落。见于陈国公主前室东西壁的多位侍者①（图 1-1，3），多数额发剃除；浩特花 M1 后甬道东西壁外层的多位侍从②、罕大坝辽墓的 2 位侍从也属此类③。

　　B 型 髡去头顶至后脑发，但并未髡成一致的长度，近颈部又蓄发，耳际有鬓发。宝山 M1 中年轻男侍多为此发式（图 1-1，4），发掘报告称其为齐耳短发，王青煜最早注意到此类人物发型的特别之处，即耳上一周向颅内凹陷，若为长发下披且无绳捆缚则无法致此，故推测颅顶应剪得极短，近颈部又蓄发。④ 这一推测是比较合理的。

　　Ba 型 蓄发较短，到达颈肩。宝山 M1 的多位侍从为此发式，额前发量略多⑤（图 1-1，4）；吐尔基山墓彩棺木门左侧侍卫的脑后发似有蓄发的迹象（图 1-1，5）；床金沟 M5 天井南墙外壁西侧的侍从也可归入此类，只是额前发量略少，蓄发略长。

　　① 内蒙古文物考古研究所等：《辽陈国公主墓》，文物出版社 1993 年版。
　　② 中国社会科学院考古研究所内蒙古工作队等：《内蒙古扎鲁特旗浩特花辽代壁画墓》，《考古》2003 年第 1 期。
　　③ 巴林右旗博物馆：《罕大坝辽"回纥国国信使"壁画墓的抢救性清理报告》，《内蒙古文物考古》2001 年第 1 期。
　　④ 王青煜：《辽代服饰》，辽宁画报出版社 2002 年版，第 133 页。
　　⑤ 内蒙古文物考古研究所等：《内蒙古赤峰宝山辽壁画墓发掘简报》，《文物》1998 年第 1 期。

Bb 型　蓄发较长，近似披发。宝山 M2 石室东壁两侧的侍女 ① （图 1-1，6），前额和鬓发均有髡剃的痕迹，从耳后凹陷分辨，疑分短、长两个层次；吐尔基山辽墓的多位侍从，额发疏朗，发梢及腰。

C 型　留鬓发和额发，颅顶和后侧全部髡净。

C Ⅰ 式　修剪粗糙，线条平直。白音罕山韩匡嗣墓的壁画男侍和男性石俑，驾鹰者的黑色发茬以涂抹的形式加以区分 ② （图 1-1，7）；滴水壶辽墓的若干侍从 ③ （图 1-1，8）。

C Ⅱ 式　修剪精细，线条流动。库伦 M1 （图 1-1，9）、M2、M4 多位男侍的主流发式。④

D 型　只留鬓发，颅顶和后侧全部髡净。

库伦 M1 的 4 位侍从为此法式，库伦 M2、M4、M6⑤ （图 1-1，10）各有 1 位为此类，在库伦 M7 中此种发式上升为主流发式。⑥

此外，有两种女子发式值得重点关注。一为双垂髻。陈国公主墓出现的一种女子发式，从整体上观察属于髻发系列，头发分成左、右两部分，在耳朵两侧纵向扎髻，曾是唐代侍女的常见发式，被称为双垂髻，所不同的是，左侧鬓发留出一绺自然垂落于胸前，有髡发的特征。这一特别之处无独有偶，浩特花 M1 的侍女持同款发式（图 1-1，11），后期还有新的发展。⑦ 可见，这种发式不应简单地处理为髻发，可以看作契丹人将髡发与汉人女子发

①　王建群、陈相伟：《库伦辽代壁画墓》，文物出版社 1989 年版。

②　内蒙古文物考古研究所：《白音罕山辽代韩氏家族墓地发掘报告》，《内蒙古文物考古》2002年第 2 期。

③　巴林左旗博物馆：《内蒙古巴林左旗滴水壶辽代壁画墓》，《考古》1999 年第 8 期。

④　王建群、陈相伟：《库伦辽代壁画墓》，文物出版社 1989 年版。

⑤　哲里木盟博物馆、内蒙古文物工作队：《库伦旗第五、六号辽墓》，《内蒙古文物考古》2002年第 2 期。

⑥　内蒙古文物考古研究所等：《内蒙古库伦旗七、八号辽墓》，《文物》1987 年第 7 期。

⑦　《内蒙古辽代壁画墓》中刊出巴林左旗官太沟辽壁画墓的高清图片，其中有一位侍女的发式也是双垂髻，头顶、颅后髡净，可作为这种发式新的演进。

式融合发展的一个实例，在讨论契丹传统服饰是应予以特别关注；二为辫发盘扎。辫发是北方游牧民族的特有发型①，从考古实证来看，契丹时代的辫发只适用于女子，吐尔基山女墓主首次展示了该发式，韩匡嗣墓出土的女俑以三维立体式地展示了此种发式（图1-1，12），首先将头发也分成左、右两部分，各自编成两条辫子，在脑后交叉，绕至额前扎系，再装饰蝴蝶结，人骨上的发式与石俑上的发式几无差异；滴水壶辽墓壁画中的一位侍女的辫发又是另外一种样式（图1-1，13），从一侧编起一根辫子，绕脑后一周至前额固定，再扎一条绣花额带，仅此一例。

2. 帽

帽与幞头不同，轮廓随头形，通常由软带扎缚，又叫"浑裹"，帽主体均为黑色，根据抹额和带子的有无，分为三型。

A型　两根带子向后垂落，有抹额，女子专用。

AⅠ式　黑色帽体有褶皱，周围以一条蓝色的额带扎缚，在脑后打结致双短带垂落。见于滴水壶辽墓的梳妆侍女（图1-1，14）。

AⅡ式　黑色帽体圆润，周围以一条绿色的额带扎缚，脑后双长带垂落。库伦辽墓的女子发式多为此类（图1-1，15），帽体疑似毡帽，有的还装点竖纹②，鬓发修剪垂落。

B型　两根带子向后垂落，无抹额，男子专用。

BⅠ式　黑色帽体有褶皱。滴水壶辽墓的两位男侍角度一正一背，完整地展示了帽子的形制（图1-1，16）。前进村辽墓的12位侍从均戴软帽，只是双带长短不一。

---

① 蒙古国曾出土过匈奴辫发的人骨，从和林格尔新店子乌桓校尉壁画墓观察，乌桓人是剪去除头顶以外的其他头发，或盘成小髻，或编成一根发辫。文献记载鲜卑的一支也有辫发的习俗，《资治通鉴》卷九十五《晋纪十七》载胡三省注："索头，鲜卑种。言索头……以其编发，故谓之索头"（司马光：《资治通鉴》，中华书局2007年版，第3007页）。

② 周保锡在《中国古代服饰史》中把这种毡帽考证为"爪拉帽"，王青煜同意此说。

　　B Ⅱ式 黑色帽体较为圆润、简洁。库伦辽墓有2例（图1-1，17），可能是帽体材质变硬。

　　C型 无带，线条硬朗，疑为毡帽①。库伦M2驼车前站立的侍从（图1-1，18），库伦M4牵驼人。

（二）身衣

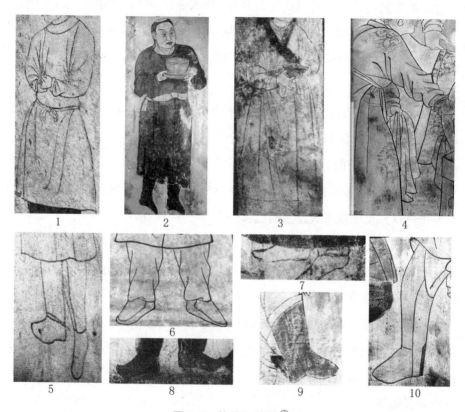

图 1-2　袍袴与鞋靴②

1.宝山 M1 西壁男侍 2.耶律弘世墓捧盘展男侍 3.宝山 M2 石室东壁北侧侍女 4.滴水壶辽墓北壁侍女 5.宝山 M1 东壁牵马人 6.床金沟 M5 天井南墙外壁西侧男侍 7.宝山 M2 石室

---

　　① 《契丹风俗》记载1020年宋绶祝贺辽圣宗生日见闻，有"番官戴毡帽"的记述。

　　② 图中的2是笔者在巴林左旗博物馆展厅拍摄，余摘自《内蒙古辽代壁画》。

东壁南侧侍女 8.陈国公主墓前室西壁北侧侍卫 9.库伦 M2 墓道西壁驼车前坐者 10.滴水壶辽墓西南壁男侍

1.袍

长度在膝盖至脚踝的衣服。根据长度、领口的样式、开气的位置、腰带的形制，分为两型。

A 型 圆领筒袍，露出裤、鞋或靴，左前侧开气。

A Ⅰ式 长度及膝，腰系白色的布帛带或软皮绳，有的系宽革带。

宝山 M1 的若干男侍多着此袍，领口很紧，腰系白色的细布带或软皮绳（图 1-2,1）；吐尔基山辽墓侍从的服饰均为此型，领口很紧，只是整体较肥，腰带扎缚后出现裙摆的迹象；床金沟 M5 髡发男侍均着此袍，领口很紧，腰系布带或革带；罕大坝辽墓的 2 位男侍着此类袍服，素面；陈国公主墓男侍的主流服饰，领口较松，依稀露出内衣领口，系宽革带，有的革带上还缀金属带銙。

A Ⅱ式 长度到腿肚，腰系布带或革带，有的侧身能观察到袍后开气。

白音罕山韩匡嗣墓的壁画男侍和男性石俑着此袍；滴水壶辽墓中的男侍均着此袍，领口较松，露出交领中单，布料上绘团巢鹿图案；此后成为前进村辽墓、耶律弘世墓（图 1-2, 2）、库伦墓地男侍的主流服饰，均为单色布料，其中库伦 M2 有 2 例左前侧开气。

B 型 交领长袍，胸下系大花结，长度至脚踝。

B Ⅰ式 领口带襈。宝山 M1 石室南壁西侧的侍女，袖口、领口均加襈，右衽，除艳丽的花纹外，长度及踝、领口交领、胸下系花结等关键要素均为后期袍服所共有，开女子袍服的先河。宝山 M2 石室东壁两侧的侍女均为此式，左衽，袖口无襈（图 1-2, 3）。

B Ⅱ式 素面无襈，通体肥大。白音罕山韩匡嗣墓的女性石俑，左衽，露出鞋；陈国公主墓前室东壁北侧的侍女，露出勾脸单鞋；滴水壶辽墓西北壁的 3 位侍女，露出黑鞋（图 1-2，4）；库伦 M1、M2 的侍女均着此袍，能看清楚的 2 例为左衽，鞋子多遮挡不见。

2. 袴

袴（ku）通常在靴出现前能够在壁画中被绘制出来。根据袴脚的松紧情况，分为两型。

A 型 连袴袜 袴与袜连在一起，袴脚紧收，北宋文献中称为"钩熟"①，耶律羽之墓、代钦塔拉辽墓出土过丝织品实物。宝山 M1（图 1-2，5）、吐尔基山辽墓数位男侍的袴鞋，一体性很强，极容易识别为靴，但是仔细观察，鞋面的衔接处总是绘出一条缝，推测是两件，袴的形制可能是连袴袜"吊熟"，才会衔接得如此紧密。

B 型 筒袴 袴脚松弛，面料柔软。

床金沟 M5 的众多男侍均着同款袴（图 1-2，6），面料出褶皱状②；罕大坝辽墓的 2 位男侍、陈国公主墓的 4 位男侍着此类袴装；此后很难看到着袴的契丹装了。

（三）足衣

1. 低帮鞋 帮在脚踝以下，包脚面。根据鞋形，分为三型。

A 型 鞋随脚形。宝山 M1、吐尔基山辽墓多为男侍着这类鞋，滴水壶辽墓有一位侍女的鞋子可见，黑色不翘尖，不像布鞋像毡鞋，暂归入此型，晚期不见。

B 型 翘尖鞋。宝山 M1、宝山 M2（图 1-2，7）的侍女着这类白鞋，陈国公主墓的 3 位男侍着这类黑鞋（图 1-2，8），与汉装中的乌皮靴形状相似；库伦 M1 侍女的鞋子很类似。

C 型 布鞋。陈国公主墓的 2 位牵马人穿此类鞋，床金沟 M5 的诸多侍

① （元）脱脱等：《宋史·舆服志》云："钩墊，今亦谓之䍃（袜）袴（裤），妇人之服也"，卷一五三。

② 内蒙古文物考古研究所：《巴林右旗床金沟 5 号墓辽墓简报》，《文物》2002 年第 3 期。

从穿此鞋（图 1-2，6）。

2.络缝靴 鞋底呈倒"V"拱形，络缝明显，因多数人物的靴勒被袍服遮挡，不能准确地对号入座，可以确定的是有众多侍从着络缝靴。根据勒的长短，分为两型。

A 型 短勒靴 高度膝盖以下，勒包口斜边。库伦 M1、库伦 M2（图 1-2，9）、库伦 M6 墓道东壁的牵马人、牵驼人袍服掖进腰带，能够看到勒口的位置。

B 型 长勒靴 高度过膝，两侧露出弧形开口。滴水壶辽墓能清楚地看到 2 位侍从穿此靴，后跟处还有一块补丁，有浅棕色和深棕色（图 1-2，10）；库伦 M7 能清楚看到的有 4 例，有黑色和深棕色。

二、汉服各部分的类型分析

（一）发式、头衣

1.髻发

根据髻发的不同特点，可分为蝶形双寰髻、花钗大髻、双髻、包髻、三螺髻、双垂髻、高髻七种类型。

A 型 蝶形双寰髻 由两个空心发结组成的发式，形如蝴蝶的双翅，满头金色花钿装饰。

A Ⅰ式 双翅分立两侧，中间有空隙。宝山 M1 降真图中的西王母和众仙女均为此发型；宝山 M2 寄锦图中的贵妇和众侍女均为此发型（图 1-3，1）。

A Ⅱ式 双翅绾束在一起，有触角式装饰。库伦 M6 墓门门额上的五位奏乐仙女为此发式（图 1-3，2）。

B 型 花钗大髻 堆发颅顶，完全用自己的头发或借用假发，梳理出一个或若干个大发结，其上插戴梳或多枚钗簪作为装饰的盛装式样。

B Ⅰ式 髻发高耸，插戴梳和多枚钗簪。宝山 M2 诵经图中的杨贵妃和 3

位侍女均为此发型（图1-3，3）。

B Ⅱ式 髻发较低，只插梳。最清晰的是奈林稿M1后室甬道右壁第一位侍女的发式（图1-3，4）。

A型可能是撷子髻的一种，仙女的专有发式。B型花钗大髻在汉代已经出现，密县打虎亭汉代画像石、山东金乡朱鲔墓出土画像石中的贵妇均梳这类发型，样式有所不同，从样式的变化来看，髻发越来越自然，越来越生活化。

C型 双髻 由两个实心发结组成的发式，梳理方法为集发于头顶，分成两股，为此发型缩束成相邻或分立左右的两个发髻。

C Ⅰ式 两髻分立左右。宝山M2诵经图中的一位侍女为此发型（图1-3，5）。

C Ⅱ式 两髻相邻，用布带缩束在一起。奈林稿M1有3位侍女是这种发型（图1-3，6）。

D型 包髻 集发于头顶缩束成髻，把髻用布包起来。

前进村辽墓衣架图中的2位侍女梳此发式（图1-3，7）；宝山M1降真图中的汉武帝为束髻包巾；宝山M2寄锦图中的男书童束发带巾。

E类 三螺髻 头发分成三部分，分别在耳朵两侧和顶部以布带扎小髻。奈林稿M1有4位侍女是这种发型（图1-3，8）。

F类 双垂髻 头发分成左右两部分，在耳朵两侧纵向扎髻，曾是唐代侍女的常见发式，被称为双垂髻。奈林稿M1有3位侍女是这种发型（图1-3，9）。

G类 高髻 头发集于颅顶，缩束为高耸尖状的结。

哈拉海场辽墓天井西壁的2位侍女为此发式（图1-3，10）；罕大坝辽墓的一位捧盒侍女梳此发式，结上似有装饰，眉心施面妆。

2.幞头 帽体和脚较硬，帽体为前后错落的椅子形，内有支撑。

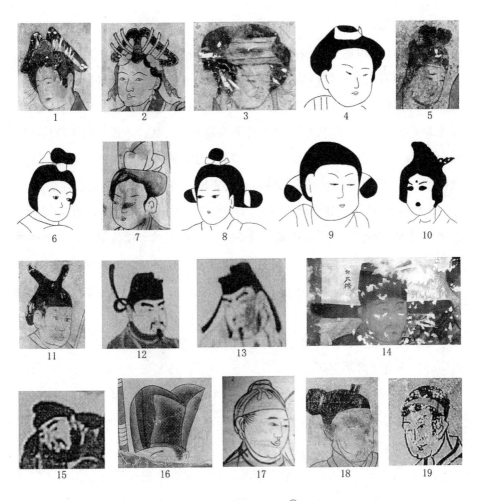

图1-3 发式与头衣①

1. 宝山 M2 寄锦图中的侍女 2. 库伦 M6 墓门门额上的奏乐仙女 3. 宝山 M2 诵经图中的侍女 4. 奈林稿 M1 后室甬道右壁第一位侍女 5. 宝山 M2 诵经图中的侍女 6. 奈林稿 M1 侍女 7. 前进村辽墓衣架图中的侍女 8、9. 奈林稿 M1 侍女 10. 罕大坝辽墓的捧盒侍女 11. 床金沟 M5 鞍马图中的侍从 12、13. 浩特花 M1 前室北壁的侍卫 14. 庆陵东陵前室行叉手礼之人 15. 浩特花 M1 前室南壁外层的舞者 16. 滴水壶辽墓鞍马图中的侍从 17. 哈拉海场辽墓天井西壁的侍从 18. 库伦 M7 墓道东壁持扇侍从 19. 浩特花 M1 后室的侍女

---

① 图中的 4、6、8、9、10、12、13、15、19 摘自简报，余摘自《内蒙古辽代壁画》。

A 型 交脚幞头

宝山 M1 石室南壁东侧男侍；床金沟 M5 鞍马图中的 4 位侍从（图 1-3，11）；罕大坝辽墓的一位侍从；见于浩特花 M1 后室南壁西侧外层、里层的侍者；滴水壶辽墓仪仗图中的 2 位侍从，一位脖挎带链水罐，另一位斜扛交椅；库伦 M1 墓道东壁旗鼓仪仗图中行叉手礼的 5 位侍从，不远处的 3 位侍从戴此类帽，一位肩扛交椅，一位荷伞，同墓墓道西壁车舆图中的 2 位侍从也戴此帽；库伦 M7 墓道西壁马后的侍从，脚露出一点，推测这是交脚幞头。

B 型 局脚幞头或翘脚幞头 双脚向下垂落或向上翘起，有的在脚与帽子连接处出现巾环。浩特花 M1 前室北壁外层和里层的 4 位侍卫、前室南壁外层的 1 位乐师为局脚（图 1-3，13）；前室西壁外层的侍者、西耳室过洞的牵马人、前室南壁外层的 3 位乐师为翘脚（图 1-3，12）。两种样式同时出现在一个乐队中，疑为通用。

C 型 展脚幞头 双脚平直且长。见于庆陵东陵前室行叉手礼的一位（图 1-3，14），上有契丹小字题记。

D 型 软幞头 帽体圆润，双脚加宽呈叶片状，微奓。见于浩特花 M1 前室南壁外层唯一的舞者（图 1-3，15）。

3. 帽 根据样式的特点，又分四型。

A 型 垂脚帽。两根带子系于颅前，有的又有两根短带垂于脑后，属于软帽，男子专用。哈拉海场辽墓天井西壁的 5 位侍从，带子向前面系结，脑后无带，有黑、白两种颜色（图 1-3，17）；浩特花 M1 后室南壁西侧里层侍者、奈林稿 M1 前室甬道左侧的侍卫均无脑后的短带；前进村辽墓仪仗图中的 4 位侍从，两人荷伞，两人执杖，两根短带垂于脑后。

B 型 骨朵帽，无脚，颅后裹成骨朵，属于软帽。

库伦 M6 墓道西壁行叉手礼的侍从，腰系双铊尾革带。库伦 M7 墓道东壁持扇侍从，袍外着裹肚（图 1-3，18）。

C 型 无脚帽 帽边装饰额带，无带，露出部分额发和鬓发，属于软帽。

见于浩特花 M1 后室的数位侍女（图 1-3，19）。

D 型　高檐帽　帽体高，周有帽翅相拥，属于硬帽，宋代士人所戴的一种帽檐高耸的帽子。[①] 滴水壶辽墓鞍马图中的 2 位侍从，一位奋力牵马，另一位手荷伞盖（图 1-3，16）。

（二）身衣

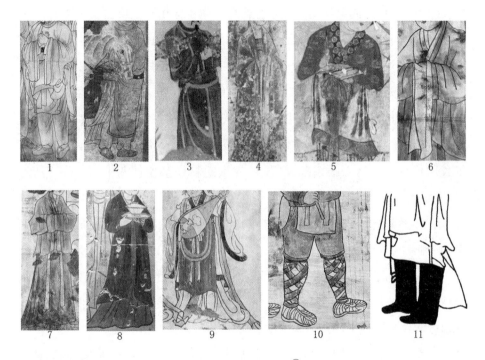

图 1-4　身衣与足衣 [②]

1.库伦 M1 旗鼓图中的侍从 2.床金沟 M5 鞍马图中的侍从 3.浩特花 M1 前室两侧的侍卫 4.宝山 M2 诵经图中的侍女 5.宝山 M2 寄锦图中的侍女 6、7.前进村辽墓衣架图中的侍女 8.哈拉海场辽墓天井西壁的侍女 9.库伦 M6 中的乐师 10.前进村辽墓仪仗图中的侍从 11.罕大坝辽墓行叉手礼的侍从

---

① 宋洪咨夔有诗云："有人野服帽高檐，宛如赤壁图中样"，宋代银盘上有赤壁图样，能看到苏东坡的帽子式样，明代不再流行。

② 图中的 3、11 摘自简报，8 是作者在巴林左旗博物馆展厅拍摄，余摘自《内蒙古辽代壁画》。

1. 袍 汉服中的袍多为衣长至跗的长袍，根据领口、袖口、襈的特点分为三型。

A 型 广袖，有的领口、袖口带襈。宝山 M1 降真图中的汉武帝着直领广袖长袍，疑为古装；宝山 M2 寄锦图中的书童着直领广袖短袍，领口、袖口、袍底边均带襈；库伦 M1 旗鼓图中 5 位行叉手礼的侍从皆着圆领广袖短袍（图 1–4，1），同墓墓道中的 5 位仪仗侍从也穿相同装束，看带明显。

B 型 窄袖，两侧开气，无襈，多数为圆领。宝山 M1 石室南壁东侧的男侍着圆领窄袖短袍，两侧开气；床金沟 M5 鞍马图中 4 位侍从袍长至腿肚，两侧开气，腰系革带，袍上有团花图案（图 1–4，2）；罕大坝辽墓侍从着至跗长袍，两侧开气，腰系双鉈尾革带；庆陵东陵前室行叉手礼的一位着袍，腰系看带；哈拉海场辽墓 5 位侍从的袍服较为宽松，腰系布带；滴水壶辽墓仪仗图侍从、牵马人腰系双鉈尾革带；前进村辽墓仪仗图中的 3 位侍从为圆领窄袖，1 位为直领；库伦 M6 墓道西壁的侍从着圆领至腿肚长袍，两侧开气，腰系双鉈尾革带；库伦 M7 墓道东壁的侍从着直领窄袖长袍，袍上裹抱肚。

C 型 筒袖，袖口未紧裹在手臂上，圆领，无襈。浩特花 M1 前室门两侧侍卫袍服较长，疑为筒袖（图 1–4，3），后室南壁的男侍可以清楚地看到袖口较宽较长，袍上满饰方格图案，很特别。

袍在契丹服和汉服中普遍使用，那么，如何区分是一个难题，我们觉得应从袖口、长度、袍幅、腰带的情况入手细分。值得一提的是，陈国公主墓前室东壁的抱渣斗男侍，身着袍服偏狭，窄袖，两侧不开气，扎布帛带，整体而言属于契丹服，但是唯有长度到达脚踝，并与汉服的勾脸鞋搭配，这在契丹服中是极为罕见的，而汉服中的袍服普遍较长，推测可能是吸收了汉服中的某些元素改良所致。

2. 襦 上衣，又称襦衫，根据长短分为两型。

A 型 长襦，广袖至跗。宝山 M2 诵经图中的贵妃和众侍女均着广袖长襦，对襟敞怀（图1-4，4），贵妃所服通饰毯路纹，侍女均为素面；哈拉海场辽墓天井西壁的3位侍女穿对襟长襦，内搭拖地长裙；奈林稿M1壁画模糊不清，能辨识穿此类服饰的有2位侍女；浩特花M1后室南壁西侧外层的2位侍女着长襦，满饰团花图案。

B型　短襦，至腰，有两种穿搭方式。

Aa型　襦衫扎进裙里。宝山M1降真图中的西王母和众仙女着直领广袖襦衫，肩饰云肩，抱肚华丽（图1-4，5）；宝山M2寄锦图中的贵妇和侍女着此类服饰，异常华美，贵妇着半臂和抱肚，身披帔帛，侍女襦衫为窄长袖；罕大坝辽墓侍女襦衫扎进裙里；奈林稿M1年轻侍女的主流服饰，多位侍女为此类搭配；浩特花M1后室东壁外层的2位侍女为此装束；库伦M6中的5位乐师穿广袖直领短襦，肩饰云肩，长抱肚上扎系布帛，披帔。

Ab型　襦衫自然垂落，内搭长裙。罕大坝辽墓的另一位侍女所服短襦似两侧开气，前进村辽墓衣架图中的2位侍女，直领短襦，领口带襈（图1-4，6）；奈林稿M1年长侍女为此装束。

3.裙　根据裙摆的长度，分为两型。

A型　裙摆到达地面，有的能露出鞋。罕大坝辽墓侍女长裙上有团花图案，两侧开气，露出鞋子；前进村辽墓衣架图中的2位侍女，裙摆及地，其中一位露出鞋子（图1-4，7）；哈拉海场辽墓天井西壁的3位侍女着带褶长裙，鞋子被遮挡（图1-4，8）；奈林稿M1壁画中的人物残缺或未刊出，裙摆的情况不得而知。

B型　裙摆拖地，看不到鞋。宝山M1降真图中的西王母和众仙女穿这种裙；宝山M2寄锦图中的贵妇和侍女着此类裙，三条绶带垂落及地；库伦M6中的5位乐师穿拖地长裙，绶带垂落（图1-4，9）。

4.袴　由于袍的遮挡，仅能看到一部分袴的情况，根据形制分为三型。

A型　缠腿或褶袴　宝山M2寄锦图中的书童着褶袴，袴腿扎系；前进村辽墓仪仗图中的4位侍从为缠腿装束（图1-4，10），为活动提供便利；库伦

M7 墓道东壁的侍从着裹腿。

B 型 阔腿裤，裤脚收口。宝山 M1 石室南壁东侧的男侍着白色阔腿裤；库伦 M2 天井东壁侍卫穿这种裤子，裤脚紧收。

C 型 筒裤 上下同宽，面料柔软。床金沟 M5 鞍马图中 4 位侍从着这种裤（图 1-4，2），在契丹装中通用；滴水壶辽墓仪仗图侍从、牵马人穿这种裤；库伦 M1 旗鼓图中 5 位行叉手礼的侍从和 5 位仪仗侍从穿这种裤（图 1-4，1）；库伦 M6 墓道西壁的侍从着此类裤装。

（三）足衣

1. 鞋。

A 型 草鞋或麻鞋 宝山 M2 寄锦图中的书童、滴水壶辽墓仪仗图侍从、牵马人、前进村辽墓仪仗图中的 4 位侍从（图 1-4，10）、库伦 M1 旗鼓图中的 4 位侍从、库伦 M6 墓道西壁的侍从、哈拉海场辽墓天井西壁的一位侍从、床金沟 M5 鞍马图中的 3 位侍从均穿此类便鞋（图 1-4，2）。

B 型 布鞋 库伦 M1 旗鼓图中的 6 位侍从、库伦 M7 墓道东壁的侍从（图 1-4，1）、浩特花 M1 的牵马人、床金沟 M5 鞍马图中的 1 位侍从均穿布鞋。

C 型 勾脸鞋 库伦 M2 天井东壁侍卫着黑色勾脸鞋；前进村辽墓衣架图中的 1 位侍女穿白色勾脸鞋（图 1-4，7）。

2. 靴 黑靴，靴头较尖。

哈拉海场辽墓天井西壁的 2 位侍从穿黑靴；罕大坝辽墓行叉手礼的侍从穿高靿黑靴（图 1-4，11）；浩特花 M1 散乐图中的舞者着黑靴。

第二节　辽中京地区服饰的类型

首先需要确定辽中京壁画墓的研究范围，将壁画墓葬出土地点的今地名与中国历史地图集的古地名对应，并标识在辽中京所辖区域内，最终确定纳入本研究的壁画墓例地点为 17 个，数量为 24 个，以敖汉旗最为集中，辽代属于武安州，包括七家 M1、七家 M2①、下湾子 M1、下湾子 M5②、韩家窝铺 M6、韩家窝铺 M1、喇嘛洞沟辽墓③、皮匠沟 M1④、羊山 M1、羊山 M2、羊山 M3⑤、北三家 M1、北三家 M3⑥、白塔子辽墓⑦、娘娘庙辽墓⑧，康家营子辽墓⑨，其次为朝阳市，辽代属于兴中府，包括水泉 M1、水泉 M2、耿延毅墓⑩、召都巴镇辽墓、木头城子辽墓⑪、西三家辽墓⑫，此外，宁城县鸽子洞辽墓⑬、赤峰市元宝山区塔子山 M2、阜新四家子村辽墓、北票季杖子村辽墓⑭也在研究之列。这批资料多数得以详备报道，韩家窝铺等一部分资料有待正式刊布，《内蒙古辽代壁画》《中国出土壁画全集》刊发的高清图片以及赴敖汉旗调研获取的一手资料⑮为研究提供了资料基础。

　　① 敖汉旗博物馆：《敖汉旗七家辽墓》，《内蒙古文物考古》1999 年第 1 期。

　　② 敖汉旗博物馆：《敖汉旗下湾子辽墓清理简报》，《内蒙古文物考古》1999 年第 1 期。

　　③ 敖汉旗博物馆：《敖汉旗喇嘛沟辽代壁画墓》，《内蒙古文物考古》1999 年第 1 期。

　　④ 敖汉旗博物馆：《内蒙古敖汉旗皮匠沟 1、2 号辽墓》，《文物》1998 年第 9 期。

　　⑤ 邵国田：《敖汉旗羊山 1—3 号辽墓清理简报》，《内蒙古文物考古》1999 年第 1 期。

　　⑥ 敖汉旗文物管理所：《内蒙古昭乌达盟敖汉旗北三家辽墓》，《考古》1984 年第 11 期。

　　⑦ 邵国田：《敖汉旗白塔子辽墓》，《考古》1978 年第 2 期。

　　⑧ 邵国田：《敖汉旗娘娘庙辽代壁画墓》，《内蒙古文物考古》1994 年第 1 期。

　　⑨ 项春松：《辽宁昭乌达地区发现的辽瓷绘画资料》，《文物》1979 年第 6 期。

　　⑩ 朝阳地区博物馆：《辽宁朝阳姑营子耿氏墓发掘报告》，《考古学集刊》第 3 辑，中国社会科学出版社 1983 年版。

　　⑪ 辽宁省文物考古研究所：《辽宁朝阳木头城子辽代壁画墓》，《北方文物》1995 年第 2 期。

　　⑫ 邓茂等：《朝阳市西三家辽墓发掘简报》，《北方文物》2009 年第 1 期。

　　⑬ 内蒙古文物考古研究所等：《宁城县鸽子洞辽代壁画墓》，《内蒙古文物考古文集》第 2 辑，1997 年。

　　⑭ 韩宝兴：《北票季杖子辽代壁画墓》，《辽海文物学刊》1995 年第 1 期。

　　⑮ 敖汉旗博物馆对本地区出土的辽墓多数都进行了揭取保护，契丹服饰课题组于 2019 年底专门赴敖汉旗博物馆对这一批壁画进行了实地考察，获得了重要的一手资料。

一、服饰各部分的类型分析

(一) 发式、头衣

1.髡发

髡发可分为髡发散落和髡发绾结两种类型。

A 型 髡发散落

Aa 型 留额发、鬓发、其余剃除，有的鬓发被束成骨朵，也为干活方便绕至头顶。羊山 M1 有 7 例、七家 M1 至少 2 例、喇嘛沟辽墓有 7 例（图 1-5，1）、耿延毅墓至少有 5 例、水泉 M1 有 6 例、水泉 M2 有 4 例。

Ab 型 留额发、鬓发，脑后发，额发呈直线，其余剃除。羊山 M1 有 3 例（图 1-5，2）、喇嘛沟辽墓有 1 例。

Ac 型 只留鬓发，散落两侧，呈蝌蚪状。鸽子洞辽墓至少 3 例、塔子山 M2 有 1 例、羊山 M3 有 5 例（图 1-5，3）、白塔子辽墓有 1 例、羊山 M2 有 2 例、喇嘛沟辽墓有 1 例、韩家窝铺 M6 有 2 例。

Ad 型 留额发、鬓发、顶发，其余剃除，顶发绾结。下湾子 M5 有 1 例（图 1-5，4）、喇嘛沟辽墓有 1 例。

Ae 型 留额发、鬓发、顶发，除鬓发外，其余剪短。耿延毅墓有 1 例、季杖子辽墓至少有 6 例（图 1-5，5）。

B 型 髡发绾结

只留鬓发，其余剃除，两绺鬓发在头两侧束成骨朵髻。羊山 M1 有 1 例（图 1-5，6）。

C 型 髡发带帽

帽子下的发式一般在绘画中很难清晰地看到，羊山 M1 备宴图中的一位侍者黑帽下的发式清晰可见（图 1-5，7），有旁边的髡发者佐证，同墓奏乐图中的站立乐师、七家 M2 的男侍也为此发型。

图 1-5　发式与冠帽 ①

1.喇嘛沟辽墓驾鹰老者 2.羊山 M1 打拍板男子 3.羊山 M3 墓门西侧侍卫 4.下湾子 M5 墓室西壁侍者 5.季杖子辽墓东耳室券门东侧侍卫 6.羊山 M1 墓室西南侧壁煮茶女童 7.羊山 M1 西南侧壁侍者 8.耿延毅墓后室侍者 9.下湾子 M2 墓门右上角仙女 10.耿延毅墓后室侍女 11.羊山 M1 天井东壁击鼓乐师 12.羊山 M1 天井西壁墓主人 13.羊山 M1 墓室东壁墓主人 14.七家 M2 东南壁侍女 15.喇嘛沟辽墓西南壁拨火侍者 16.喇嘛沟辽墓西南壁

① 图中的 1、6、7、11、12、13、15、16、17、18 均摘自《中国出土壁画全集·内蒙古卷》，19、20 摘自《辽代壁画墓》，余摘自简报。

老者 17. 喇嘛沟辽墓东壁侍女 18. 羊山 M1 东壁捧酒罐者 19. 韩家窝铺 M2 甬道西壁侍卫 20. 韩家窝铺 M6 甬道西壁侍卫

2. 髻发

髻发有单髻、双髻等类型。

A 型 单髻 头顶高耸以布带结扎成髻，髻的形状略有差异。七家 M1 有 1 例、下湾子 M1 有 4 例、耿延毅墓有 6 例（图 1-5，8）、季杖子辽墓有 1 例、韩家窝铺 M6 有 1 例。

B 型 双髻 布带系结。

Ba 型 双单髻 双髻在头顶上方，巾子包一部分。下湾子 M2 有 1 例（图 1-5，9）。

Bb 型 双侧髻 双髻在耳朵两侧。耿延毅墓有 2 例（图 1-5，10）。

3. 幞头

幞头可分为展脚、交脚、无脚等类型。

A 型 展脚 羊山 M1 有 7 例（图 1-5，11）、羊山 M3 有 1 例。

B 型 交脚 羊山 M1 有 4 例（图 1-5，12）、下湾子 M5 有 9 例、羊山 M3 有 3 例、水泉 M1 有 2 例、水泉 M2 有 3 例、召都巴镇辽墓有 1 例、木头城子辽墓有 2 例、韩家窝铺 M6 有 2 例。

C 型 无脚 羊山 M1 有 2 例（图 1-5，13），有的为前踏式，如召都巴镇辽墓有 3 例、水泉 M1 有 2 例。

4. 帽

帽有软帽和硬帽之分，硬帽帽体有轮廓，为一体帽；软帽的面料柔软，由巾子结扎而成，是否固定成一体帽体目前还没有确切的证据[1]。根据帽的

---

[1]　孙机先生在《从幞头到头巾》中讨论过幞头的演变过程，认为由鲜卑风帽系结四脚逐渐形成，最初也是软帽形制。

形制特点分为垂脚帽、毡帽、无脚帽、骨朵帽四种类型。

A 型 垂脚帽，属于软帽。根据带子、抹额差异，再分四型。

Aa 型 两根长带，有抹额。七家 M2 有 1 例（图 1-5，14）、皮匠沟 M1 有 5 例。

Ab 型 两根长带，无抹额。七家 M2 有 1 例、七家 M1 有 6 例、喇嘛沟辽墓有 2 例（图 1-5，15）、下湾子 M1 有 1 例、水泉 M1 有 3 例、召都巴镇辽墓有 1 例。

Ac 型 两根短带。喇嘛沟辽墓有 3 例（图 1-5，16）、水泉 M2 有 1 例、木头城子辽墓有 1 例、山嘴 M1 有 3 例。

Ad 型 无带，韩家窝铺 M2 有 6 例，韩家窝铺 M1 有 1 例，有的有抹额，如喇嘛沟辽墓有 3 例（图 1-5，17）。

B 型 毡帽 帽子的外轮廓很有型，属于硬帽。羊山 M3 有 2 例、羊山 M1 有 5 例（图 1-5，18）。

C 型 无脚帽，属于软帽。羊山 M2 有 1 例、韩家窝铺 M2 有 3 例（图 1-5，19）。

D 型 骨朵帽 帽顶扎系成骨朵，属于软帽。韩家窝铺 M6 有 2 例（图 1-5，20）。

（二）身衣

1. 襦

襦，一般指长不过膝的短衣。根据衣长和袖子的特点分为两型。

A 型 短襦 直领，广袖。韩家窝铺 M6 有 1 例（图 1-6，1）。

B 型 长襦 直领，窄袖，两侧高开胯，垂至脚踝，不扎带。羊山 M3 有 1 例、下湾子 M1 有 8 例（图 1-6，2）。

2. 袍

袍具有整体性，通常与靴袴搭配，扎系腰带。根据长度、领口、开气的位置，可分为四型。

图 1-6　襦袍、裙袴与鞋靴 ①

1. 韩家窝铺 M6 甬道西壁女子 2. 下湾子 M1 墓室西壁侍女 3. 水泉 M2 甬道西壁持骨朵者
4. 水泉 M2 甬道西壁行叉手礼者 5. 水泉 M1 甬道南壁侍从 6. 喇嘛沟辽墓东壁侍女 7. 韩
家窝铺 M6 甬道西壁女子 8. 水泉 M1 甬道南壁侍从 9. 韩家窝铺 M6 甬道西壁右侧侍卫
10. 下湾子 M1 墓室西壁侍女 11. 羊山 M3 天井南壁东侧击鼓乐师 12. 鸽子洞辽墓墓道北

---

① 　图片均摘自《中国出土壁画全集·内蒙古卷》和《中国出土壁画全集·辽宁吉林黑龙江卷》。

壁旗鼓者 13. 羊山 M3 天井西壁烧柴侍者

A 型 短袍 圆领，筒袍，露出靴，前后开气。水泉 M1 有 4 例、水泉 M2 有 5 例（图 1-6，3）、鸽子洞辽墓有 9 例、塔子山 M2 有 1 例、七家村 M1 有 13 例、七家村 M2 有 2 例、韩家窝铺 M6 有 2 例、皮匠沟 M1 有 5 例、羊山 M2 有 7 例。

B 型 长袍 圆领，筒袍，露出靴或袴，前后开气。水泉 M1 有 4 例、水泉 M2 有 3 例（图 1-6，4）、羊山 M1 有 9 例、羊山 M3 有 2 例、七家村 M1 有 2 例。

C 型 长袍 圆领，两侧开气，长达脚踝。水泉 M1 有 4 例（图 1-6，5）、召都巴镇辽墓有 4 例、羊山 M1 有 15 例、羊山 M3 有 6 例、下湾子 M2 有 1 例、下湾子 M1 有 1 例、下湾子 M5 有 8 例。

D 型 长袍 直领，长达脚踝。鸽子洞辽墓有 1 例、喇嘛沟辽墓有 4 例（图 1-6，6）。

3. 裙

掐褶裙 与短襦搭配，长至脚踝。韩家窝铺 M6 有 1 例（图 1-6，7）。

4. 袴

A 型 阔腿袴 水泉 M1 有 4 例（图 1-6，8）、七家 M1 有 1 例。

B 型 瘦腿袴 下湾子 M5 有 1 例，腿部扎缚。韩家窝铺 M6 有 1 例（图 1-6，9）。

（三）足衣

1. 鞋

根据样式分为敞口鞋、麻鞋、侧 V 布鞋三型。

A 型 敞口鞋 鞋面敞口。下湾子 M1 有 7 例（图 1-6，10）、下湾子 M2 有 1 例。

B 型 麻鞋 下湾子 M5 有 1 例、韩家窝铺 M6 有 4 例（图 1-6，9）、韩家窝铺 M2 有 4 例、羊山 M1 有 9 例。

C 型 布鞋 羊山 M3 有 2 例（图 1-6，11）。

2.靴

A 型 络缝靴 鞋底呈倒 "V" 拱形，靿包口斜边，有白色、黑色两种，白靴络缝明显。喇嘛沟辽墓有 5 例，其中怀里抱着一双；韩家窝铺 M6 有 2 例、韩家窝铺 M2 有 8 例、羊山 M1 有 4 例、羊山 M2 有 6 例、塔子山 M2 有 1 例、鸽子洞辽墓有 8 例（图 1-6，12）、七家 M1 有 7 例、七家 M2 有 1 例。

B 型 长靿靴 靴形随脚或腿，略呈拱形，长度过膝，两侧露出弧形开口。水泉 M1 有 5 例、水泉 M2 有 8 例、皮匠沟 M1 有 5 例、羊山 M3 能确定的有 1 例（图 1-6，13），露出靴靿，另外 4 例虽有络缝靴的样子，但鞋型褊狭，靴靿被袍遮挡，长靿或短靿都有可能。

C 型 乌皮皂靴 鞋尖上勾、靴靿较短。水泉 M1 有 4 例（图 1-6，8）、羊山 M3 有 2 例、羊山 M1 有 8 例。

第三节　辽东京地区服饰的类型

首先需要确定辽东京壁画墓的研究范围，将壁画墓葬出土地点的今地名与中国历史地图集的古地名对应，并标识在辽东京所辖区域内，最终确定纳入本研究的壁画墓例地点为 2 个，数量为 7 个，集中在关山辽墓群和叶茂台辽墓群，包括关山 M4 萧和墓、关山 M3 萧知行墓、关山 M5、关山 M8 萧德让墓、关山 M9 萧知微墓、法库叶茂台 M16 萧义墓、叶茂台 M7，都属于萧氏家族墓地。关山辽墓群的资料在《关山辽墓》考古发掘报告中得以详尽公布，《中国出土壁画全集·辽宁吉林黑龙江卷》刊发的高清图录为研究提供了重要的资料基础。

辽东京壁画墓发现数量不多，保存情况也不佳，除关山 M4 外，其余墓葬均比较残破，有的壁画人物只剩上半截或下半截，为服饰的辨识增加了难度。此外，壁画人物除叶茂台 M7 有几位女性外，绝大多数绘制的都是男性人物，而且这几位女性人物保存不好，刊出的黑白照片很难看清楚服饰的情况，故本节探讨的东京服饰的研究范围实则只限于男子服饰。

（一）发式、头衣

1.髡发 根据特点又分三型

A 型 仅留两侧的鬓发，其余髡剃。见于关山 M4 萧和墓墓道出行图中的 2 位骑马人（图 1-7，1）、1 位驭驼者，垂落凌乱；关山 M5 墓门过道北壁持骨朵侍从，修剪整齐；关山 M8 萧德让墓墓道南壁牵驼人为此发式；关山 M9 墓道南壁有残破的 1 例；叶茂台 M16 萧义墓武士图中的 3 位侍从疑为此类。

B 型 留额发和鬓发，其余髡剃。见于关山 M4 萧和墓墓道出行图中的 5 位骑马人和 2 位驭驼者（图 1-7，2），垂落凌乱；关山 M9 萧知微墓墓道红袍侍从为此类发式，修剪整齐；关山 M5 墓道北壁的 2 位驭驼者为此发式；关山 M9 墓道南壁有残破的 1 例；叶茂台 M16 萧义墓出行图中的牵驼人和一位骑者为髡发；叶茂台 M16 萧义墓武士图中的 1 位侍从明显属于这类。

C 型 留鬓发和颅后发，其余髡剃。关山 M8 萧德让墓墓道北壁拄骨朵站立的侍从鬓发梳后，颅后一绺搭向前额（图 1-7，3）。

2.帽 黑色软帽，有的垂带明显

叶茂台 M16 萧义墓甬道东壁 2 位侍从的黑帽短带扎系，未见长垂带；叶茂台 M16 萧义墓甬道西壁 2 位侍从戴黑帽，双垂带落肩（图 1-7，4）；叶茂台 M16 萧义墓出行图中的数位侍从戴巾帽。

3.簇花幞头

双脚平直且增大至椭圆状，幞头顶装花饰。关山 M4 萧和墓墓道仪仗图中的 13 位侍从戴此类幞头（图 1-7，5）。

（二）身衣

1.袍

A 型 窄袖长袍 至腿肚。关山 M8 萧德让墓墓道北壁拄骨朵站立的侍从（图 1-7，6）和单膝跪地的侍从穿此袍；叶茂台 M16 萧义墓甬道两侧的 4 位侍从着此类袍。

图 1-7　服饰各部分举隅[①]

1.A 型髡发（关山 M4 萧和墓出行图中的骑马人）2.B 型髡发（关山 M4 萧和墓出行图中的牵驼人）3.C 型髡发（关山 M8 萧德让墓墓道北壁的侍从）4.巾帽（叶茂台 M16 萧义墓甬道东壁的侍从）5.簪花幞头（关山 M4 萧和墓墓道仪仗人员）6.A 型袍（关山 M8 萧德让墓墓道北壁的侍从）7.B 型袍、B 型裤、A 型靴（关山 M4 萧和墓出行图中的驭驼人）8.C 型袍、A 型裤（关山 M4 萧和墓墓道仪仗人员）9.B 型靴（关山 M8 萧德让墓墓道北壁的侍从）10.A 型鞋（关山 M4 萧和墓墓道仪仗人员）11.B 型鞋（叶茂台 M16 萧义墓出行图中的持伞人）

---

① 图中的 11 摘自简报，余摘自《中国出土壁画全集·辽宁吉林黑龙江卷》。

B 型 窄袖短袍 至膝盖。关山 M4 萧和墓墓道出行图中的 3 位驭驼者穿短袍（图 1-7，7）；关山 M5 墓道北壁的 2 位驭驼者、侍从穿此类袍，腰系布带；关山 M9 墓门正面有残破的 2 例；叶茂台 M16 萧义墓出行图中的牵驼人为此类。

C 型 广袖长袍 至腿肚，两侧开气。关山 M4 萧和墓墓道仪仗图中的 13 位侍从穿圆领广袖长袍，腰束革带（图 1-7，8）；关山 M3 萧知行墓墓门过洞北壁小龛内的天官着直领广袖长袍。

2. 裤

A 型 阔腿裤 裤腿较肥，裤脚收口。关山 M4 萧和墓墓道仪仗图中的 13 位侍从穿这种裤（图 1-7，8）。

B 型 裤袜 北宋文献中称"吊敦"，放在靴子里，推测是这种服饰。关山墓地着靴者露出一截（图 1-7，7），很可能是裤袜，为穿靴提供方便。

（三）足衣

1. 靴

A 型 瘦腿靴 勒口偏狭，靴面有曲线接缝，勒口无边。关山 M4 萧和墓出行图中的侍从穿这种靴（图 1-7，7），常见黑色和棕色，白色接缝比较明显；关山 M5 墓道北壁的 2 位驭驼者、侍从穿此类靴。

B 型 络缝靴 勒口粗阔，络缝特征明显，勒口有边。关山 M8 萧德让墓墓道北壁单膝跪地的侍从（图 1-7，9）和挂骨朵站立的侍从、南壁牵驼人和牵马人均着络缝靴，勒口有异色边；叶茂台 M16 萧义墓甬道两侧的 4 位侍从着黑色络缝靴；关山 M9 墓门正面有残破的 1 例；叶茂台 M16 萧义墓出行图中的 3 位髡发者着靴。

2. 鞋

A 型 布鞋 系带，两侧开口。关山 M4 萧和墓墓道仪仗图中的 13 位侍从均穿此鞋（图 1-7，10）。

B 型 麻鞋。叶茂台 M16 萧义墓出行图中的 2 位持伞人（图 1-7，11）、牵驼人穿麻鞋。

随着辽代壁画墓葬资料的逐渐积累，我们感觉到辽墓壁画在区际面貌上存在着较大差异，同为辽西京道管辖下的大同府大同地区和归化州宣化地区的服饰情况就不尽相同，这两个地区是我们了解辽西京服饰的两个据点，通过运用考古学类型学的研究方法，拆解不同地区服饰的组成部分，两个地区的服饰面貌才有可能清晰地展现出来。

第四节　辽西京地区服饰的类型

辽西京地区的壁画墓主要集中在两个区域：山西北部地区和河北宣化地区，因面貌差异较大分区域梳理。

一、山西地区服饰各部分的类型分析

大同地区是最为集中的辽代壁画墓出土区域，根据考古发掘者王银田先生的介绍，大同地区辽代壁画墓约有 20 例，除画面模糊不清和资料未公开发表①的之外，本文收录的资料有 15 例，包括南关 M2、卧虎湾 1、2、3、4、5、6 号墓、周家店、许从赟、东风里、机车厂、西环路 M1、十里铺 27、28 号墓、新添堡 29 号墓，此外朔州市政府工地清理了一座砖室壁画墓，为山西地区辽壁画墓的补充材料。关于山西辽墓壁画人物服饰的研究，韩心济学者从大同地区发掘墓葬入手做过专门研究②，同时《中国墓室壁画全集》《中国出土壁画全集》展现的清晰图片为本研究提供了重要的资料基础。

---

① 山西大同市东郊马家堡辽墓就存在壁画模糊不清的情况，经济管理干部学校、铁十七局院、煤气公司气源厂等数座壁画墓资料未发表。

② 韩心济：《辽墓壁画人物服饰探析——以大同地区发掘墓葬为例》，《文物世界》2017 年第 1 期。

（一）发式、头衣

1. 髡发

大同辽墓壁画的髡发可分为髡发散落和髡发绾结两种类型。

A 型 髡发散落

Aa 型 留额发、鬓发、顶发，顶发扎系，其余剃除。东风里辽墓北壁有 2 例（图 1-8，1），卧虎湾 4 号辽墓北壁、东壁 2 例。

Ab 型 额发留少许，呈"人"字形，鬓发散落，呈蝌蚪状。机车厂辽墓东北壁有 1 例（图 1-8，2）。

B 型 髡发绾结

Ba 型 额发剃除，顶发留一撮，两绺鬓发在头两侧束成骨朵髻。卧虎湾 4 号辽墓西壁 1 例。

Bb 型 只有额发剪为短刘海或梳向两侧，鬓发散落，其余头发在头顶或两侧束成骨朵髻。机车厂辽墓西北壁有 1 例（图 1-8，3），西环路 M1 有 1 例，朔州市政府工地辽墓南壁有 1 例。

2. 髻发

髻发有单髻、包髻、花饰髻、双髻等类型。

A 型 单髻 或称螺髻，头顶高耸以布带结扎成髻，髻的形状略有差异。根据髻发的大小分两亚型。

Aa 型 髻发呈小骨朵状，无额外装饰。许从赟墓有 9 例（图 1-8，4），周家店辽墓有 3 例。

Ab 型 髻发硕大，内衬假发，外饰装饰。朔州市政府工地辽墓有 6 例。

B 型 包髻 髻发用布包裹，前面装点饰品。东风里辽墓有 1 例（图 1-8，5）。

C 型 花饰髻

Ca 型 花冠髻 东风里辽墓有 1 例（图 1-8，6）。

Cb 型 带饰髻 以布带或饰品装饰髻发。西环路 M1 有 2 例（图 1-8，7），东风里辽墓有 1 例。

D 型　双髻　布带系结。

Da 型　双顶髻　双髻在头顶上方。机车厂辽墓有 1 例（图 1-8，8）。

Db 型　双侧髻　双髻在耳朵两侧。机车厂辽墓有 1 例，卧虎湾 M6 有 4 例，十里铺 M27 有 2 例，十里铺 M28 有 3 例，西环路 M1 有 1 例（图 1-8，9）。

3. 幞头

幞头可分为交脚、奔脚、展脚等类型。

A 型　交脚　东风里辽墓有 5 例（图 1-8，10），铁路生活区辽墓有 1 例，朔州市政府工地辽墓有 15 例。

B 型　奔脚　许从赟墓有 1 例（图 1-8，11），周家店墓有 2 例。

C 型　展脚　许从赟墓有 2 例（图 1-8，12），东风里辽墓有 2 例，周家店墓有 4 例。

4. 帽

帽可分为骨朵帽、毡帽、垂脚帽、高檐帽等类型。

A 型　骨朵帽　帽顶高耸一骨朵，帽顶、骨朵都用带子扎系，属于软帽。十里铺村 M27 有 1 例（图 1-8，13），十里铺村 M28 有 1 例。

B 型　毡帽　属于硬帽。东风里辽墓有 1 例（图 1-8，14）。

C 型　垂脚帽，双带向后垂落，属于软帽。东风里辽墓有 2 例（图 1-8，15），朔州市政府工地辽墓南壁有 1 例。

D 型　高檐帽，帽檐高耸超出帽顶[①]，属于硬帽。东风里辽墓有 1 例（图 1-8，16），西环路 M1 有 1 例。

---

①　对这种帽子的称呼是存在争议的，王青煜在专著《辽代服饰》中称为纱冠，与《辽史》记载的纱冠对应，并将临摹图绘制成纱网质地，直接影响着后来学者对这种帽子的认识，笔者通过《中国出土壁画全集·河北卷》高清图像的仔细分辨，发现并非纱网质地，同一画面中的幞头和此类帽在黑色中加入青料，略显透色而异，故称为纱冠是不合适的。通过大量帽子图像的比对，发现此类帽的形制与北宋兴起的东坡巾有一定相似性，帽檐高耸，也称"子瞻帽""高桶帽"，传为宋代士人效仿东坡被贬前曾戴的便帽样式所制，宋李廌《济南先生师友谈记》："士大夫近年效东坡，桶高檐短，名帽曰子瞻样"，故《中国出土壁画全集·河北卷》文字描述中将其介绍为东坡巾，因有差异，本书暂称为高檐帽。

图 1-8　发式、头衣、身衣与足衣①

1、20. 东风里辽墓北壁男侍 2. 机车厂辽墓东北壁男侍 3. 机车厂辽墓西北壁男侍 4. 许从
赟墓西南壁燃灯女子 5、6、18、21、29. 东风里辽墓北壁侍女 7、23. 西环路 M1 西壁
侍女 8. 机车厂辽墓西北壁侍女 9. 西环路 M1 西壁侍女 10. 东风里辽墓北壁乐人 11、12、
27. 许从赟墓的守门侍官 13. 十里铺 M27 门卫 14. 东风里辽墓西壁牵驼人 15、26. 东风里
辽墓西壁牵马人 16、25. 东风里辽墓南壁门卫 17、24. 周家店墓西南壁燃灯女子 19. 东风
里辽墓西壁托帽男侍 22、28. 东风里辽墓南壁持扇女子

---

①　图中的 3、4、8、11、12、17、24、27 摘自《中国出土壁画全集·山西卷》，余摘自简报。

（二）身衣

1.襦

襦，一般指长不过膝的短衣。《说文解字》解释"襦，短衣也"，有单、夹之分，夹棉絮者称"复襦"。根据衣长和袖子的特点又分二型。

A 型　短襦　大襟，广袖，领口有襮，从扎进高腰裙的细节推测为短衣。许从赟墓有 8 例，周家店墓有 9 例（图 1-8，17），十里铺 M27 至少有 2 例，朔州市政府工地辽墓至少有 3 例。

B 型　长襦　大襟，窄袖，两侧高开气，垂至膝盖下，胸部扎带，飘带垂落，俗称团衫。东风里辽墓有 3 例（图 1-8，18）。

2.袍

袍具有整体性，通常与袴搭配。根据长度和开气的位置，可分为两型。

A 型　短袍　筒袍，露出鞋靴，通常两侧不开气。东风里辽墓有 2 例（图 1-8，19），铁路生活区辽墓有 1 例，五法村辽墓有 1 例。

B 型　长袍　圆领，两侧开气，长达脚踝。颜师古在《急就篇》注中说："长衣曰袍，下至足跗"。机车厂辽墓有 2 例，卧虎湾 4 号辽墓有 3 例，东风里辽墓有 10 例（图 1-8，20）。许从赟墓有 2 例，周家店墓有 6 例，朔州市政府工地辽墓有 13 例。

3.裙

根据裙的长度分为及踝裙、拖地裙两型。

A 型　及踝裙　长度到达脚踝，鞋头将裙托起。

Aa 型　掐褶裙　东风里辽墓有 2 例（图 1-8,21），十里铺 M27 至少有 2 例。

Ab 型　层叠裙　东风里辽墓有 1 例（图 1-8，22），朔州市政府工地辽墓有 3 例。

Ac 型　筒裙　西环路 M1 有 1 例（图 1-8，23）。

B 型　拖地裙　裙摆拖在地面上，看不到鞋子。许从赟墓有 8 例，周家店墓有 9 例（图 1-8，24）。

4. 袴

由于袍服较长，很多人物看不到袴装的情况，只有几例与短袍组合的观察是窄腿袴。十里铺 M27 有 1 例，东风里辽墓的 2 例有裹腿、1 例着靴，卧虎湾 M4 有 1 例托举重物者。

（三）足衣

1. 鞋履

根据样式分为勾脸鞋、草鞋、侧 V 布鞋、高履鞋四型。

A 型 勾脸鞋 东风里辽墓有 2 例（图 1-8，25），朔州市政府工地辽墓有 3 例。

B 型 草鞋 东风里辽墓有 2 例（图 1-8，26）。

C 型 侧 V 布鞋 许从赟墓有 2 例（图 1-8，27）。

D 型 高履鞋

Da 型 方头 东风里辽墓有 1 例（图 1-8，28）。

Db 型 尖头 东风里辽墓有 1 例（图 1-8，29）。

2. 靴

黑色乌皮靴 东风里辽墓有 6 例。

二、河北宣化地区服饰各部分的类型分析

河北张家口宣化区是唐代雄武城与辽代归化州所在地，在宣化下巴里村 I 区①、II 区②先后发掘了十一座辽代晚期的砖砌壁画墓，其中七座有墓志出土。宣化辽墓的发现，"其最主要的意义便是用具体的、形象的历史资料，勾画了 12 世纪汉人在契丹统治下的生活实况"③，壁画再现了大量直观的、

① 河北省文物研究所：《宣化辽墓》，文物出版社 2001 年版。
② 张家口市宣化区文物保管所：《宣化下八里 II 区辽壁画墓考古发掘简报》，文物出版社 2008 年版。
③ 徐苹芳：《宣化辽墓考古剩语》，《宣化辽墓壁画》，文物出版社 2001 年版，第 5 页。

鲜活的人物形象，为我们了解辽代汉族人群在契丹统治下的服饰实况打开了一扇窗。

（一）发式、头衣

1.鬓发

宣化辽墓壁画的鬓发可分为鬓发散落和鬓发绾结两种类型。

图1-9　发式与头衣 ①

① 8摘自《宣化下巴里Ⅱ区辽壁画墓考古发掘报告》，余摘自《宣化辽墓——1974—1993年考古发掘报告》。

1.M10 前室东壁吹火人 2.M4 前室南壁门吏 3.M10 前室东壁碾茶童子 4.M10 前室东壁备茶图持展侍女 5.M10 后室东壁持镜侍女 6.M4 后室东南壁持展侍女 7. Ⅰ区 M1 后室东壁持盘侍女 8.Ⅱ区 M1 西壁托渣斗侍女 9.M4 后室西北壁侍女 10.M5 前室东壁乐人 11.M10 前室东壁乐人 12.M7 后室南壁门吏 13.M4 后室东壁乐人 14.M4 后室西北壁贴身侍从 15. Ⅰ区 M1 前室北壁持杖门吏 16.M4 后室南壁契丹民族宴乐图中的侍从 17.M10 后甬道东壁胡人门吏 18.M5 前室西壁出行图中的侍从

A 型 髡发散落

Aa 型　留额发、鬓发、颅后发，有的留顶发，顶发、颅后发系花结，其余剃除，是宣化辽墓很典型的一种发式。M10 有 5 例（图 1-9，1），M7 有 5 例，其中 2 例门吏没有顶发和颅后发；M6 有 3 例，Ⅰ区 M1 有 1 例；M5 男子有 1 例，女子有 1 例，女子顶发束成蘑菇状；Ⅰ区 M2 有 1 例；M4 有 2 例；Ⅱ区 M1 男童木俑、侍者各 1 例；Ⅱ区 M2 有 2 例。

Ab 型　只留鬓发，呈蝌蚪状。仅 M4 的两位门吏梳这样的发式（图 1-9，2）。

B 型 髡发绾结

额发留少许，呈"人"字形或留一撮，余发在头两侧束成骨朵髻。M10 有 1 例（图 1-9，3），M7 有 2 例，M2 有 1 例。5 例都是童仆。

2. 髻发

宣化辽墓壁画的髻发有螺髻、包髻、云髻、双丫髻、大髻等类型。

A 型 螺髻

Aa 型　三螺髻 以带脚的椭圆形金玉头簪为基础，用带裹系出三足鼎立的螺形髻，髻根前端各一花片装饰。目前看是宣化辽墓很普遍独特的一种女子发式。M10 有 4 例（图 1-9，4），M7 有 5 例，M3 有 2 例。M6 有 4 例，M1 只保留启门图中的 1 例。

Ab 型　单螺髻 同款头顶的单个螺髻，M10 有 2 例（图 1-9，5）。

B 型 包髻 先将头发束髻，然后用巾子将发髻包裹束系，有的装点金玉

发饰和角形饰。Ⅰ区 M1 有 1 例，M5 有 4 例，M2 有 1 例，髻前有一个角形饰，M4 最为丰富（图 1-9，6），大概有 7 例之多，髻发大而立，4 例能明显看到髻前的角形饰，Ⅱ区 M1 有 10 例，其中 1 例为男性，1 位为老者，能识别出角形饰的有 3 例。

C 型 云髻 发髻紧凑呈云朵形，髻前大多有金玉发饰装点。Ⅰ区 M1 有 3 例（图 1-9，7），发髻虽没有缠巾，但是从形状推测与同墓的包髻可能属于同一种发式。

D 型 双丫髻 头顶两侧束髻，有的髻为双环，有的髻包巾。Ⅱ区 M1 有 5 例（图 1-9，8），其中 1 例为女童木俑。

E 型 大髻 发髻高而后仰，髻前有金玉发饰或角形饰装点。M4 中的 3 例发髻（图 1-9，9）虽没有缠巾，但是从形状推测与同墓的包髻很可能是同一种发式。

3. 幞头

宣化辽墓壁画的幞头可分为交脚、花妆、直脚、卷脚、无脚等类型。

A 型 交脚 硬帽两脚向后交叉。Ⅰ区 M1 有 2 例，M5 有 6 例（图 1-9，10），Ⅰ区 M2 有 2 例，Ⅱ区 M1 有 3 例。

B 型 花妆 幞头上装饰花叶，大多数幞头的上部和双角都改良成花叶状。见于 M10（图 1-9，11）、M7、M6、Ⅱ区 M1、Ⅱ区 M2 散乐图的多例。

C 型 直脚 硬帽两脚平直。M10 有 2 例，M7 有 2 例（图 1-9，12），Ⅱ区 M1 有 2 例，M4 有 1 例。

D 型 卷脚 两脚向上卷起。M4 有 7 例（图 1-9，13）。

E 型 无脚 Ⅰ区 M2 有 1 例。M4 有 1 例（图 1-9，14）。

4. 帽

根据帽的形制特点可分为高檐帽、四瓣帽、垂脚帽、无脚帽、骨朵帽五型。

A 型 高檐帽 帽檐高耸超出帽顶，额中有玉石装点，属于硬帽。Ⅰ区

M1 有 6 例（图 1-9，15）、Ⅰ区 M2 有 2 例，Ⅱ区 M1 有 4 例，Ⅱ区 M2 有 2 例。

B 型 四瓣帽 尖圆顶，顶上为火焰形饰，可能为毡质，属于硬帽。Ⅰ区 M1 仅见 1 例（图 1-9，15），被墓主人贴身侍卫托举着，墓主人隐去不见。

C 型 垂脚软帽 有的双脚呈八字向下，有的双脚为软带垂落，属于软帽。 M4 有 4 例（图 1-9，16），Ⅱ区 M1 有 4 例。

D 型 无脚软帽 四根带子结扎的软帽。M3 有 2 例，M10 有 2 例（图 1-9，17），Ⅱ区 M2 有 1 例，M6 有 2 例，从此例执杖胡人的帽子，能清楚地看到带子的系结方式：有四根带子，两根从前方两侧向上系结，从这两根带子中间呈丁字形向后方伸出两条带子，在颅后系结。

E 型 骨朵帽 帽顶高耸一骨朵，帽顶、骨朵都用带子扎系，应为软帽。 M4 有 2 例，M4 有 1 例，M5 有 5 例（图 1-9，18），Ⅱ区 M1 有 1 例，Ⅱ 区 M2 有 1 例。

（二）身衣

1.襦

襦，一般指长不过膝的短衣。有单、夹之分，夹棉絮者称"复襦"。根据衣长和袖子的特点分为三型。

A 型 短襦 大襟，筒袖，长至髋部的短衣，从图像观察开衩较为自由，左掩为左衽，右掩为右衽，领口通体有襈。人物个体多达 26 个。M10 有 4 例，M7 有 4 例（图 1-10，1），M3 有 2 例，M6 有 2 例，Ⅰ区 M1 有 3 例，M5 有 2 例，M4 有 7 例。

B 型 长襦 大襟，窄袖，两侧高开气，垂至膝盖下脚踝上，俗称团衫。 M5 有 1 例（图 1-10，2），M4 有 2 例。

C 型 无袖褙子 对襟，无袖短衣。M4 有 2 例。

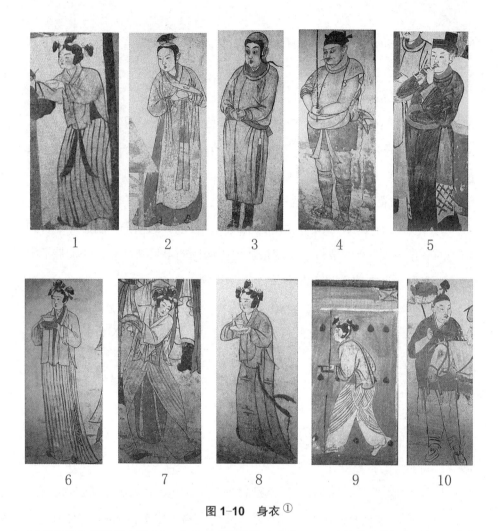

图 1-10　身衣 ①

1.M7 后室西壁燃灯女子 2.M5 后室西南壁持渣斗女子 3.M7 后甬道西壁门吏 4.M10 后甬
道西壁门吏 5.M5 前室东壁乐人 6.M10 前室东壁持盏女子 7.M10 前室西壁舞蹈女子 8.M7
后室东壁持展女子 9.M7 后室西壁启门女子 10.M5 前室西壁牵马男子

2.袍

袍与襦或衫的辨别，最为明显的标识就是腰带。根据长度和开气的位

---

①　图片全部摘自《宣化辽墓——1974—1993 年考古发掘报告》。

置，可分为两型。

A 型　短袍　筒袍，露出鞋靴，通常两侧不开气。根据领的情况和对称与否，再分三亚型。

Aa 型　圆领，左右对称。M10 有 4 例，M7 有 2 例（图 1-10，3），M6 有 3 例。

Ab 型　直领，左右对称。M10 有 2 例，M7 有 5 例，M6 有 1 例，M2 有 1 例。

Ac 型　圆领，左右不对称。左右衣袖一边长袖、一边半袖或秃袖。M10 有 2 例（图 1-10，4），M13 有 2 例，M6 有 2 例。

B 型　长袍　圆领，两侧开气，长达脚踝。M10 有 8 例，M7 有 12 例，M6 有 6 例，Ⅰ区 M1 有 2 例，Ⅰ区 M1 有 28 例，M5 有 5 例（图 1-10，5），Ⅰ区 M2 有 3 例，M4 有 1 例。

3. 裙

根据裙的样式分为褶裙、开气裙、筒裙三型。

A 型　褶裙　竖形掐褶，有较大裙幅。M10 有 4 例（图 1-10，6），M7 有 1 例。

B 型　开气裙　竖形掐褶，前或后开气。M10 有 1 例（图 1-10，7），M7 有 1 例，M3 有 2 例，M6 有 1 例。

C 型　筒裙　筒状不开气。M7 有 2 例（图 1-10，8），M6 有 1 例，Ⅰ区 M2 有 1 例，M4 有 1 例。

4. 裤

根据裤腿的肥瘦分为肥筒裤和瘦腿裤两型。

A 型　肥筒裤　裤管上下同宽，极端肥大，女裤裤脚束口。M7 有 1 例（图 1-10，9），M10 有 4 例，M7 有 1 例，M3 有 2 例，M6 有 1 例，M5 有 1 例。

B 型　瘦腿裤　裤管上宽下细，裤脚散口。M10 有 8 例，M7 有 8 例，M6 有 1 例，Ⅰ区 M1 有 7 例，M5 有 3 例（图 1-10，10），M2 有 1 例，M4 有 1 例。

（三）足衣

1. 鞋

根据样式分为勾脸鞋、草鞋、布鞋三型。

A 型 勾脸鞋 露踝，鞋头回弯，从正面看似三角形。M10 有 3 例（图 1-11，1），M7 有 3 例（图 1-11，2），M3 有 2 例，M5 有 4 例，M6 有 3 例，Ⅰ 区 M2 有 1 例，M4 有 5 例。

B 型 麻鞋 草或麻编系。M10 有 4 例（图 1-11，3），M3 有 2 例，M6 有 3 例，Ⅱ 区 M2 有 4 例，M5 有 1 例，M4 有 3 例。

C 型 布鞋 系带单鞋。Ⅰ 区 M1 有 7 例（图 1-11，4），M5 有 2 例，Ⅰ 区 M2 有 2 例。

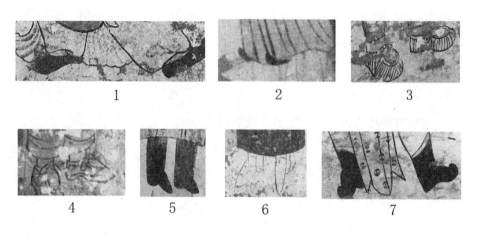

图 1-11　足衣 [①]

1.M10 前室西壁舞蹈女子 2.M7 后室西壁燃灯女子 3.M10 后甬道东壁胡人门吏 4.Ⅰ 区 M1 前室北壁持杖门吏 5.M7 后甬道东壁契丹门吏 6.Ⅰ 区 M1 后室东壁持扇门吏 7.M10 前室西壁腰鼓乐人

2. 靴

根据靴的形制分为络缝靴、乌皮靴两型。

A 型 络缝靴 尖头，靴底为向上弯曲的拱形，左右两侧的直缝从靴沿直贯到靴底。M7 有 3 例（图 1-11，5），M6 有 2 例，Ⅰ 区 M1 有 9 例（图 1-

---

① 全部摘自《宣化辽墓——1974—1993 年考古发掘报告》。

11，6)，M5 有 1 例，Ⅰ区 M2 有 2 例，M4 有 7 例。

B 型 乌皮靴 鞋尖上翘，侧面无缝。M10 有 6 例(图 1-11,7)，M7 有 8 例，M5 有 2 例，Ⅰ区 M1 有 5 例，M5 有 2 例，M4 有 8 例。

第五节　辽南京地区服饰的类型

辽南京道位于长城以南地区的山前之地，考古发现的北京及周边地区辽代壁画墓，约有 11 座左右，但是保存情况都比较差，报道亦颇简略。[①] 这些壁画墓从装饰内容和布局看，绝大多数墓葬或因为未规划人物或因残破，使我们无法看到很多鲜活的壁画人物形象，目前，只有北京韩佚墓[②] 和大兴区青云店辽墓[③] 能够看到部分侍女的服饰情况，而辽南京地区的整体服饰面貌尚不清楚，由于服饰个体极少，材料不足以进行类型学的分析研究，现通过概述管窥一二。

韩佚墓的女子发式与山西大同地区的许从赟墓和周家店墓的侍女发式完全相同，这种发式可以成为顶髻，具体的梳扎方法是：先将头发隆至头顶，以布带绾束成髻，高耸于头顶。同时韩佚墓中有一组的题材出现灯檠，与大同地区流行的燃灯图存在一定的相似性，均为辽第三期的墓葬，可能是文化交流所致。除发式清晰外，身衣和足衣都比较模糊，据简报描述，有的穿圆领长袍和圆领宽袍，比较特别，圆领袍服本是男子的专有服饰，直领袍服方为契丹女子的传统服饰。

青云店 M1 中服饰形象较韩佚墓略为清晰，人物形象更加丰富。最流

---

① 北京大兴区青云店辽墓简报中介绍：新中国成立以来，北京地区发现的辽墓有 40 余座，圆形墓占 80%，壁画墓 10 余座，保存较好的有百万庄一号墓、韩佚墓、赵德钧墓等。

② 北京市文物工作队：《辽韩佚墓考古发掘报告》，《考古学报》1984 年第 3 期。

③ 北京市文物研究所：《北京大兴区青云店辽墓》，《考古》2004 年第 2 期。

行的发式依然是顶髻，但是又分不同的样式，一种样式是在头顶扎双髻，具体扎系的方法是：先将头发分两束隆至头顶，分别以两根布带缩束成双髻，并排高耸于头顶，见于北壁门西侧、东侧的3位侍女、南壁墓门西侧燃灯女子、南壁墓门西侧侍女、东壁中部桌椅图中的侍女，其中北壁门西侧侍女额发有修剪的痕迹，可能与年龄有关；另一种样式是单髻，髻发宽大，装饰钿饰，见于东壁4号立柱南侧壁画中的侍女。关于身衣，主流服饰为圆领袍服，长度至腿肚，腰系布帛带或革带，鞋子看不到，这一点又和韩佚墓女子服饰相似，可能都是受到了契丹男服的影响。此外，还有2例侍女着襦裙装，一例长襦，一例短襦，下身配长裙，襦裙装是汉地女子的常服。

第六节　遗迹出土服饰遗物

辽代墓葬在人体装饰方面的出土遗物是比较丰富的，金属冠独具契丹特色，金银玉石装饰品琳琅满目，别出心裁，即使特别难保存的有机织物也有部分保存至今，辽代丝织品无论从技法、样式还是数量、质量而言，能够在中国丝绸发展史上占有一席之地。

一、金属冠形制分析

根据冠的造型和功能分为五型。

A型 卷云冠

卷云冠是由若干云朵形金属叶片叠压插拼并缝缀而成的冠，有的冠在内部附一层金属网，根据冠背的差异分成二亚型。

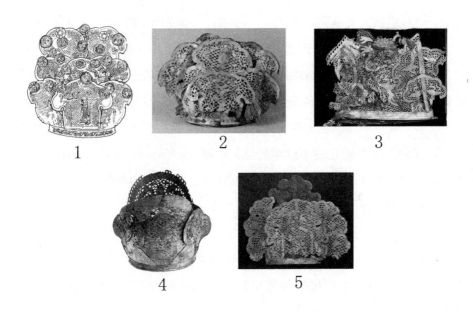

图 1-12　A 型卷云冠 [①]

1—2.Aa 型（陈国公主墓、巴林左旗博物馆藏）3—5.Ab 型（英凤沟 M7 辽墓、凌源小喇嘛沟 M11 辽墓、敖瑞山辽墓）

Aa 型　无高冠背。见于陈国公主墓出土的银鎏金冠 [②]（图 1-12，1），由 16 片云朵形镂花银片叠压、插拼、缝缀而成，前后叶片一端留出头箍的圆形，另一段在顶部缝合，无高冠背和立饰，在卷云叶片外表装饰许多圆形饰和凤鸟饰；见于巴林左旗博物馆馆藏的铜鎏金冠 [③]（图 1-12，2），由若干云朵形鎏金镂花叠压、插拼、缝缀而成，前后叶片亦于顶部缝合，无高冠背和

———————

① 图中的 1 摘自《陈国公主墓》，2 摘自内蒙古国有馆藏珍贵文物数据库之巴林左旗博物馆，3 摘自内蒙古国有馆藏珍贵文物数据库之敖汉旗博物馆，4 摘自《辽宁文物考古研究所藏文物精华》，5 摘自内蒙古国有馆藏珍贵文物数据库之阿鲁科尔沁旗博物馆。

② 内蒙古自治区文物考古研究所、哲里木盟博物馆：《辽陈国公主墓》，文物出版社 1993 年版。

③ 内蒙古国有馆藏珍贵文物数据库资料。

立饰，内衬织物，冠箍为铁质。

Ab 型　有高冠背。见于敖汉旗英凤沟 M7 辽墓出土的铜鎏金冠（图 1-12，3），从受损变形的高清图片判断应为云朵形镂花铜片叠压、插拼、缝缀而成的卷云冠，冠顶耸立凤鸟饰，后冠背略高，镂花铜片内有一层金属网；见于温多尔敖瑞山辽墓出土的铜鎏金冠①（图 1-12，5），高冠背，前后银片在顶端缝合，镂花银片后面内附一层金属网；见于凌源小喇嘛沟 M11 辽墓出土的银冠（图 1-12，4），后冠背明显高出，并有花边装饰，由 8 个银片组合而成，用银丝绑在白色丝网上，顶部没有立饰。

B 型　高翅冠

高翅冠是在半球形冠筒两侧竖立圆翅形金属片而形成的冠，冠顶多有立饰，冠筒由十字梁框架与镂空片组成，根据翅与筒的比例关系分成二亚型。

Ba 型　冠筒较高，翅略高出冠筒。见于陈国公主墓出土的银鎏金冠②（图 1-13，1），为辽圣宗时期典型的高翅冠，冠筒较高，翅略微高出冠筒，冠顶立饰为莲花座人物造像（图 1-13，1）；见于扎鲁特旗辽墓出土的银鎏金冠③（图 1-13，2），冠筒很高，几乎与翅平行，冠顶为莲花座火焰形立饰，冠筒内裹有银丝遗物；见于多伦贵妃墓出土的鎏金银冠（图 1-13，3），全部镂空，翅为银片用银丝缀合而成的双层复翅，冠、双翅装饰双凤纹，辅以变形云纹。

---

① 赤峰市博物馆考古队、阿鲁科尔沁旗文物管理所：《赤峰市阿鲁科尔沁旗温多尔敖瑞山辽墓清理简报》，《文物》1993 年第 3 期。

② 内蒙古自治区文物考古研究所、哲里木盟博物馆：《辽陈国公主墓》，文物出版社 1993 年版。

③ 武雅琴、李铁军：《扎鲁特旗出土辽代器物》，《内蒙古文物考古》2001 年第 2 期。

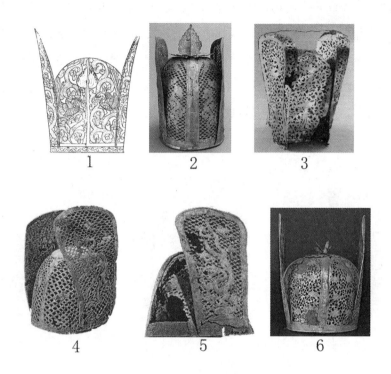

图 1-13 B 型高翅冠 [①]

1—3.Ba 型（陈国公主墓、达鲁特旗辽墓、多伦贵妃墓）4—6.Bb 型（梦蝶轩藏、法国集美亚洲艺术博物馆藏、敖瑞山辽墓）

Ba 型 冠筒较低，翅明显高于冠筒。见于香港梦蝶轩收藏的铜鎏金冠 [②]（图 1-13，4），冠筒较低，翅明显高于冠筒，冠顶为圆形，底座无立饰；见

---

① 图中的 1 摘自《辽陈国公主墓》，2 摘自内蒙古国有馆藏珍贵文物数据库之扎鲁特旗博物馆，3 摘自简报，4、5 摘自《辽代金冠》，6 摘自内蒙古国有馆藏珍贵文物数据库之阿鲁科尔沁旗博物馆。

② 埃玛·邦克、白珠丽、苏芳淑：《金翠流芳——梦蝶轩藏中国古代饰物》，香港大学，1999 年。

于法国集美亚洲艺术博物馆馆藏的铜鎏金冠[1]（图1-13，5），形制与梦蝶轩藏者极为相似，遗憾的是冠筒残损，右翅缺失；见于温多尔敖瑞山辽墓出土的铜鎏金冠（图1-13，6），冠筒与高翅的高度悬殊增大，冠筒更低，高翅更高；见于凌源小喇嘛沟 M1 辽墓出土的银鎏金女冠，残损比较严重，从残存部分观察，形制应为冠筒较低的高翅冠。[2]

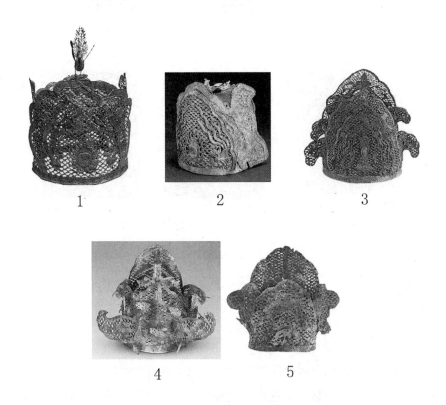

1　　　2　　　3

4　　　5

图1-14　C型莲叶冠[3]

---

① 贾玺增：《辽代金冠》，《紫禁城》2011年第11期。

② 辽宁省文物考古研究所：《凌源小喇嘛沟辽墓》，文物出版社2015年版。

③ 图中的2摘自《金翠流芳——梦蝶轩藏古代饰物》，4摘自报告，5摘自内蒙古国有馆藏珍贵文物数据库。

1—2.Ba 型（甘肃博物馆馆藏、梦蝶轩藏）3—5.Ba 型（赤峰市辽墓出土、小喇嘛沟辽墓、内蒙古博物院院藏）

C 型 莲叶冠

莲叶冠是半球形冠筒通过插拼多片莲叶形金属片而组成的冠，冠筒两侧缝缀冠耳，有的冠顶还有立饰，根据冠耳的形态分成二亚型。

Ca 型 立耳。见于甘肃省博物馆馆藏的银鎏金冠[1]（图 1-14，1），由半球形冠筒插拼前后两片莲叶形金属片组成，正面略高，两侧冠耳直立，冠顶有大尾凤鸟立饰；见于梦蝶轩收藏的银鎏金冠（图 1-14，2），与上述甘肃省博物馆馆藏品的结构极为类似，只有凤鸟立饰造型稍有差异。

Cb 型 垂耳。见于内蒙古博物院院藏的铜鎏金冠[2]（图 1-14，3），半球形冠筒前后装饰莲叶形片，两侧为云朵形双垂耳，冠顶有凤鸟立饰，为赤峰市辽墓出土品；见于凌源小喇嘛沟 M1 辽墓出土的银鎏金男冠（图 1-14，4），形制与上述内蒙古博物院院藏品相似，由多片形状、大小不同的镂雕鎏金薄银片制成，翅膀形双垂耳[3]，冠正中立有莲花座鎏金凤鸟饰。见于内蒙古博物院院藏的另一件铜鎏金冠（图 1-14，5），高冠背，云朵形双垂耳。

D 型 额冠

额冠是指无冠体，与其他冠帽搭配使用的额前装饰[4]，由于尺寸较短无法围拢为冠圈，推测应缝于织物上进行佩戴。根据造型差异分成二亚型。

Da 型 二凤托珠造型。见于后刘东屯二号墓出土的铜鎏金冠[5]（图 1-15，2），整体为二凤托珠镂空造型；见于小喇嘛沟 M1 辽墓出土的银鎏金

---

① 贾玺增：《辽代金冠》，《紫禁城》2011 年第 11 期。

② 内蒙古国有馆藏珍贵文物数据库资料。

③ 贾玺增：《辽代金冠》，《紫禁城》2011 年第 11 期。

④ 学界目前对于这类装饰品的功能仍存在分歧，课题组经研究暂时认定为冠饰。

⑤ 康平县文化馆文物组：《辽宁康平县后刘东屯辽墓》，《考古》1986 年第 10 期。

冠（图 1-15，1），为二凤踩在灵芝形云端，托起火焰珠的镂空造型冠箍两端亦为凤首。

1   2

3   4

图 1-15　D 型额冠[①]

1—2.Ba 型（凌源小喇嘛沟辽墓、后刘东屯二号墓）3—4.Bb 型（梦蝶轩藏、建平炮手营 JRM1）

Db 型　云朵造型。见于梦蝶轩收藏的铜鎏金冠[②]（图 1-15，3），如意云朵镂空造型，正中长方形牌饰上似刻有文字。见于建平炮手营 JRM1 墓出土的铜鎏金冠[③]（图 1-15，4），如意云朵造型，下方八边形牌饰上錾梵文，冠

① 图中的 1、3 均摘自《辽代金冠》。

② 贾玺增：《辽代金冠》，《紫禁城》2011 年第 11 期。

③ 辽宁省文物考古研究所：《辽宁建平两处辽墓清理简报》，《北方文物》1991 年第 3 期。

周有小孔用以缝缀，冠背面残存织物遗迹，佐证了额冠的使用方法。

　　E 型 金箍冠（含下颌托）

　　本文讨论的金箍冠既无高翘，也无冠叶，四条立带于冠顶相交，冠箍下连接金质下颌托，下颌托作为附件，为冠的一部分。见于吐尔基山金箍冠 [①]（图 1-16,1、图 1-16,2），为十字梁金冠与金下颌托的组合冠，罩于棉帽内，四条立带于冠顶相交成十字梁结构，冠箍为十字梁与金下颌托的连接枢纽；见于凌源小喇嘛沟 M1 辽墓出土的银鎏金下颌托 [②]（图 1-16, 3），宽勺形底托，两侧颊带残断不存，是辽代继吐尔基山金下颌托之后的第 2 例下颌托考古资料。

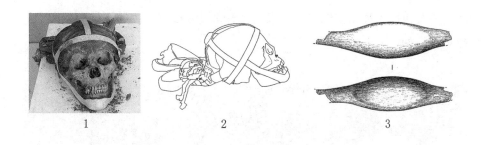

1　　　　　　　　　2　　　　　　　　　3

图 1-16　E 型金箍冠 [③]

1.金箍冠彩图（吐尔基山辽墓）2.金箍冠示意图（吐尔基山辽墓）3.银鎏金下颌托（小喇嘛沟 M1）

二、发式的保存样式

　　目前墓葬中保存下来的发式数量不多，均为契丹人最为典型的男子发

---

① 内蒙古文物考古研究所：《内蒙古通辽市吐尔基山辽代墓葬》，《考古》2004 年第 7 期。

② 辽宁文物考古研究所：《凌源小喇嘛沟辽墓》，文物出版社 2015 年版。

③ 图片由冯恩学老师提供，3 摘自《凌源小喇嘛沟辽墓》。

式和女子发式。女子发式的特点是辫发，样式大概有两种：一种是单辫盘系，例如内蒙古察右前旗豪欠营辽墓女墓主，戴高装巾子，面具、面纱、巾子、网络揭取下来后，露出了别具一格的发式：前额边沿部分剃去，而保留了其余头发；经剃过的部分又长出了一点短发，从短发的等齐长度看，原来是剃光而不是剪短的；保留的头发，颅顶一部分用绢带结扎，带结位于颅顶偏后，另在左侧分出一小绺，编结成一条小辫，绕经前额上方再盘回颅顶，压在束发上面，和束发结扎在一起，耳后及脑后的长发向身后下披，垂过颈部。① 另外一种是双辫盘系，例如内蒙古兴安盟科右中旗代钦塔拉 M3 女墓主的发式，脑后残存两条发辫，发辫套于两个黑色发套内，头顶部残存少许发丝，仍可辨出发式是由头顶梳向脑后，吐尔基山辽墓女墓主的发式也是如此，头发和发式较完整地保存下来，已有研究者根据采集的原始信息做了头像复原② （图 1-17）。

图 1-17　吐尔基山辽墓墓主人的发式复原图 ③

---

① 李逸友：《契丹的髡发习俗——从豪欠营辽墓契丹女尸的发式谈起》，《文物》1983 年第 9 期。
② 朱泓：《古墓主人的样貌是怎样被复原的》，《解放日报》2017 年 2 月 17 日。
③ 图片由塔拉先生提供。

男子发式的保留墓例更少，很难得的是，髡发被保留下来。内蒙古赤峰市阿鲁科尔沁旗温多尔敖瑞山辽墓的男尸头颅上尚保存较完好的发式，髡发，耳上额两侧留有头发，拢至脑后分三股结一长辫，发辫残存九节，长13厘米，自额两侧留长头发处至枕骨留有短发，髡发处有短发茬。①根据整套金属葬具推测墓主人为契丹贵族，32颗牙齿推测年龄为40岁左右。

三、丝织品形制分析

学者对辽代出土丝织品已进行过探讨，赵丰对代钦塔拉M3进行了款式分析②，但是整体性的形制研究尚未系统展开，为了厘清和展现现有辽代服饰丝织品资料的全貌，本节试图运用考古学的类型分析方法，按照帽、襦、袍、裙、袴、鞋、靴等类别，对其进行形制分析，此外，对荷包、手套等附属织物进行简要梳理。

1.帽

根据形制特点，分为高翅帽、护耳帽、夹帽、凉帽。

A 型 高翅帽　圆形帽体两侧高翅耸立，与金属高翅冠形制相同。例证：法库叶茂台M7辽墓的丝帛棉胎高翅帽，棕色棉胎，两侧高立翅缂丝包边，通饰花纹，残存单翅，图片不清晰。

B 型 护耳帽　双檐垂落可遮掩双耳，史料中又称"檐帽"或"胡帽"。例证1：代钦塔拉M3的缂丝水波地荷花摩羯纹棉帽（图1-18，1），双檐有罗带缀连，冷时垂落御寒，热时反系于顶，比较实用灵活。例证2：吐尔基山辽墓的绫帽（图1-18，2），帽顶呈瓜壳状，带护耳，前帽檐镶边，后檐中缀纽襻，可连同护耳上翻或下翻，可系带保暖，面料为几何纹绫，里

① 赤峰市博物馆考古队、阿鲁科尔沁旗文物管理所：《赤峰市阿鲁科尔沁旗温多尔敖瑞山辽墓清理简报》，《文物》1993年第3期。

② 内蒙古博物馆等：《内蒙古兴安盟代钦塔拉辽墓出土丝绸服饰》，《文物》2002年第4期。

衬为棕黄色四经绞素罗，中间纳棉，多处破损，但整体形状完整。例证3：赤峰市博物馆馆藏的一件丝绵帽，垂耳宽大整片垂落，御寒效果更佳，残损严重。

　　C型 夹帽 圆顶，四个褶交叠在帽顶，相对于棉帽而言，罗地轻便。例证1：耶律羽之墓的罗帽（图1-18，3），盔式，前后基本同长，帽护住双耳和前额，后边略长，为契丹人喜爱的紫色；例证2：解放营子辽墓出土的罗帽（图1-18，4），边檐外翻，亦为紫色。

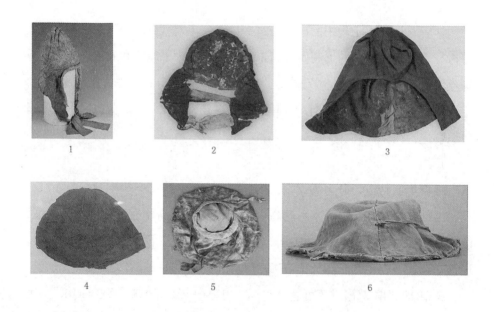

图 1-18　帽子 ①

1、2.B 型（代钦塔拉 M3、吐尔基山辽墓）3、4.C 型（耶律羽之墓、解放营子辽墓）5、6.D 型（代钦塔拉 M3、巴林左旗博物馆馆藏）

　　D型 凉帽 圆顶，宽檐，由锦或罗缝制而成，遮阳纳凉。例证1：代钦

---

① 图中的 1、4、5、6 摘自内蒙古国有馆藏珍贵文物数据库，2 由塔拉先生提供，3 为作者拍摄。

塔拉 M3 的锦帽（图 1-18，5），宽檐有遮阳之功用，外层深黄色，内层浅黄色，外缘夹一圈铁丝，外层织紫色缠枝花凤纹。例证 2：巴林左旗博物馆馆藏的一顶罗帽（图 1-18，6），穹庐顶，外缘夹一圈铁丝，一侧有调整松紧的系带，帽檐较窄。

表 1-1　辽代帽子

织物名称	织物种类	尺寸（厘米、克）	出土地点或收藏地点	参考文献
A 型高翘棉帽	丝帛棉胎，立翘缂丝包边		法库叶茂台 M7 辽墓	王青煜：《辽代服饰》，辽宁画报出版社 2002 年版
B 型护耳棉帽	缂丝棉帽，两耳之下为罗带，帽子后部为绫带	宽 27，顶端到双檐下端距离 30	代钦塔拉 M3	内蒙古博物馆等：《内蒙古兴安盟代钦塔拉 M3 出土丝绸服饰》，《文物》2002 年第 4 期
B 型护耳棉帽	几何纹绫帽	长 22，宽 23	吐尔基山辽墓	发掘者提供
B 型护耳棉帽	丝绵帽	总高 38	赤峰市博物馆馆藏	内蒙古国有馆藏珍贵文物数据库资料
C 型夹帽	紫色罗帽	帽高 27，前边高 13，帽下边宽 30，重 26.4	耶律羽之墓	阿鲁科尔沁旗博物馆实地调查和内蒙古国有馆藏珍贵文物数据库资料
C 型夹帽	紫色罗帽	长 23，宽 16	解放营子辽墓	赤峰市博物馆实地调查和内蒙古国有馆藏珍贵文物数据库资料
D 型凉帽	外层为锦、内层可能为绮	直径 46，沿宽 11，圆顶直径 21，重 152.8	代钦塔拉 M3	内蒙古国有馆藏珍贵文物数据库资料
D 型凉帽	土黄色罗帽	高 19，直径 33	巴林左旗博物馆收藏	内蒙古国有馆藏珍贵文物数据库资料

2. 襦

目前考古发现多为短襦，衣长在腰部或胯部，70—85 厘米，可称为短襦或袄，有单衣或夹有棉胎之分。

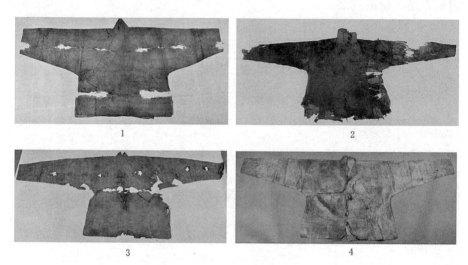

图 1-19　短襦 ①

1—2.A 型（代钦塔拉 M3、吐尔基山辽墓）3—4.B 型（代钦塔拉 M3、代钦塔拉 M3）

表 1-2　辽代短襦

织物名称	织物种类	尺寸（厘米）	出土地点或收藏地点	参考文献
A 型单衣	四雁纹绮	衣长 73，通袖长 151，袖口宽 21，下摆宽 66	代钦塔拉 M3	内蒙古国有馆藏珍贵文物数据库资料
A 型单衣	绢衣	展袖长 215，衣长 70 厘米，衣宽 83，袖长 79，袖口宽 13.5，下摆宽 92，两边开衩长 11.5	吐尔基山辽墓	发掘者提供

---

① 图中的 2 由塔拉先生提供，1、3、4 摘自内蒙古国有馆藏珍贵文物数据库。

织物名称	织物种类	尺寸（厘米）	出土地点或收藏地点	参考文献
A 型单衣	罗衣	展袖长 200，残长 72，宽 80	吐尔基山辽墓	发掘者提供
B 型棉衣	雁蝶小花绮	衣长 83，通袖长 201	代钦塔拉 M3	内蒙古国有馆藏珍贵文物数据库资料
B 型棉衣	黄绿色菱格纹绮	通长 83，两袖宽 202，下摆宽 78	代钦塔拉 M3	内蒙古国有馆藏珍贵文物数据库资料

A 型 单衣。例证 1：代钦塔拉 M3 出土的四雁纹绮单衣（图 1-19，1），无扣短衣，两侧开气；例证 2：吐尔基山辽墓出土的绢衣未穿在墓主人身上，折叠放置于墓主人左肩部位，款式为直领，左衽。例证 3：吐尔基山辽墓出土的罗衣（图 1-19，2），盘领，左衽，窄袖。

B 型 棉衣，夹有棉胎。例证 1：代钦塔拉 M3 出土的雁蝶小花绮长袖棉衣（图 1-19，3），左衽；例证 2：代钦塔拉 M3 出土的黄绿色菱格纹绮长袖棉衣（图 1-19，4），左衽。

3.袍

有表有里，比襦长的一种长衣，《辽史·仪卫志》中提到紫窄袍、锦袍、绿花窄袍。

表 1-3　辽代袍服

织物名称	织物种类	尺寸（厘米）	出土地点或收藏地点	参考文献
Aa 型扇形长袍	锦为表，绮为里，	袍长 161，两袖宽 188，领缘宽 14，下摆宽 175	代钦塔拉 M3	内蒙古国有馆藏珍贵文物数据库资料
Aa 型扇形长袍	锦为表，绮为里，	开气高 77	代钦塔拉 M3	内蒙古国有馆藏珍贵文物数据库资料
Aa 型扇形长袍	锦袍	袍长 150、通袖长 220，下摆宽 115	耶律羽之墓	内蒙古国有馆藏珍贵文物数据库资料
Ab 型筒形长袍	菱纹夹罗	衣长 154，下摆宽 115	代钦塔拉 M3	内蒙古国有馆藏珍贵文物数据库资料

续表

织物名称	织物种类	尺寸（厘米）	出土地点或收藏地点	参考文献
Ab 型筒形长袍	绫	通长 152，两袖宽 102，下摆宽 74	代钦塔拉 M3	内蒙古国有馆藏珍贵文物数据库资料
Ab 型筒形长袍	棉袍	袍长 144，下摆宽 90，袖长 89，袖宽 34	巴林左旗辽上京遗址西北群山辽墓	内蒙古国有馆藏珍贵文物数据库资料
Ab 型筒形长袍	棉袍	衣长 155，通袖长 224，下摆宽 94	耶律羽之墓	内蒙古国有馆藏珍贵文物数据库资料
B 型中长袍	绮棉袍	通长 125、袖口宽 37，下摆宽 89	代钦塔拉 M3	内蒙古国有馆藏珍贵文物数据库资料
C 型短袍	素罗绢夹袍	衣长 91，下摆宽 70，通袖宽 134	耶律羽之墓	内蒙古国有馆藏珍贵文物数据库资料

A 型 长袍 袍长 140 厘米以上，穿在身上可齐脚或拖地。根据下摆的宽窄再分两亚型。

Aa 型 下摆宽阔，整体呈扇形。例证 1：代钦塔拉 M3 出土的褐色地双雁衔绶带纹锦袍，直领左衽，领子下端有纽扣，与衣服左腋下的扣袢相系，左右不开气；例证 2：代钦塔拉 M3 出土的褐色地重莲童子锦袍（图 1-20，1），直领左衽；例证 3：耶律羽之墓出土的团凤纹锦袍（图 1-20，2），直领右衽；例证 4：代钦塔拉 M3 出土的菱纹罗夹袍（图 1-20，3），交领，左衽，窄袖口；例证 5：吐尔基山辽墓出土的 5 件袍服，下摆均残缺无法辨识长度，最外三层是直领左衽，第四、五层为盘领左衽，残长最长者为 99 厘米，结合壁画女性的袍服长度来审视，我们推测可能属于长袍系列。

Ab 型 下摆适度，整体呈筒形。例证 1：代钦塔拉 M3 出土的菱纹夹罗袍，左右不开气。[1] 例证 2：代钦塔拉 M3 出土的黄褐色四瓣花绫短袖棉袍

---

[1] 此件罗袍两侧不开气，115 厘米的下摆并不宽裕，不太适合骑马的男性，根据文献和壁画资料推测为女性的团衫，154 厘米的长度已经可以拖地。

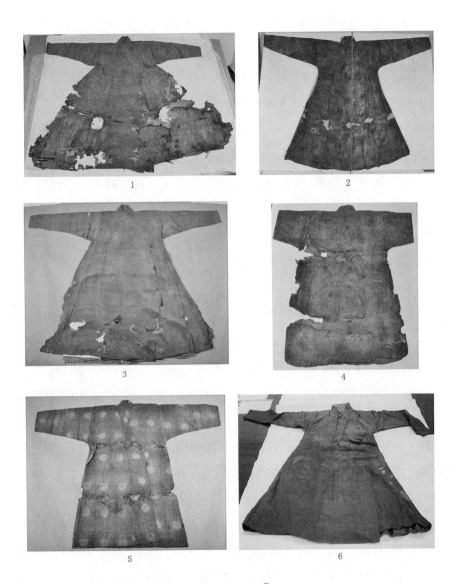

图 1-20 袍 [①]

1—3.Aa 型(代钦塔拉 M3、耶律羽之墓、代钦塔拉 M3)4.Ab 型(代钦塔拉 M3)5.B 型(代
钦塔拉 M3)6.C 型(耶律羽之墓)

① 图中 1、2、3、4、5 摘自内蒙古国有馆藏珍贵文物数据库,6 为作者拍摄。

（图1-20，4），整体呈筒状，短袖左衽；例证3：巴林左旗辽上京遗址西北群山辽墓出土的褐绫提花团窠獬豸纹棉袍①，左衽，特别之处在于后开气；例证4：耶律羽之墓出土的棉袍，葵花对鸟雀蝶图案，直领右衽，两袖残缺。

B型 中长袍 袍长110—140厘米，穿在身上可至腿肚或脚踝。例证：代钦塔拉M3出土的黄褐色圆点纹绮棉袍（图1-20，5），两侧高开气。

C型 短袍 袍长90—110厘米，穿在身上可至膝盖。例证：耶律羽之墓出土的素罗绢夹袍（图1-20，6），左衽，后开气，在左肩和近左腋部各有一扣襻。

4.裙

辽代的裙子多为大扑褶裙，下摆极宽，和长裤有共同之处，一般都有背带，从腰部伸出，根据装饰的不同分两型。

A型 无腰带。例证1：代钦塔拉M3出土的黄褐色小团花纹绫背带棉裙（图1-21，1），腰部以绢制成；例证2：代钦塔拉M3出土的蹙金绣山石对鹿罗夹裙，裙的下摆极宽，用六幅织物组成。

B型 腰带装饰蝴蝶结。例证1：吐尔基山辽墓出土的六瓣团花纹绫裙，宽背带，高腰及胸，后腰开气，腰带在正面结成蝴蝶结，裙身两侧各缀一个蝴蝶结；例证2：吐尔基山辽墓出土的罗地彩绣团凤裙（图1-21，2），款式为高腰，腰间有双系带，腰左侧有两带穿孔，系带各系有一个蝴蝶结，前摆正中有叠褶，两侧开气，下摆部分留有如意头锁边。例证3：吐尔基山辽墓出土的莲花水波纹锦裙，款式为高腰，背带在后面交叉，腰间有一根系带并打成蝴蝶结（图1-21，3）；裙身由16片打褶缝合而成，褶宽13厘米；后片从腰部开始开气，左右裙片各缀有一蝴蝶结。例证4：吐尔基山辽墓出土的缠枝牡丹莲花纹锦裙，款式为宽背带，高腰，高腰及胸，后腰开气至后片上

---

① 面斜为绫，裹料为紫色素面，中间两层黄绢絮锦，长袍内外，襟边沿相对应位置各缀有三枚疙瘩襻扣。从领上顺序而下，长袍腰部后残留有氧化铜迹，说明曾系铜带銙踝蹀带，应为较为典型的契丹官员袍服，团窠獬豸纹服饰较为罕见。

部，开气两端各缝制一条腰带相交系于腰间打蝴蝶结，裙身多片缝制，有多个大扑褶。例证5：吐尔基山辽墓出土的菱纹罗裙，款式为背带，高腰及胸，腰间系带在前面打蝴蝶结，裙身打大扑褶；裙绔部分款式非常奇特，在宽摆的裙身内又加出一层从腰间相连的绔，类似于裤子的裆。

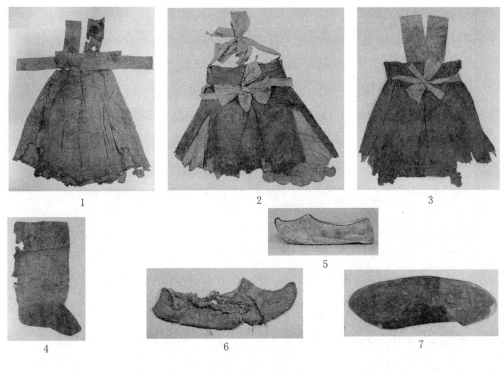

1　　　　　　　　2　　　　　　　　3

4　　　　　　　　5

6　　　　　　　　7

图 1-21　裙与鞋袜 [1]

1.A 型(代钦塔拉 M3)2、3.B 型(吐尔基山辽墓、吐尔基山辽墓)4.袜(赤峰市博物馆馆藏)
5、6、7.鞋（巴林左旗博物馆馆藏、巴林左旗博物馆馆藏、敖汉旗博物馆馆藏）

① 图中的1摘自《内蒙古珍宝·杂项》、2、3由塔拉先生提供，4、5、6摘自内蒙古国有馆藏珍贵文物数据库，7由作者拍摄。

表 1-4　辽代背带裙

织物名称	织物种类	尺寸（厘米）	出土地点或收藏地点	参考文献
A 型无腰带	绫背带棉裙，腰带由绢制成	裙残长 130，腰带长 56	代钦塔拉 M3	《内蒙古珍宝·杂项》
A 型无腰带	罗夹裙	总长 318	代钦塔拉 M3	《内蒙古兴安盟代钦塔拉辽墓出土丝绸服饰》
B 型有腰带	绫裙，里衬为平纹绢，中间纳绵	裙残长 98，腰宽 45，下摆宽 149	吐尔基山辽墓	发掘者提供
B 型有腰带	罗地彩绣裙，里衬为绢，中间纳绵	裙长 70，下摆前片宽 80，后片宽 105	吐尔基山辽墓	发掘者提供
B 型有腰带	锦裙，里衬为平纹绢，中间纳绵	裙残长 97，腰宽 49，腰高 15.5，下摆宽 97	吐尔基山辽墓	发掘者提供
B 型有腰带	锦裙，绫为里衬，中间纳绵	裙长 101，腰高 16.5，腰宽 48，下摆宽 116	吐尔基山辽墓	发掘者提供
B 型有腰带	菱纹罗裙	裙残长 96，腰宽 43，下摆宽 72	吐尔基山辽墓	发掘者提供

5.裤

根据裤的特点分为两型。

A 型 背带长裤，有背带，腰部在后面系缚。根据是否连脚分为两亚型。

Aa 型 连脚裤，裤腿和袜连在一起。例证 1：耶律羽之墓出土了一件完整的黄绢提花连脚背带裤（图 1-22，1），课题组在阿鲁科尔沁旗博物馆进行了实物观摩，可以确定的是前后开裆，臀部全部敞开，且裆部有血迹[①]。例证 2：代钦塔拉 M3 出土的黄褐色绮背带连脚棉裤（图 1-22，2），裤与袜相连，残损严重。

---

① 根据内蒙古国有馆藏珍贵文物数据库提供的测量数据，通长 112 厘米，袜长 20 厘米，身体和脚的尺寸均较小，推测是耶律羽之夫人重裘的衣物。

Ab 型 不连脚，无袜。例证 1：代钦塔拉 M3 出土的一件黄色菱形纹绮背带夹裤（图 1-22，3），裤脚小，适用于将裤腿塞入靴鞡中①；例证 2：代钦塔拉 M3 出土的另一件黄色绢背带夹裙裤（图 1-22，4），裤脚大而阔，类如裙裤②。

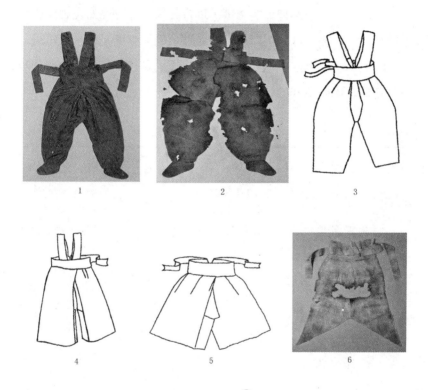

图 1-22 裤③

1、2.Aa 型（耶律羽之墓、代钦塔拉 M3）3、4.Ab 型（代钦塔拉 M3）5.Ba 型（代钦塔拉 M3）6.Bb 型（代钦塔拉 M3）

① 吊敦属于典型的北方民族服饰，在壁画中在外衣的遮挡下很难见到，在黑龙江阿城金齐国王墓中也有出土。

② 此类裙裤在南宋墓中也有出土。

③ 图中的 1、2、6 摘自内蒙古国有馆藏珍贵文物数据库，3、4、5 摘自《内蒙古兴安盟代钦塔拉辽墓出土丝绸服饰》。

B型短裤，无背带，腰部以腰带在后面或侧面系缚。根据形状分为两亚型。

Ba型 平口形。例证1：代钦塔拉M3出土的黄褐色回纹地团花绫短裤（图1-22，5），样式与上述裙裤类似，裤腿肥阔，中间开裆，只是裤长在膝盖之上。此外，经调查发现，巴林左旗博物馆还收藏两件类似的阔腿短裤，一件正在展厅展出，腰部左侧伸出两条带子进行扎系，保存完好，为左旗乌兰坝耶律家族墓出土，另一件残损严重，从轮廓大概能判断是条平口短裤。

Bb型 三角形。例证1：代钦塔拉M3出土的黄色绢短夹裤（图1-22,6），裤腿呈三角形，中间不开裆，两侧几乎完全暴露。

表1-5 辽代裤

织物名称	织物种类	尺寸（厘米、克）	出土地点或收藏地点	参考文献
Aa型背带	黄绢	通长112，背带长25，长77，袜长20，重127.9	耶律羽之墓	内蒙古国有馆藏珍贵文物数据库资料
Aa型背带	黄褐色地方点纹绮	衣长143，腰带长112，长104.5	代钦塔拉M3	内蒙古国有馆藏珍贵文物数据库资料
Ab型背带	黄色菱形纹绮	不详	代钦塔拉M3	内蒙古国有馆藏珍贵文物数据库资料
Ab型背带	黄色绢背带	不详	代钦塔拉M3	内蒙古国有馆藏珍贵文物数据库资料
Ba型短	黄褐色回纹地团花绫	不详	代钦塔拉M3	内蒙古国有馆藏珍贵文物数据库资料
Bb型短	黄色绢	长74，腰宽32，带长63	代钦塔拉M3	《内蒙古珍宝·杂项》

6. 靴、袜

法库叶茂台M7辽墓出土的高勒靴，简报未刊出图片，据描述该靴靴口齐膝，为圆口两旁开气式。[1]此外，赤峰市博物馆馆藏的一只黄绸棉袜（图1-

---

① 辽宁省博物馆等：《法库叶茂台辽墓记略》，《文物》1975年第12期。

21，4），系赤峰市公安局收缴移交，形制和金属靴相同，高靿和袜面在脚踝处缝合。

7.鞋

鞋呈船形，鞋头翘起，中线缝合。例证1：巴林左旗博物馆馆藏的一双绣花鞋（图1-21,5），黄绢底黄罗地，长13.9厘米，宽4.5厘米，鞋帮高3.8厘米，由于尺寸较小，学者认为是童鞋；例证2：巴林左旗博物馆馆藏的堆锈山岳卷云纹麻鞋（图1-21，6），鞋呈船形，尖头翘起；例证3：敖汉旗博物馆馆藏的一双成年女子绣花鞋（图1-21，7），系辽墓被盗后收缴所得。

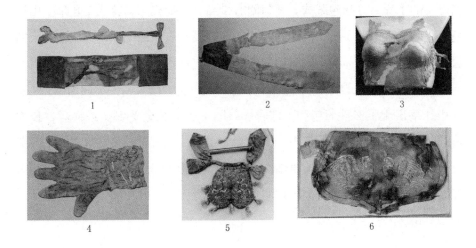

图 1-23　附属织物 [①]

1.抹额（巴林左旗博物馆馆藏）2.腰带（巴林左旗博物馆馆藏）3.胸衣（敖汉旗博物馆馆藏）4.手套（巴林左旗博物馆馆藏）5.香囊（吐尔基山辽墓）6.荷包（兴安盟文物站收藏）

此外，还有一些不常见的附属织物，如抹额、腰带、胸衣、手套、荷包

---

① 图中的1、2、4、5、6摘自内蒙古国有馆藏珍贵文物数据库，3由课题组拍摄。

等。抹额在壁画中很常见，出土实物数量不多，有的需要仔细辨认，与腰带区别开来，如巴林左旗博物馆馆藏的紫色抹额（图1-23，1），呈长方形，由绢和罗制成，两条丝绦带在后面扎系，长26.1厘米，宽6.3厘米；腰带为袍服不可或缺的配件，男女通用，长短不一，如巴林左旗博物馆馆藏的长带（图1-23，2），残长120厘米，很可能用作袍服的系带。敖汉旗博物馆收藏着一件罕见的胸衣（图1-23，3），为胸罩和抹胸的结合，面料柔软丝滑，据馆内专家介绍，系辽墓被盗后收缴所得，出处还是可靠的。巴林左旗博物馆收藏的黄色提花绫手套（图1-23，4），五指分开；法库叶茂台M7辽墓出土的手套，分指包腕式，套口附有带结，罗地棉胎绣花[①]；吐尔基山辽墓出土的一副素罗手套，五指分开式。荷包属于衣服的配件，类似于今天的收纳包，因收纳物品的不同有不同的称呼，在辽代的出土数量比较多，男女通用，如代钦塔拉的男女墓主腰部分别佩戴荷包，内装物件不同而已；吐尔基山辽墓出土了2件荷包和1件香囊（图1-23，5），为贴金或缂丝，长方形荷包有开口，扇形香囊无开口，与璎珞共出的附属品；兴安盟文物站收藏有2件荷包（图1-23，6），形制略呈心形，折叠而成；乌兰达坝苏木小罕山辽墓出土的褐罗刺绣牡丹套，内装琥珀坠，有首饰袋的功能，现藏于巴林左旗博物馆。

四、丝织品的图案

辽代出土丝织品大多数都有图案，呈现方式不同，有的图案明显，以墨绘、印金、刺绣、织彩、贴金的方式制作，有的则若隐若现，以暗花的方式隐藏于布料之中，通过局部改变纹理或颜色深浅变化来显花，通过织机制作布料前已预制好的图案。题材有双凤、云龙、团龙、四雁、双雁衔绶带、摩

---

① 辽宁省博物馆等：《法库叶茂台辽墓记略》，《文物》1975年第12期。

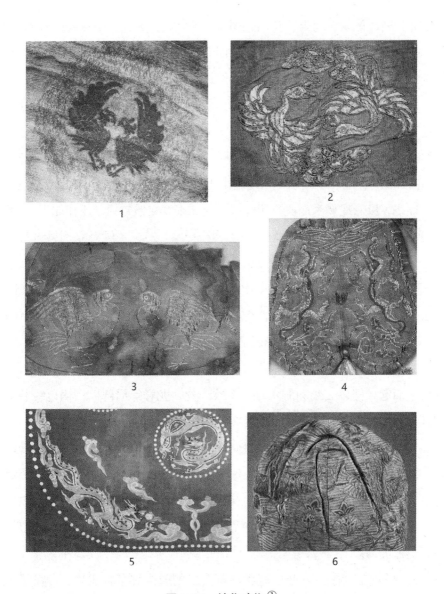

图 1-24　神化动物 [1]

1—3.凤（耶律羽之墓、吐尔基山辽墓、兴安盟博物馆收藏）4、5.龙（吐尔基山辽墓、辽庆州释迦佛舍利塔）6.摩羯（代钦塔拉 M3）

---

[1]　图中的 1 摘自《探寻失去的王朝——耶律羽之墓》，2 由塔拉先生提供，3—6 均摘自内蒙古国有馆藏珍贵文物数据库。

羯、鹿、鹤、蝴蝶、鸳鸯、花鸟、团花、缠枝花、云纹、圆点纹以及池塘小景、执荷童子等。本节依托于内蒙古国有馆藏珍贵文物数据库和课题组调研拍摄的高清细部照片，根据题材对图案进行初步梳理。

1.凤纹。例证1：耶律羽之墓出土的双凤纹锦袍（图1-24，1），墨绘双凤浮于暗团花图案之上，凤尾上扬，蓄势待飞，散点式对称分布，近半数墨色脱落。例证2：代钦塔拉M3的双凤纹锦帽，凤呈飞翔态，间以缠枝花卉，大概有四组。例证3：吐尔基山辽墓出土的双凤纹短裙（图1-24，2），双凤首尾环绕，以彩线刺绣而成，边缘以金线和银线交错勾勒，栩栩如生。例证4：兴安盟博物馆收藏的双凤纹荷包（图1-24，3），二凤对立，凤冠身体、凤尾勾勒轮廓，凤尾上扬，头部和翅膀以缂金工艺细致表现，疏朗有致。例证5：巴林左旗博物馆收藏的云凤纹衣料残片，凤身舒展，凤首回旋，穿梭于云朵之间，采用分层刺绣法，将黄、蓝、绿线交错其中，长针走线整体效果好，为防止松动在边缘以暗线加固。

2.龙纹。例证1：吐尔基山辽墓出土的双龙纹荷包（图1-24，4），二龙腾空而起，间以云纹和海水纹，金线缂丝，龙脊等局部以棕褐色线装饰。例证2：赤峰巴林右旗辽庆州释迦佛舍利塔相轮樘出土的龙纹红罗绣巾（图1-24，5），正中心四组团龙纹对称分布，龙身蟒蛇形，S形曲颈，尾缠一足，露出三爪，周边环绕云纹、宝珠纹，外圈为一周连珠纹。底部彩绣双行龙纹，姿态舒展，周边环绕云纹、宝珠纹，腾云驾雾。以金为主线，以棕、黑、黄、米、红、蓝为辅助线，将龙嘴、双角、龙鳞、龙鳍、肘毛、三爪表现得更加灵动。

3.摩羯纹。例证1：吐尔基山辽墓出土的摩羯纹布料残片，存量不少，有的包裹在枕上成为枕面。葵形开光内为4只头聚拢在一起的鱼形物，似有翅膀，初判为摩羯，间以图案式花草。例证2：代钦塔拉M3的缂丝棉帽（图1-24，6），帽主体饰两组双摩羯纹，展翅欲飞，通体以水波纹为地，荷叶、荷花浮出水面，缂丝工艺将花纹处理得精湛绝伦。

4. 鹤纹。例证 1：巴林左旗博物馆收藏的鹤纹织锦布料（图 1-25，1），土黄色为底色，每组菱形格内双鹤对飞，间以花草，以蓝线和土黄色线显花，图案复杂且边缘有轮廓。

5. 雁纹。例证 1：耶律羽之墓出土的四雁纹绫（图 1-25，2），四雁头相对衔中心的十字花，四周间以藤蔓枝条式的云纹，在斜纹底上起斜纹花，呈现出冰凌之纹理。例证 2：吐尔基山辽墓出土的雁纹布料残片，口衔花叶，羽毛不及例证 1 精美。例证 3：代钦塔拉 M3 出土的雁衔绶带纹锦袍（图 1-25，3），每组双雁位于绶带纹两侧，脚踩云朵，展翅欲飞，羽毛细腻有层次，以米色和蓝色显花，图案较大。

6. 鹿纹。例证 1：耶律羽之墓出土的奔鹿纹绫残片，在菱格形图案内，中心为八只飞鸟簇拥着一束十字形花叶，四周为四只奔鹿，花角，周边环绕变形云纹。例证 2：耶律羽之墓出土的奔鹿纹绫残片，在毯路纹布局中，中心为十字形花叶，四周各饰一只奔鹿纹。例证 3：耶律羽之墓出土的双鹿纹罗残片（图 1-25，4），双鹿嬉戏对视，周围饰山树、云朵，一幅野外景象掠影，以金线及少许蓝线刺绣而成。例证 4：耶律羽之墓出土的鹰啄鹿纹罗袍残片（图 1-25，5），鹿飞奔向前，鹰俯冲而下，右下饰多枝变形云纹，花朵式云头，以金线及少许黑线、蓝线刺绣而成。

7. 鸳鸯纹。例证 1：耶律羽之墓出土的鸳鸯衔花纹罗残片（图 1-25，6），柿蒂花团巢内两只鸳鸯对立，口衔花茎，茎一头为尖状花片的荷花，花两侧伸出叶片，另一头为簇拥在一起的圆瓣形花朵，以金线和少许黑线刺绣而成。

8. 蝴蝶纹。例证 1：吐尔基山辽墓出土的一对蝴蝶纹荷包（图 1-25，7），中心为蝴蝶纹，四周装饰四瓣花，图案为贴金工艺制作。

9. 鸟纹。例证 1：耶律羽之墓出土的罗残片，上白线绘制双鸟对视、花叶，形成团巢布局。例证 2：赤峰解放营子辽墓出土的布料残片（图 1-25，8），上墨线绘制水鸟、荷叶、荷花、水草，构成一幅池塘景象的水墨画。

图 1-25　写实动物 ①

1.鹤（巴林左旗博物馆收藏）2、3.雁（耶律羽之墓、代钦塔拉 M3）4、5.鹿（耶律羽之墓、
耶律羽之墓）6.鸳鸯（耶律羽之墓）7.蝴蝶（吐尔基山辽墓）8.鸟（解放营子辽墓）

---

① 图中的 1 摘自内蒙古国有馆藏珍贵文物数据库，2、4、5、6 均摘自《探寻失去的王朝——
耶律羽之墓》，3 摘自赵丰《内蒙古兴安盟代钦塔拉辽墓出土丝绸服饰》，7 由塔拉先生提供，8 为作
者在赤峰博物馆库房拍摄。

10. 花草纹。根据组合方式，分为自然花草、缠枝花、团花三型。

A 型　自然花草，大自然写生花草的局部场景。例证 1：耶律羽之墓出土的花叶纹罗袍残片（图 1-26，1），八瓣花片自然舒展，下连三个叶片，似荷花，以金线和蓝线刺绣而成。例证 2：耶律羽之墓出土的绮残片，上墨线绘制荷花、荷叶、莲蓬，线条流畅，画面写实生动。例证 3：耶律羽之墓出土的罗残片，以花草为背景，鸟立于山石之上，以金线和少许蓝线刺绣而成。例证 4：赤峰巴林右旗辽庆州释迦佛舍利塔相轮橖出土的红罗绣巾（图 1-26，2），绣出一幅野外山花竞相开放的景象，五瓣花似梅花，三瓣似慈姑叶，其余含苞待放，山石林立，树木繁茂，间以小草、蜜蜂、蝴蝶、云朵。例证 5：赤峰巴林右旗辽庆州释迦佛舍利塔相轮橖出土的蓝罗绣巾，正中绣花树，间以小草、蝴蝶、云朵、山石。例证 6：内蒙古博物院收藏的扎鲁特旗出土的绣花香囊或配饰袋（图 1-26，4），蓝底以金线、棕线、蓝线绣出折纸花卉以及四只蝴蝶，与同色系的布带搭配使用。

B 型　缠枝花，花与叶片通过藤蔓缠绕在一起。例证 1：耶律羽之墓出土的缠枝花纹绫，花瓣卷曲似菊。例证 2：赤峰解放营子辽墓出土的棕色布带（图 1-26，3），两端布满金色的缠枝花纹，叶片自由舒展，虽为印金工艺所制，但有很强的写实仿真性。

C 型　团花。例证 1：耶律羽之墓出土的团花纹残片（图 1-26，5），两组一朵一叶收尾环绕，中间以茎叶相连，以金线和少许黑线刺绣而成。例证 2：吐尔基山辽墓出土不少团花图案的布料，有的间以四雁纹和叶片，有的写实性较强，可能为牡丹花叶纹，有的为一行彩绘花叶纹。例证 3：代钦塔拉 M3 出土的团花纹锦袍，每组团花由三层宝相花纹组成，间以双兽纹、花草纹，布满整袍，微泛金光。例证 4：代钦塔拉 M3 出土的短袖棉袍，装饰若隐若现的暗花，为四瓣团花，均匀分布。

11. 人物图。例证 1：耶律羽之墓出土的仙女图布料残片，以金色线绘制女子，发饰和云肩显示其应为天山仙女。例证 2：耶律羽之墓出土的仙人

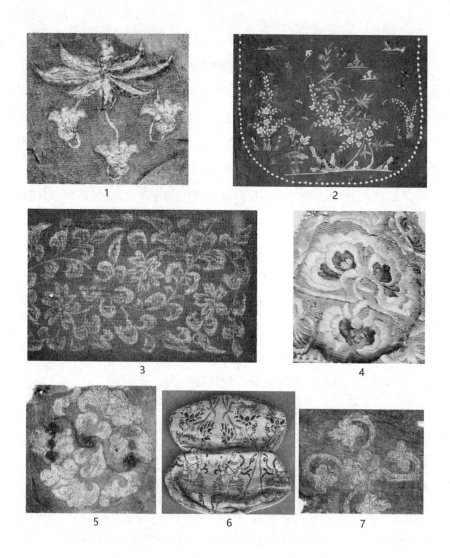

图 1-26　植物及其他 [①]

1、2、4.A 型 自然花草（耶律羽之墓、辽庆州释迦佛舍利塔、扎鲁特旗出土）3.B 型 缠枝花（解放菅子辽墓）5.C 型 团花（耶律羽之墓）6.人物纹（代钦塔拉辽墓）7.云纹（耶律羽之墓）

[①]　图中的 1、5、7 摘自《探寻失去的王朝——耶律羽之墓》，2、6 摘自内蒙古国有馆藏珍贵文物数据库，3、4 为作者拍摄。

纹缘，仙人似有翅膀，旁立一鹤。例证 3：代钦塔拉辽墓出土的荷包（图 1-26，6），下层为缠枝菊花，上托举三位童子或仙人，身挂披帛，上层为缠枝荷花，上似有托举之人；上下图案为统一整体，制作复杂，图案疑为织彩工艺，将线染成蓝色、深蓝色、米色，织入布料之中。

12. 云纹。例证 1：耶律羽之墓出土的变形云纹罗残片（图 1-26，7），四朵云纹从中心向四周散开，灵芝形云头内卷，以金线刺绣而成。

13. 圆点纹。例证 1：代钦塔拉 M3 出土的黄褐色棉袍，浅黄色圆点纹，内无花纹，间隔分布，推测为套染所致。

五、出土饰物形制分析

根据目前掌握的考古资料，出土饰物有头饰、耳饰、璎珞、戒指、手镯、带具、带链器和佩饰等类别。

1. 头饰

头饰是发式的重要装点，方寸间展示精美，由于辽代有髡发和巾帽的习俗，考古所见头饰并不多，有簪、钗、步摇、金环，多选金银和玉材质，偶见铜质和铁质。

（1）簪

辽簪多数为簪头、簪股分制套合，簪头制作成笔套式长尾，与单独的扁簪股套合，故有残存簪头的例证，也有一小部分是簪头、簪股统一打制的一体簪。根据簪头纹样和造型的差异分为四型。

A 型 花头簪。簪头平面錾刻纹样，牡丹、花蝶、石榴簇拥枝头，有的簪套也錾刻纹样，簪股多素面无纹。根据纹样不同分为三型。

Aa 型 牡丹花头。见于阿鲁科尔沁旗扎斯台辽早期墓葬出土的金首银簪（图 1-27，1），簪首金质，为牡丹花形，下连扁平插管，银簪身扁平，上部略宽，渐次收窄①；见于阿鲁科尔沁旗博物馆馆藏的牡丹花头银簪（图1-27，2），为一体银质簪②；见于阿鲁科尔沁旗博物馆馆藏的另一件牡丹花头银簪（图1-27，3），金簪首银簪股，为分体簪。

Ab型 花蝶头。见于宁城博物馆馆藏的花蝶头嵌宝石金簪③（图1-27,4），蝴蝶驻足于花丛中的宝石花蕊，可惜宝石遗失，此簪看似为錾花笔套式长尾特征的分体簪，从背面观察为一体簪。

Ac型 石榴花头。见于宁城博物馆馆藏的另一件金石榴花头银股簪（图1-27，5），果实被花叶包覆，金簪首银簪股，为分体簪，但且套合的位置在簪首正背后。

B型 凤鸟簪。簪头立体圆雕凤、鸟造型，与簪股分制套合。簪头、簪股多为金银质，偶见玉石簪头，通常簪头、簪套錾刻纹样，簪股素面无纹。见于河北省易县大北城出土的金凤首银股簪（图1-27，6），簪首金质，为凤立云端造型，与簪股分制套合④；见于承德窖藏出土的凤鸟玉首银股簪，凤鸟形玉质簪首，银质簪股；见于宁城县博物馆馆藏的绣羽明春图金首银股簪⑤（图1-27，7），鸟形金质簪首，银质簪股；见于赤峰市巴林左旗辽上京汉城遗址采集的凤鸟玉饰，圆雕，底部有一孔，推测可能是簪首；见于赤峰市巴林右旗辽庆州释迦佛舍利塔相轮橖出土的凤鸟簪，铁质，编制工艺独特，簪首为铁骨支架缠绕白丝线，编结成凤衔经幡造型，凤眼嵌红琥珀，簪股为竹质，附丝绵外缠绕白色鹿皮与簪首套合。

C型 珠翠簪。簪首穿缀宝石。见于耿延毅墓出土的珠翠银鎏金簪，分体簪，扁股上插一枝银鎏金丝编结的花枝，花枝上缀饰六颗绿松石珠，为

---

① 张景明：《中国北方草原古代金银器》，文物出版社2005年版。

② 内蒙古国有馆藏珍贵文物数据库资料。

③ 内蒙古国有馆藏珍贵文物数据库资料。

④ 杨伯达：《中国金银玻璃珐琅器全集·金银器（册2）》，河北美术出版社2004年版，图版366。图录称作"银铤金凤钗"，从图片观察应为簪。

⑤ 名称取自扬之水《奢华之色》，鸟形与故宫博物院藏宋人《绣羽明春图》相若。

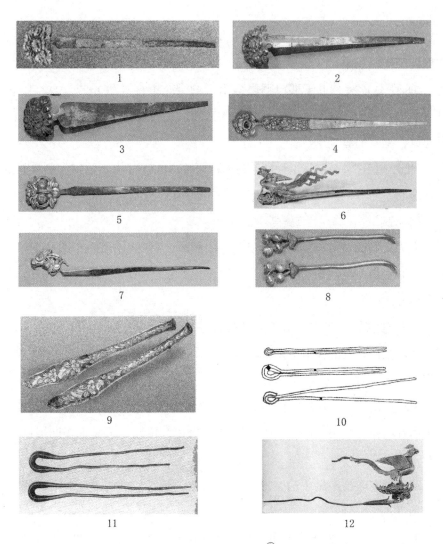

图 1-27　簪、钗①

1、2、3.Aa 型簪（扎斯台辽墓、阿鲁科尔沁博物馆馆藏、阿鲁科尔沁博物馆馆藏）4.Ab 型簪（宁城博物馆馆藏）5.Ac 型簪（宁城博物馆馆藏）6、7.B 型簪（易县大北城出土、宁城博物馆馆藏）8.C 型簪（宁城博物馆馆藏）9.D 型簪（耶律羽之墓）10、11.A 型钗（二八地一号辽墓）12.B 型钗（赤峰市博物馆馆藏）

① 图中的 1 摘自《契丹人的金玉首饰》，2、3、4、5、8、11、12 摘自内蒙古国有馆藏珍贵文物数据库，6 摘自《中国金银玻璃珐琅器全集·金银器册 2》。

1019 年的纪年标准器；见于宁城县博物馆馆藏的两件珍珠松石金簪形制与上述例证相同，只是尺寸较短（图 1-27，8）。

D 型 匕形簪。见于耶律羽之墓出土的金花银簪（图 1-27，9），匕形，簪首曲边，簪柄末端弯曲并穿孔，整体弧弯，正面及背面簪首錾刻鱼子地牡丹花纹，柄背面有别卡①。

此外，东平村辽墓出土的金簪和梯子庙 M2 辽墓出土的银簪因残且无图，形制不明。

（2）钗

多为折股钗，折股实心，金属条弯曲而成，主要用作绾发，使用时一股在侧一股在前，绾住头顶的高髻。辽墓出土的钗更少，根据钗头纹样和造型的差异分为两型。

A 型 银棱钗。考古资料所见有的 10 件银钗均为银棱钗，钗梁截面均为三棱或四棱体，有的棱沿上錾刻联珠纹，有的光素无纹。根据纹样不同再分二型。

Aa 型 素面。见于二八地辽墓出土的 2 件素面银三棱钗（图 1-27，11）；见于白音塔拉辽墓出土的素面银三棱钗（图 1-27，10 上）和素面银四棱钗（图 1-27，10 中）。

Ab 型 连珠纹。见于白音塔拉辽墓出土的连珠纹银鎏金三棱钗（图 1-27，10 下）。

B 型 金凤钗。见于赤峰市博物馆馆藏的金凤首银股钗（图 1-27，12），钗首为鹰嘴长尾凤，立于如意云端，翘首待飞，与笔套式钗股套合。

另外，新民巴图营子的银钗已残，韩佚墓出土的银钗因无图文资料，形制不明。

---

① 内蒙古文物考古研究所、赤峰市博物馆、阿鲁科尔沁旗文物管理所：《辽耶律羽之墓发掘简报》，《文物》1996 年第 1 期。

（3）步摇头饰

A 型 金叶步摇。见于陈国公主墓出土的琥珀珍珠金叶步摇（图 1-28，1），出土时位于公主头部，以四股穿珍珠的金丝弯成半圆，两端穿系龙形琥珀，上各穿三组金叶；见于四川崇州市元通镇窖藏出土的 3 件金叶步摇（图 1-28，3），形制、大小相同，镂空錾刻，平面似展开的扇形，体弯弧，饰双凤和数朵镂空的团花，边缘连缀七根金丝和七片金叶，从使用功能的角度应定名为步摇簪，最大径 8.3 厘米、最小径 4.2 厘米、总长 9.5 厘米。[1]

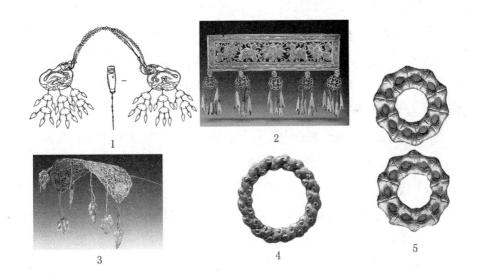

图 1-28　步摇、巾环 [2]

1、3.A 型步摇（陈国公主墓、四川元通镇窖藏）2、4.B 型步摇（吐尔基山辽墓、二八地 M1 辽墓）5、6.A 型巾环（大西沟辽墓、红花岭辽墓）

---

① 张孜江：《四川博物院收藏的一批辽宋金器》，《文物》2012 年第 1 期。

② 图中的 1 摘自《辽陈国公主墓》，2 摘自《文物华章 内蒙古自治区文物考古研究所 60 年重要出土文物》，3 摘自《文物》2012 年第 1 期，4 摘自《辽宁文物考古研究所藏文物精华》，5 摘自《关山辽墓》。

B 型　铃铛步摇。见于吐尔基山辽墓出土的 2 件牡丹纹银鎏金步摇牌饰（图 2-25，2），其用途尚未能确定，由于出土时位于墓主头部，长方形框下连 5 组铃铛，框后附丝织品，推测为与金箍冠配套使用的步摇；见于二八地一号墓出土的银铃铛圆牌饰疑为步摇，圆形镂空，四周有孔，垂挂 7 枚三角形小银玲（图 2-25，4）。①

（4）巾环

墓葬中的金环为帽饰中的巾环，作调节帽子松紧之用，辽金时期流行。根据花纹的有无分成二亚型。

A 型　有花纹。见于大西沟辽墓出土的金巾环（图 2-25，5），直径略大，正面压花，背面边缘凸起；见于二八地一号墓出土的龟纹金环，錾刻六只小龟作爬行状②；见于法库红花岭辽墓出土的 2 件竹节形金巾环（图 2-25,6），花式边，环面上有 10 个孔。

B 型　无花纹。见于大西沟辽墓出土的银巾环，比金环略小，截面为圆形，素面无纹；见于叶茂台 23 号辽墓出土的金巾环，扁圆环状，中空。

（5）逍遥

辽代逍遥，指的是玉质的片雕花片，辽金时期老年贵族女子用玉花片散缀于帽子上做装饰，称为玉逍遥。根据纹样再分二型。

A 型　花叶纹。见于清河门辽墓出土的玉逍遥，青白玉，镂空片雕，纹样为一花双叶；见于朝阳西上台辽墓出土的琥珀饰，造型为六瓣花形，每片叶瓣上均透雕一小孔，背面凹，推测可能缝在织物之上。③

B 型　禽鸟纹。见于朝阳北塔出土的玉逍遥，青白玉，镂空片雕，上端

---

①　项春松：《克什克腾旗二八地一、二号辽墓》，《内蒙古文物考古》1984 年第 3 期，简报中称为银质首饰。

②　项春松：《克什克腾旗二八地一、二号辽墓》，《内蒙古文物考古》1984 年第 3 期，简报中称为金龟，直径 2.5 厘米。

③　韩国祥：《朝阳西上台辽墓》，《文物》2000 年第 7 期。

为六角形花朵，花朵下端两侧各雕一只鸟，相对而飞。

2. 耳环

根据现有考古资料和馆藏数据库资料将耳环分为九型。

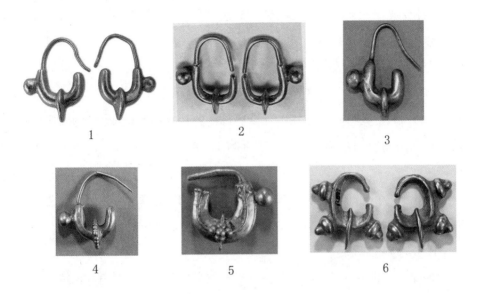

图 1-29 A 型 U 形带凸耳环 [1]

1、2、3.Aa 型（沙子沟 M1 辽墓、朝阳沟 M2 辽墓、小哈达辽墓）4、5.Ab 型（敖汉旗林家地乡西沟辽墓、阿鲁科尔沁旗博物馆馆藏）6.Ac 型（巴彦库仁 M1 辽墓）

A 型 U 形带凸耳环

耳环环身呈 U 形，侧面饰圆凸球，底部饰叶片形垂叶，根据圆凸球的数量和纹样差异分成三亚型。

Aa 型 单个圆凸球，素面。

见于沙子沟 M1 辽墓出土的金耳环（图 1-29，1），耳脚与环身分开，

素面圆凸，环身底部为叶片形垂体；见于凉城水泉 M29 辽墓出土的银鎏金耳环；见于凉城水泉 M27 辽墓出土的金耳环；见于张扛村 M1 辽墓出土的银鎏金耳环；见于朝阳沟 M2 出土的金耳环（图 1-29，2），环身呈深 U 形，环身细长；见于白塔村 M2 辽墓出土的铜鎏金耳环；见于小哈达辽墓出土的银鎏金耳环（图 1-29，3），环身粗短；见于营房村 M1 辽墓出土的铜鎏金耳环；见于上烧锅 M4 辽墓出土的金耳环。

Ab 型 单个圆凸球，有花纹。见于敖汉旗林家地乡西沟辽墓的金耳环（图 1-29，4），其特殊之处在于环身底部的叶片垂体为连珠棱圆饼饰；见于阿鲁科尔沁旗博物馆馆藏的金耳环（图 1-29，5），环身饰弦纹，叶片垂体饰连珠堆花。

Ac 型 三个圆凸球，素面。见于巴彦库仁 M1 辽墓出土的金耳环为环状一体式，无独立耳脚，环身平均分布三个有乳凸的圆饰（图 1-29，6）。

B 型 摩羯形耳环

龙首鱼身，中空，口衔圆凸为花蕾形或半花形，多有双角和出梁。摩羯耳环是辽代最流行的耳环样式，故墓葬出土资料最为丰富，根据特征的不同分四亚型。

Ba 型 只有圆凸。见于二八地 M1 辽墓出土的摩羯形金耳环（图 1-30，1），头大尾阔，双目可见，口衔花蕾形圆凸；见于小努日木辽墓出土的摩羯形金耳环（图 1-30，2），头大尾阔的特征逐渐消失，扁蘑菇形圆凸，纹样简化。

Bb 型 有圆凸和双角。见于吐尔基山辽墓出土的摩羯纹金耳环（图 1-30，3），大头扇尾，口衔花蕾形圆凸，镶嵌绿松石，双角粗壮；见于奈林稿木头营子 M2 辽墓出土的金耳环（图 1-30，4），龙头出角，口衔花蕾形圆凸；见于代钦塔拉 M3 出土的金耳环（图 1-30，5），圆凸双角，连珠纹装饰，有镶嵌痕迹；见于耶律羽之墓出土的摩羯形嵌松石金耳环（图 1-30，6），体型肥硕，龙头出角，圆凸为曲缘花瓣形；见于朱碌科辽墓出土的摩羯形金耳环（图 1-30，7），花蕾形圆凸，龙头出角；见于赤峰市博物馆馆藏的摩羯形

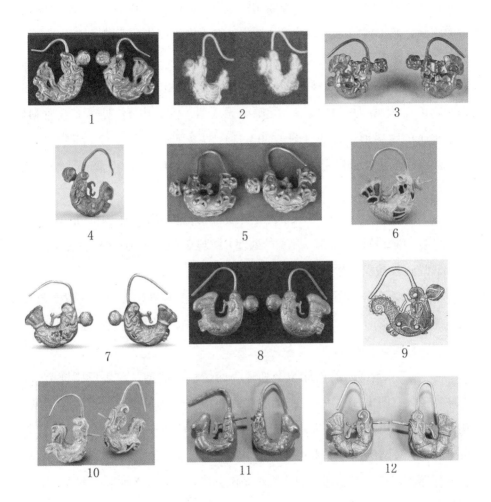

图 1-30　B 型摩羯形耳环 ①

1、2.Ba 型（二八地 M1 辽墓、小努日木辽墓）3—9.Bb 型（吐尔基山辽墓、奈林稿木头营子 M2 辽墓、代钦塔拉 M3、耶律羽之墓、朱碌科辽墓、赤峰市博物馆馆藏、凌源小喇嘛沟 M1）10—12.Bc 型（耶律羽之墓、二八地 M1 辽墓、敖汉旗水泉辽墓）

① 图中的 1、3、4、5、8、11、12 均摘自内蒙古国有馆藏珍贵文物数据库，6、10 摘自《探寻逝去的王朝——耶律羽之墓》，7 摘自《辽宁博物馆》，2、9 摘自简报。

金耳环（图 1-30，8），以花蕾形圆凸和双角为特征，为公安局收缴所得；见于凌源小喇嘛沟 M1 辽墓出土的摩羯形金耳环（图 1-30，9），能转动的花蕾形圆凸，龙头出角为其共性，独特之处在于内卷带齿状背鳍且鳞片密布的尾部，以及颈下贴附一只双目、双翅、长尾的小兽。

Bc 型　没有圆凸，下颚出梁。见于耶律羽之墓出土的摩羯形金耳环（图 1-30，10），体型为深 U 瘦型，无圆凸无双角，仅有出梁；见于二八地 M1 辽墓出土的摩羯形金耳环（图 1-30，11），无圆凸，龙头出角，下颚出梁；见于敖汉旗水泉辽墓出土的摩羯形金耳环（图 1-30，12），无圆凸，环身纤细，保留龙头出角、下颚出梁的造型。

Bd 型　无圆凸，双角、出梁。见于叶茂台 M9 辽墓出土的金耳环形似摩羯，却无摩羯的细部特征，头部、尾部的处理方式与常见的摩羯耳环相去甚远。

C 型　连珠棱新月形耳环

此类耳环为三棱平面或四棱立体造型，棱上装饰连珠纹，间錾作鱼子地，侧面为花蕾形饰，宛如新月悬于夜空。根据棱体的特征分二亚型。

Ca 型　四棱立体棱。

见于二八地 M1 的连珠棱金耳环为四棱立体造型，花蕾形圆饰突出，连珠颗粒大（图 1-31，1）；见于吐尔基山嵌宝石金耳环为四棱体立体造型，花蕾形圆饰突出，嵌墨玉和绿松石（图 1-31，2）；见于南皂力营子一号辽墓出土的金耳环与例证 1 非常相似（图 1-31，3）；见于道北沟村辽墓出土的银鎏金耳环，四棱体立体形，圆凸缩小至蘑菇形；见于阿鲁科尔沁旗博物馆馆藏的金耳环（图 1-31，4），与例证 3 比较接近，圆凸亦缩小至蘑菇形。

Cb 型　三棱平面棱。

见于代钦塔拉金耳环为三棱体平面造型，花蕾形圆凸突出，连珠颗粒大（图 1-31，5）；见于白音塔拉辽墓出土的金耳环无图片，根据平面上竖镶的三道连珠纹的文字描述判定应为平面连珠棱新月形耳环；见于虎吐路辽墓出土的金耳环为三棱体平面造型；见于前窗户辽墓出土的银鎏金耳环为三棱体平面造型，外侧的圆饰不见（图1-31，6）。

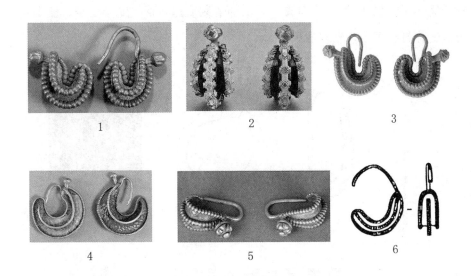

图 1-31　C 型连珠棱新月形耳环[①]

1、2、3.Ca 型Ⅰ式（二八地 M1 辽墓、吐尔基山辽墓、南皂力营子辽墓）4.Ca 型Ⅱ式（阿鲁科尔沁旗博物馆馆藏）5.Cb 型Ⅰ式（代钦塔拉 M3）6.Cb 型Ⅱ式（前窗户辽墓）

D 型　鱼舟形耳环

见于新民巴图营子辽墓出土的人物鱼舟形金耳环[②]（图1-32，1），体中空，两页合成，鱼形舟，上有六角亭，亭两侧各驻足三人嬉戏，亭顶焊接金丝，弯曲为环脚；见于香港承训堂藏有的鱼舟形金耳环[③]，舟上有两层小亭，舟两侧各有两人呈奋力划桨状，舟底缀挂玛瑙、珍珠、绿松石串饰；见于陈

---

① 图中的 1、2、4、5 摘自内蒙古国有馆藏珍贵文物数据库，3 摘自《辽宁文物考古研究所藏文物精华》，6 摘自简报。

② 新民巴图营子发掘报告所刊"人物鱼舟金簪"缘于环脚拉成直线被误解为簪，此器通长7.3厘米，鱼舟高2.2厘米，应重新定义为耳环为妥。

③ 许晓东：《契丹人的金玉首饰》，《故宫博物院院刊》2007年第6期。

国公主墓出土的琥珀珍珠耳环，一对，各由一件金钩、四件琥珀圆雕饰件、16颗珍珠以细金属丝串组而成，琥珀饰雕刻成鱼舟形，龙首鱼身，船上刻有舱、桅杆、鱼篓及划船捕鱼之人。

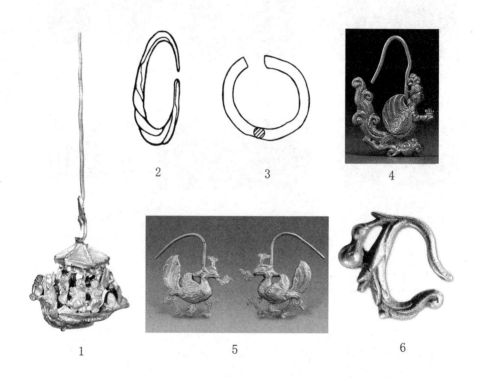

图 1-32　其他类型的耳环 ①

1.D 型（巴图营子辽墓）2.E 型 I 式（朝阳沟 M2 辽墓）3.E 型 II 式（叶茂台 23 号辽墓）4.F 型（和布特哈达辽墓）5.G 型（张家营子辽墓）6.H 型（敖汉旗萨力巴乡老牛槽沟出土）

E 型　圆环形耳环

见于朝阳沟 M2 辽墓出土的纽丝圆环形银耳环（图 1-32，2）；见于叶茂

---

① 　图中的 1、5 摘自《辽宁博物馆》，4 摘自内蒙古国有馆藏珍贵文物数据库，6 摘自《敖汉旗文物精华》。

台 M23 辽墓出土的素面圆环形银耳环（图 1-32，3）。

F 型 凤鸟形耳环

见于建平张家营子辽墓出土的一对凤形金耳环，中空，两面锤揲焊接而成，凤做展翅飞舞状，翘尾，口衔瑞草，腹下云草托足（图 1-32，4）；见于叶茂台 M7 出土的一对琥珀穿金耳环，琥珀上雕刻鸟形，翅膀清晰可见，头部残缺，上下穿孔导入金丝，上部弯曲成钩以穿耳，下部分两股盘绕固定。

G 型 伽绫频迦形耳环

见于和布特哈达辽墓出土的一对伽绫频迦形金耳环，手托莲花，乘祥云，一件完整，下缀有三串金叶形流苏，另一件的金叶缀饰无存（图 1-32，5）。

H 型 葫芦枝纹耳环

见于敖汉旗萨力巴乡老牛槽沟辽墓出土的葫芦枝纹金耳环（图 1-32,6），合范铸成，平面近椭圆形，环身为枝叶卷曲而成，上端枝杈中结出一亚腰形葫芦。

I 型 飞天耳环

见于喀左北岭辽墓出土的玉飞天耳环，2 件，青白玉质，片雕，发髻高耸，头顶向后出一弯曲角状物，似供穿耳之用，下托祥云。

3. 璎珞及佩饰

璎珞是一种不同材质的组合项饰，由珠饰、管形饰、雕花琥珀饰间隔 T 形饰、心形坠饰和镂空金属球穿缀而成。目前能见到的材质有玛瑙、水晶、琥珀、金银等，金银材质主要用于组件——T 形饰、心形饰、镂空球、镂空管的装饰上，珠玉穿缀而成的装饰品，长的为项饰，短的为臂饰。现根据组合形式和长度分成四型。

A 型 内外双重两挂，长度及胸。内外两挂的组合方式，形成一个整体。完整版见于陈国公主墓出土的 2 组，分别由公主和驸马佩戴，每组内外两挂，一长一短。公主所佩，长者由 5 股、257 颗琥珀珠和 5 件琥珀浮雕饰件、2 件素面琥珀，以细金属丝相间串组而成，周长 159 厘米，短者由 60 颗琥珀珠、7 件琥珀浮雕饰件、1 件 T 形琥珀饰、1 件心形琥珀饰，以细金属丝相间串组而成；驸马所佩，形制与公主的基本相同，大件琥珀饰减少 2 个，琥珀珠使用更多。

B 型 单挂形式，长度及胸。由不同材质的饰件组合而成一挂，T 形饰、心形饰常成对出现，且数量材质对等。见于耶律羽之墓出土的一串璎珞为 T 形金饰、心形金饰与玛瑙管、水晶珠的组合（图 1-33，1）；见于耶律羽之墓出土的另一串璎珞为 T 形金饰、心形金饰与琥珀佩、水晶珠的组合（图 1-33，2）；见于朱碌科辽墓出土的璎珞是 T 形金饰、心形金饰与琥珀佩、玛瑙管、玛瑙珠的组合；见于花根塔拉辽墓出土的璎珞是包金水晶 T 形饰、包金水晶心形饰与玛瑙管、松石管的组合。

C 型 单挂形式，长度在锁骨处，为项链。见于朝阳沟 M2 辽墓出土的璎珞保留了原有的组合穿缀方式，出土时银鎏金管以镂空金丝球和绿松石扁珠相间由金丝线穿连，10 件 7.5 厘米的管组合而成的璎珞长度足够长，为男性佩戴的长项璎珞；见于朝阳沟 M2 女墓主颈部的项璎珞材质，为镂空铜丝球与银管组合，且球与管的尺寸明显比例证 1 小得多；见于耶律羽之墓出土的璎珞是镂空金丝球与玛瑙管的组合（图 1-33，3）；见于叶茂台 7 号墓出土的璎珞是镂空金丝球与玛瑙管的组合；见于小房身辽墓出土的镂空银鎏金丝球和银皮木管的组合，与玛瑙管、玛瑙珠共同组成璎珞；见于南皂力营子一号辽墓出土的璎珞是铜鎏金 T 形饰、铜鎏金心形饰、铜鎏金镂空球与玛瑙管、玛瑙珠、琥珀珠的组合；见于彰武高丽庙沟辽墓出土的璎珞是 T 形金饰、心形金饰、铜镂空球与玛瑙管、松石管的组合；见于前窗户辽墓出土的璎珞是鎏金 T 形饰 1 件、鎏金心形饰 2 件、银丝球与玛瑙珠的组合；见于小努日木辽墓出土的璎珞是琥珀 T 形饰、铜鎏金心形饰、铜镂空球与琥珀佩、琥珀珠的组合，T 形饰和心形饰材质不一；见于阜新程沟辽墓出土的璎珞是铜鎏金包琥珀 T 形饰、铜鎏金镂空球与琥珀佩、水晶琥珀珠的组合，可能心形饰遗失。

D 型 单挂形式，长度极短，为臂饰。见于小喇嘛沟 M1 辽墓出土 2 个银鎏金丝球和 4 件银鎏金管的组合，墓葬在考古发掘前未遭盗掘。

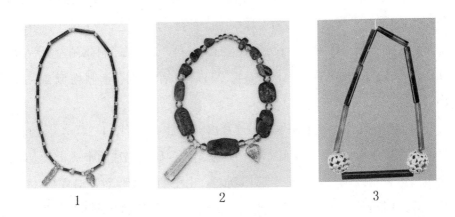

1　　　　　　　2　　　　　　　3

图 1-33　璎珞 [①]

1—2.B 型（耶律羽之墓）3.C 型（耶律羽之墓）

此外，在墓葬中我们经常能见到众多零散的浮雕琥珀饰，如见于陈国公主墓的胡人驯狮佩件，盘龙佩饰、荷叶双雁佩饰、荷花双鱼佩饰、义县清河门的凤鸟佩饰以及内蒙古赤峰市敖汉旗康家营子墓葬出土的花形饰，这些琥珀饰有横贯的穿孔，以供挂系，正面浮雕题材，背面未做雕刻，仅打磨光洁，应该属于璎珞的组件，因穿线断开脱落所致。

4.戒指

根据戒面的形状分成四型。

A 型 盾形戒指

———————————

① 图中的 1、2 摘自《文物华章——内蒙古自治区文物考古研究所 60 年重要出土文物》，3 摘自《探寻逝去的王朝——耶律羽之墓》。

戒面整体为盾面形，面上多镶嵌立饰，宝石多数遗失。根据纹样不同分三亚型。

Aa 型 连珠纹。 见于二八地 M1 辽墓出土的 5 枚铜鎏金戒指(图 1-34，1)，环面为连珠纹十字梁，中心为连珠纹圆嵌石孔，底錾鱼子纹；见于白音塔拉辽墓出土的 2 枚金戒指和 6 枚银戒指（图 1-34，2）；见于科尔沁左翼后旗满斗辽墓出土的 2 枚金戒指（图 1-34，3），有大小之别，形制均与二八地所出者相似。

Ab 型 花草纹。 见于吐尔基山辽墓出土的金戒指（图 1-34，4），錾花盾形面，花瓣镶绿松石；见于吐尔基山辽墓出土的盾形玛瑙面金戒指，上蹲伏金龟，龟背镶嵌绿松石。见于耶律羽之墓出土的 5 枚盾面开口戒指（图 1-34，5），3 枚表面锤揲缠枝蔓草或宝相花图案，2 枚盾面装饰团花，花瓣、花心嵌玉石；见于南皂力营子一号辽墓出土的银鎏金戒指，横向花形盾面，中心錾四蒂花叶；见于奈林稿木头营子 M2 辽墓出土的 3 枚盾形金戒指(图 1-34,6)，压四蒂花叶，花心为素面卷沿圆孔，内应有镶嵌物；见于哈鲁辽墓出土的盾面金戒指（图 1-34，7），上立凤饰；见于蓟县（今天津蓟州区）营房村出土的七件铜鎏金戒指[1]，从报告中模糊的线图观察，戒面为盾形，面上装饰立体莲花。

Ac 型 镂空绳纹。 见于梯子庙 M2 出土的金戒指较为特殊[2]（图 1-34，8），戒面为镂空横向六曲盾形，卷沿形成整体轮廓，环面饰四片花瓣，且有六点镶嵌痕迹，中间形成镂空鱼形，戒箍上各饰三朵火焰纹，整体以绳纹做装饰。

B 型 花形戒指

戒面为花形，根据中心嵌石的有无分两亚型。

Ba 型 嵌石。 见于代钦塔拉 M3 出土的 7 枚嵌松石金戒指（图 1-35，1），

---

①　原报告称铜鎏金指套，单从字面易被误解为包裹手指的指套。

②　辽宁省文物考古研究所、阜新市文物管理办公室：《辽宁阜新梯子庙二、三号辽墓发掘简报》，《北方文物》2004 年第 1 期。

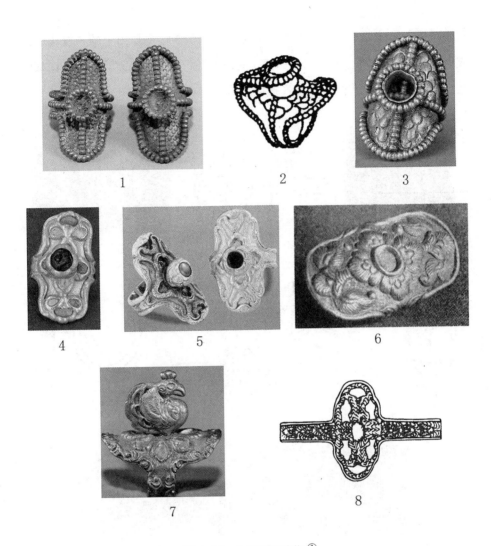

图 1-34　A 型盾形戒指 [1]

1—3. Aa 型（二八地 M1 辽墓、白音塔拉辽墓、满斗辽墓）4—7. Ab 型（吐尔基山辽墓、
耶律羽之辽墓、奈林稿木头营子 M2 辽墓、哈鲁辽墓）8. Ac 型（梯子庙 M2 辽墓）

① 图中的 1 摘自内蒙古国有馆藏珍贵文物数据库之赤峰市博物馆，2 摘自《科左后旗白音塔
拉契丹墓葬》，3 摘自内蒙古国有馆藏珍贵文物数据库之通辽市博物馆，4 摘自内蒙古国有馆藏珍贵
文物数据库之赤峰市博物馆，5 摘自《探寻逝去的王朝——耶律羽之墓》，6 摘自内蒙古国有馆藏珍
贵文物数据库之巴林右旗博物馆。

六曲圆弧花形戒面，中心嵌绿松石；见于朝阳沟M2辽墓出土的3枚花形银戒指（图1-35，2），尖叶花形戒面，有嵌石孔；见于南皂力营子一号辽墓出土的银鎏金戒指，八曲圆弧花形戒面，有嵌石孔。

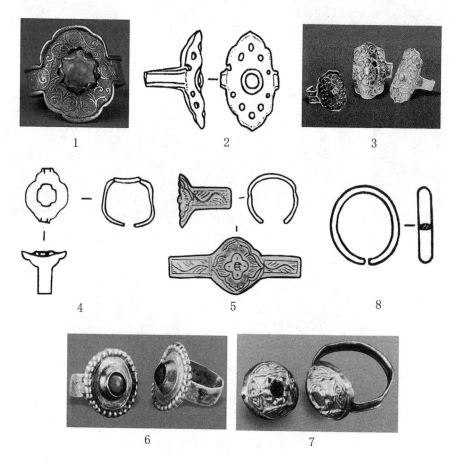

图1-35　B、C、D型戒指①

1、2.Ba型（代钦塔拉M3、朝阳沟M2）3、4、5.Bb型（耶律羽之墓、梯子庙M2、陈国

---

①　图中的1摘自内蒙古国有馆藏珍贵文物数据库之科尔沁右翼中旗文物管理所，2、8摘自《彰武县朝阳沟墓地》，3、6、7摘自《探寻逝去的王朝——辽耶律羽之墓》，4摘自《辽宁阜新梯子庙二、三号辽墓发掘简报》，5摘自《辽陈国公主墓》。

公主墓）6.Ca 型（耶律羽之墓）7.Cb 型（耶律羽之墓）8.D 型（朝阳沟 M2）

　　Bb 型 无嵌石。见于耶律羽之辽墓出土的 3 枚金戒指（图 1-35，3），其中 2 件为尖叶花形，1 件为六曲圆弧花形，中心为乳突；见于梯子庙 M2 辽墓出土的 5 枚金戒指（图 1-35，4），六曲圆弧花形戒面；见于陈国公主墓出土的 17 枚金戒指（图 1-35，5），戒面錾刻四叶团花纹；见于西山村 M9 辽墓出土的 3 枚篦纹银戒指[①]，中心为乳突；见于凌源小喇嘛沟 M1 辽墓出土的 6 枚银鎏金戒指，曲状花边，戒面錾刻三叶团花纹。

　　C 型 圆形戒指

　　戒面为圆形，中心嵌石。根据纹样的不同分二亚型。

　　Ca 型 连珠纹。见于耶律羽之辽墓出土的 2 枚圆形金戒指（图 1-35，6），环面边饰一周连珠，中心嵌绿松石。

　　Cb 型 宝相花纹。见于耶律羽之辽墓出土的 2 枚金戒指（图 1-35，7），中心嵌绿松石，戒面錾刻宝相花纹，中心有嵌石。

　　D 型 无面戒指

　　无戒面，只有戒箍组成环状。见于朝阳沟 M2 辽墓出土的 2 枚圆环形银戒指（图 1-35，8），素面无纹。

　　5. 手镯

　　根据镯体纵剖面的形状分为三型。

　　A 型 扁体镯

　　纵剖面为细条形，出土数量是最多的，展开为扁条形，两端窄，中间宽，边缘起棱，镯面多于鱼子纹地上錾刻水仙花、梅花、折枝石榴花、缠枝牡丹花、雀跃花枝、鸾鸟花纹、葡萄纹、波浪纹等纹样。根据开口情况分三亚型。

----

　　① 原报告称银带饰，根据形制识别为戒指。

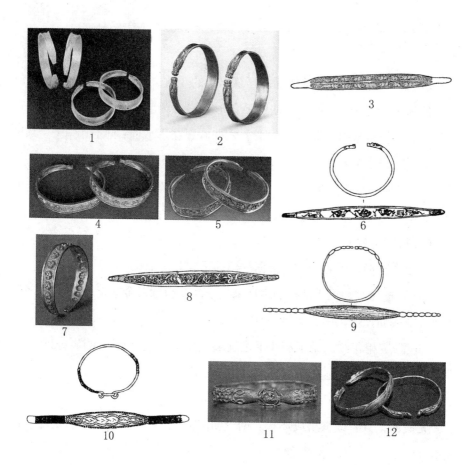

图 1-36　手镯①

1、2、3、4.Aa 型 I 式(耶律羽之墓、吐尔基山墓、水泉 M26、代钦塔拉 M3)5.Aa 型 II 式(陈国公主墓)6—8.Aa 型 III 式(前窗户辽墓、小努日木辽墓、喀左北岭辽墓)9.Ab 型(张杠村辽墓)10.Ac 型(白音塔拉辽墓)11.Ad 型(哈鲁辽墓)12.B 型(陈国公主墓)

①　图中的 1 摘自《探寻逝去的王朝——辽耶律羽之墓》，2、5 摘自《文物华章——内蒙古自治区文物考古研究所 60 年重要出土文物》，3 摘自《内蒙古凉城水泉辽代墓葬》，4、7、11 摘自内蒙古国有馆藏珍贵文物数据库，6 摘自《辽宁朝阳前窗户村辽墓》，8 摘自《喀左北岭辽墓》，9 摘自《辽宁锦州张杠村辽墓发掘简报》，10 摘自《科左后旗白音塔拉契丹墓葬》，12 摘自《辽陈国公主墓》。

Aa 型　兽首形开口。通体为扁体，打制成型，两端开口，多以兽首相对，多数装饰纹样。

见于耶律羽之墓出土的一对金镯（图 1-36，1），扁体起棱，錾刻牡丹鸾鸟纹，两端龙首相对；见于吐尔基山辽墓出土的一对金镯（图 1-36，2），扁体双鱼首，镯身素面；见于水泉 M26 辽墓出土的银手镯（图 1-36，3）；见于后刘东屯辽墓出土的一对铜鎏金镯；见于代钦塔拉 M3 出土的金镯（图 1-36，4）；见于小房身辽墓出土的一只铜鎏金手镯，压印突起卷草纹；见于张家营子辽墓出土的一对金手镯；见于陈国公主墓出土的一对金镯（图 1-36，5），錾刻缠枝花纹，两端鹅首相对；见于韩佚墓出土的一对银镯，边缘起脊，镯面錾刻折枝石榴花纹；见于上烧锅 M5 辽墓出土的一对银手镯；见于小吉沟辽墓出土的铜鎏金镯；见于前窗户辽墓出土的两对银鎏金镯（图 1-36，6）；见于小努日木辽墓出土的金镯（图 1-36，7），錾刻朵朵梅花，两端兽首以对；见于喀左北岭 M1 辽墓出土的一对铜鎏金手镯（图 1-36，8）；见于阿鲁科尔沁旗博物馆馆藏的錾花铜鎏金镯[①]；见于宁城县博物馆馆藏的一对金镯[②]，镯面主体纹样为鸾凤纹，两端双凫相对；见于凌源小喇嘛沟 M1 辽墓出土的一对金镯，边缘起棱，镯面錾刻婴戏飞鸟纹，两端龙首相对。

Ab 型　竹节形开口。中间一半打制为扁体形，两端模铸为竹节式或连珠式，有开口，均有纹样；见于朱碌科辽墓出土的一对錾花金手镯，中部为标准的扁体镯，边缘起棱，镯面为鱼子地上压印凸起梅花，两侧装饰若干连珠，开口；见于张扛村 M1 辽墓出土的一对银鎏金镯（图 1-36，9），中间为竹节扁体式，边缘起棱，棱内侧间隔装饰四处五瓣花纹，两侧各为七段竹节，末端缩为两小竹节开口相对。

Ac 型　活扣式闭口。通体为扁体，打制成型，两端用银丝缠裹，一端为

---

① 赤峰市阿鲁科尔沁旗罕苏木小井子村牧民在村东北 5 公里处发现并上交至阿鲁科尔沁旗博物馆。

② 赤峰市宁城县公安局收缴后移交至宁城县博物馆，直径 7.4 厘米。

钩，一端为活环进行闭合，均有纹样。见于白音塔拉辽墓出土的一对包金银手镯（图 1-36，10），缠丝活扣，镯面为水仙纹；见于白音塔拉辽墓出土的 10 件银手镯与例证 1 形制相同，纹样有差异，镯面为鱼子地缠枝花纹。

Ad 型 兽首闭口。见于赤峰巴林右旗哈鲁辽墓出土的扁体金镯[①]（图 1-36，11），边缘起棱，封口处刻回首玄武闭合，通体深錾四叶花卉纹。

B 型 半扁体镯

纵剖面为半圆形，模铸成型，边缘不起棱，纹样随形细錾，两端开口，以兽首相对。见于陈国公主墓出土的一对龙纹金镯（图 1-36，12），与扁体镯的截面不同，为半月形扁体，正面隆起呈藕节状，随形细錾缠绕的双龙，背面素面平直，末端缩为两小龙头昂首相对。

C 型 圆体镯

纵剖面为圆形，模铸成型，素面无纹样。仅见于双龙岗 M3 辽墓出土的银镯和敖包恩格尔辽墓出土的开口镯 2 例，均为素面银质。

6. 带具

带具和鞢共同组成服饰中的带，而考古出土的带具包括带銙、带扣、铊尾、带箍等零散组件，常因革鞢或丝鞢损朽而无法知晓其原有样式，由于带具出土数量巨多，以金银带具和铜鎏金带具最有特色，此外，凌源小喇嘛沟出土了数量较多的玻璃蹀躞带值得关注。根据墓葬出土资料，参照李逸友对腰带的划分标准[②]，归纳带具的六种组合方式。

A 型 双带扣＋方形銙＋桃形銙＋双铊尾

A 型带的组合方式是数量较多的方形銙搭配单带扣和单铊尾铆合成长带，形制相同的另一套带扣和铊尾配以数量较少的桃形銙铆合成短带，穿系使用时，将短带两端带扣的卡针插入长带的桃形銙孔内即可，故俗称双带扣

---

① 巴林右旗公安局收缴后移交至巴林右旗博物馆。
② 李逸友：《辽代带式考实——从辽陈国公主驸马合葬墓出土的腰带谈起》，《文物》1987 年第 11 期。

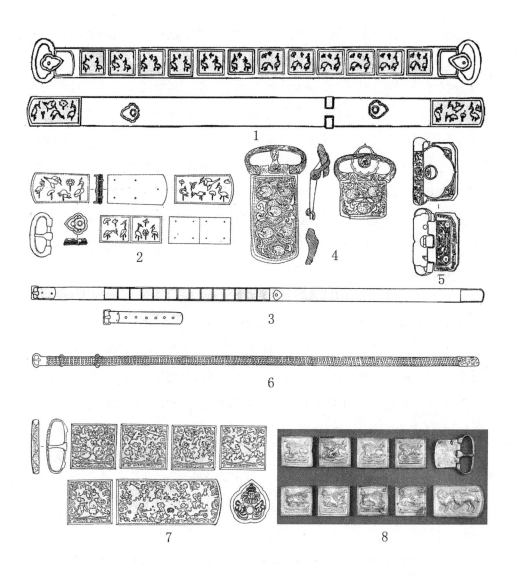

图 1-37　腰带 ①

1、2.A 型（张扛村辽墓、二林场辽墓）3、4、5.B 型（陈国公主墓、耿知新墓、耿延毅墓）
6、7、8.C 型（巴彦库仁辽墓、前窗户辽墓、梦蝶轩藏）

————————

① 图中的 3、7 摘自朱天舒的《辽代金银器》，8 摘自《金翠流芳——梦蝶轩藏中国古代饰物》，余摘自简报。

双鋑尾带。考古能确定组合的墓例见于张扛村 M2 辽墓出土的铜鎏金带（图 1-37,1），由 B 型带扣 2 件、方形銙 12 件、桃形銙 2 件、A 型鋑尾 2 件组成，主题纹样为仙鹤、灵芝、花卉的组合图案；见于二林场辽墓出土的铜銙革带（图 1-37，2），由 B 型带扣 2 件、方形銙 9 件、桃形銙 4 件、A 型鋑尾 2 件组成，纹样与例证 1 基本相同，细微处略有差异；见于建平西窑村出土的变形火焰珠纹铜銙革带，由 B 型带扣 2 件、方銙 10 件、桃形銙 5 件、A 型鋑尾 2 件组成，恰为一条完整的双带扣双鋑尾带[1]。见于凌源小喇嘛沟 M1 辽墓出土的一条独角兽纹银鎏金带，革鞓已朽，主带由 B 型银带扣 2 件、方形山字形"古眼"带銙 10 件、桃形銙 5 件、A 型银鋑尾 2 件组成。[2]

B 型 双带扣＋带銙＋单鋑尾

B 型带的组合方式是数量较多的方形銙搭配长带扣和鋑尾铆合成长带，形制不同的另一件短带扣和鞓铆合成短带，短带上穿若干孔或缀以桃形带銙，使用时将长带一端带扣上的卡针穿入短带革鞓的孔眼或有孔的桃形銙中即可。短带的功能在于调节腰带的尺寸，以便满足使用者腰围不同或着装变化的需要，俗称双带扣单鋑尾带。考古能确定组合的墓例只有陈国公主驸马合葬墓出土的双带扣单鋑尾玉銙银鞓带（图 1-37，3）。此带出土时完整呈现了玉銙银带和短银带的组合状态，其中长带由 A 型金带扣、方形玉銙 14 件、桃形玉銙 1 件、玉鋑尾件组成，短带仅由 B 型金带扣和 6 个孔的银鞓组成，银鞓较革鞓、丝鞓的坚固性为我们保存了这份特殊形制带的实物资料。

根据研究陈国公主腰带获得的认识，对耿知新墓出土的金玉组合带进行推测。耿知新墓出土的玉銙、长银鎏金带扣、短银鎏金带扣、玉鋑尾均散落，简报也未做复原，我们根据长、短带扣不同的特征将银鎏金带扣、长方

① 李庆发：《建平西窑村辽墓》，《辽海文物学刊》1991 年第 1 期。

② 辽宁省文物考古研究所：《凌源小喇嘛沟辽墓》，文物出版社 2015 年版，第 18 页，现藏凌源市博物馆。

形玉带銙 4 件、圭形玉带銙 7 件、玉铊尾铆组合成长带，另一件银鎏金带扣和革鞓组成铆组合成短带（图 1-37，4）。耿延毅墓仅存一件银鎏金带扣（图 1-37，5），可能也采用相同的组合方式。

C 型　单带扣＋带銙＋单铊尾

C 型带与现代腰带的形制比较接近，使用方法并无差别，将一端带扣上的卡针穿入另一端革鞓的孔眼或有孔的桃形銙中即可，特点是铊尾较长，带銙的古眼没有实用意义，俗称单带扣单铊尾带。考古能确定组合的墓例见于吐尔基山辽墓出土的铜鎏金带，由方銙 10 件、马蹄形带銙 2 件、带扣 1 件、铊尾 1 件组成；见于巴彦库仁辽墓出土的一条银鎏金带（图 1-37，6），革鞓已腐烂，金带扣、龙纹金铊尾各一件，其间布满 105 个银鎏金带饰，银饰形状罕见，并排呈鱼鳞状①；见于朝阳前窗户村鎏金"童戏"银带（图 1-37，7），由银鎏金带扣、银鎏金方形銙 5 件、六曲桃形銙 2 件、银鎏金铊尾组合而成，带扣直径 6.9 厘米，该带尺寸亦较大，推测为一条单带扣单铊尾宽带。见于萨力巴乡水泉辽墓出土的 2 条腰带，一条为双凤纹鎏金银带，带銙 11 件，另一条为胡人乐舞纹玉带，由玉銙 8 件，铊尾 1 件，铜带扣 1 件组成，人物为大胡须，卷发，深目，高鼻，身着晋袖圆领衣，腰系带，肩披巾，足蹬长筒靴；见于香港梦蝶轩所藏腰带（图 1-37，8）。

D 型　蹀躞带

Da 型　单带扣＋古眼方銙＋单铊尾＋带头

Da 型带由主带和飘带两部分组成，主带以方銙为主体，兼搭 A 型桃形带銙，由带扣、铊尾共同组成，飘带缀有葫芦形带具、囊、小带扣、小带饰、小铊尾等，目前这类蹀躞带的考古发现比较多。

考古能确定组合的墓例见于大营子驸马墓出土的金带，主带由方形"古

<hr>

① 巴彦库仁辽墓共出三条带，因简报阐述不清而比较混乱，一条是例证1，金质金带扣、龙纹金铊尾和 105 件银鎏金饰是一套，银鎏金带扣和银鎏金花式铊尾应该是第二条单独的带，第三条是铜鎏金蹀躞带。

眼"金銙7件、椭圆形"古眼"金銙1件、空顶桃形金銙2件构成,飘带上缀有3件豆荚、葫芦形带具等见于陈国公主墓驸马佩戴的金銙银鞓蹀躞带最为典型(图1-38,1),主带由方形"古眼"金銙11件、桃形有孔金銙5件、金带扣、圭形金铊尾组成,11条飘带上缀有葫芦形金带具2件、錾花银囊2件及若干小金带饰、小金带箍、小金铊尾[①];见于凌源小喇嘛沟M11出土的铜、玻璃复合蹀躞带,主带由方形"古眼"玻璃带銙13件、铜带扣1件、玻璃铊尾1件组成,飘带上缀有玻璃葫芦形带具2件、铜转轴1件,玻璃小桃形饰8件、铜小带扣2件、玻璃小铊尾10件;见于温多尔敖瑞山辽墓出土的铜鎏金銙丝鞓蹀躞带(图1-38,2),主带由方形銙12件、桃形有孔带銙5件、带扣3件、圭形铊尾1件组成,飘带上缀有葫芦形铜带具2件及若干小带扣、小带箍、小带饰;见于丰宁五道沟门辽墓出土的镂空银蹀躞带,主带由方形"古眼"带銙12件、桃形有孔带銙4件、带扣1件组成,飘带上缀有葫芦形带具2件、小桃形饰3件及若干小带扣、小带箍、小带饰、小铊尾;见于万金山辽墓出土的铜鎏金带,11件方形"古眼"带銙和铊尾组成主带,飘带上的缀饰有葫芦形带具、束腰形铜鎏金饰及若干小带扣、小带箍、小带饰,确定为蹀躞带无疑。

Db型 单带扣+方銙+马蹄形銙+直角-流线型銙+单铊尾+带头

Db型带主带带銙形状多样,方形、马蹄形、桃形、直角-流线型銙按一定的顺序排列,首尾铆缀带扣、铊尾组成,飘带缀有葫芦形带具、豆荚、小带扣、小带饰、小铊尾等,为辽代最具特色的蹀躞带。考古能确定组合的墓例见于大横沟辽墓出土的卷草纹铜鎏金蹀躞带,由带扣1件、方形"古眼"带銙7件、马蹄形"古眼"带銙2件、桃形銙5件、铊尾、拱形、葫芦形带具构成;见于奈林稿木头营子M2辽墓出土的缠

---

① 同墓后室散落的玉銙丝鞓蹀躞带与驸马佩戴的形制组合完全相同,唯一的差别是带銙、铊尾为玉质。

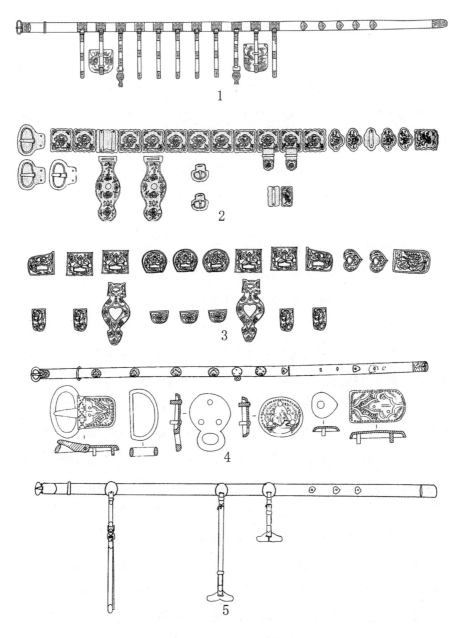

图 1-38　蹀躞带[①]

1、2.Da 型（陈国公主墓、敖瑞山辽墓）3.Db 型（奈林稿木头营子 M2 辽墓）4、5.Dc 型（巴彦库仁辽墓、陈国公主墓）

---

① 图中的 1、5 摘自《辽陈国公主墓》，2、4 摘自《辽代金银器》，3 是笔者根据简报绘制的组合示意图。

枝纹金蹀躞带（图1-38,3），主带由方形"古眼"带銙4件、马蹄形"古眼"带銙3件、直角－流线型"古眼"带銙2件、桃形"古眼"带銙2件、带扣、铊尾、葫芦形带具2件组成；见于朝阳沟M2辽墓出土的银鎏金蹀躞带，主带由带扣、方形"山形古眼"带銙14件、方形"古眼"带銙4件、直角—流线型"古眼"带銙4件、铊尾、镂空葫芦形带具2件、豆荚3件组成。

Dc型 单带扣＋圆形銙＋单铊尾＋带头

主带由圆（椭圆、马蹄）形带銙、桃形銙、带扣、铊尾组成，不见方形銙、直线－流线形銙和空顶桃形銙，飘带上缀有豆荚、转环、小带扣、小带饰、小铊尾等。

考古能确定组合的墓例见于巴彦库仁辽墓出土的铜鎏金蹀躞带（图1-38，4），主带由椭圆形"古眼"带銙5件、附环带銙1件、桃形带銙2件、带扣1件、铊尾1件、带箍1件组成，飘带上缀有豆荚、转环。更重要的是此墓明确了豆荚和转环的使用方法，豆荚附在箭囊的一侧，而转环的另一头与弓囊穿系，简而言之就是悬挂大件的小工具，左侧胯下所见的腰刀、皮质弓囊、皮质箭袋都应是飘带的佩系物；见于建平张家营子辽墓出土的铜鎏金蹀躞带，主带仅存马蹄形"古眼"带銙13件[1]，飘带上缀有若干小带扣、小带箍、小带饰。例证3：义县清河门辽墓也有马蹄形带銙出土[2]；见于陈国公主墓出土的银、铜銙银鞓蹀躞带（图1-38，5），主带由圆形银带銙3件、桃形有孔铜带銙3件、椭圆形银带扣1件、银带箍1件、圭形银铊尾1件组成，飘带上缀有转环1件、豆荚2件及若干小带箍、小铊尾。见于陈国公主墓出土的细银带亦为此型，但较为简易，主带由2件圆形"古眼"銙和1件带扣组成，飘带未从"古眼"穿系直接铆于主带之上，其上缀有2件长方形

---

① 冯永谦：《辽宁省建平、新民的三座辽墓》，《考古》1960年第2期，简报称如意头式。

② 李文信：《义县清河门辽墓发掘报告》，《考古学报》1954年第2期，简报称如意头式。

银片及小带扣、小带箍；见于朝阳姑营子 M3 辽墓出土的蹀躞带也由混合带銙组成，主带由椭圆形铜鎏金带銙 7 件、方形"古眼"铜鎏金带銙 2 件，铜鎏金桃形带銙 2 件、带扣、带箍、铊尾构成，飘带上挂有铜鎏金转环、双鱼形豆荚、小带扣、小带箍；见于凌源小喇嘛沟 M11 出土的铜、玻璃复合蹀躞带，主带由圆形"古眼"玻璃带銙 5 件、铜带扣 1 件、玻璃铊尾 1 件组成，飘带上缀有玻璃横栓 2 件、铜转轴 1 件，玻璃小桃形饰 4 件、铜小带扣 2 件、玻璃小铊尾 7 件。

E 型 捍腰

整体为连弧山形，两端有长方形带孔，使用时以丝带或革带穿系两端带扣于身后系结。学界在很长时间将此带与大同华严寺佛像上的冠帽混同为一物，后来觉得作为冠两端的带孔实属多余，长度和宽度也远远超过普通腰带，应特意为保护腰部而设计的带具，依据《辽史》中称为捍腰更为适宜。

考古资料中能确定的墓例见于建平张家营子辽墓出土的银鎏金二龙戏珠纹捍腰（图 1-39，1），简报称之为冠，概此物系回收所得且已作筒形之由，现重新考虑其细部，两端有扁长形带环，且回收时系结丝带，故称作捍腰更为准确；见于前窗户村辽墓出土的双凤火焰珠纹山形银捍腰（图 1-39，2）；见于凌源小喇嘛沟 M1 辽墓出土的银鎏金莲花纹捍腰（图 1-39，3），出土时位于腰部，两端铆接椭圆形铜扣环，边缘内缘均匀分布多组成对的小孔，简报推测为定缀背衬之孔，应为袍带的背饰，使用时环绕于腰上，在腰前以丝带穿过两侧的铜扣环束缚①；见于河北小吉沟辽墓出土的银鎏金二龙戏珠纹山形捍腰。另外，名称的重新确定也为香港梦蝶轩收藏和辽宁博物馆征集的铜鎏金双凤纹山形捍腰正名提供了依据，一端的长方形扣系连接袍带之用。法库叶茂台辽墓出土的鎏金银镶琥珀宝塔鸾凤纹大带，虽然无法

① 辽宁省文物考古研究所：《凌源小喇嘛沟辽墓》，文物出版社 2015 年版。

看到后者的实物或图片，但是根据描述它是墓主棉袍袍带的背饰，后附罗衬，围于后腰，两端有扣，与棉袍的长带相连，长带系于胸前，两端分垂于膝下 [1]（图1-39，7）。

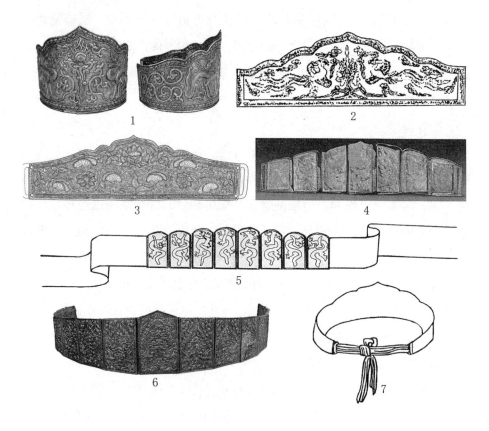

图1-39 捍腰与大带 [2]

1、2、3.E类捍腰（张家营子辽墓、前窗户辽墓、凌源小喇嘛沟M1）4、5、6.F类大带（多伦贵妃墓、陈国公主墓、扎鲁特旗出土）7.捍腰使用示意图

①　辽宁省博物馆等：《法库叶茂台辽墓记略》，《文物》1975年第12期。

②　图中的1摘自《辽宁博物馆》，4摘自内蒙古国有馆藏珍贵文物数据库，余摘自简报。

F 型　大带

由若干尺寸较大的銙组合而成，无带扣和铊尾，与丝布带配合使用。考古能确定组合的墓例见于多伦贵妃墓出土的鎏金银托嵌玉銙大带（图1-39，4），简报称作"捍腰"①，带銙共 7 块，其中一块为圭形居于正中，其余 6 块梯形排列，应与例证 2 同制，难得的是金属将玉带銙固定成整体的形制保留，两端各有穿孔供系结，呈现出大带和捍腰的融合形式；见于陈国公主墓的龙纹带銙大带，为八块圭形龙纹大銙以丝带连缀而成的组合式大带（图1-39，5）；见于扎鲁特旗出土的银鎏金大带（图1-39，6），一套 9 件组成，正中一件呈圭形，两侧由大到小呈梯形，上錾刻双凤如意云纹，背面有钩，残存皮革痕迹。

G 型　带链器

辽墓中出土了为数不少的带链器，材质有玉质、琥珀、金银，链子为金银质地，通常出土在墓主人的腰部，关于其使用方法和功能，学界普遍认为应该是悬挂在腰带上的，作为腰带或蹀躞带的佩饰，故也能纳入服饰的研究范围。

根据带链器佩件的组合特点，分成两型。

A 型　单体佩件。见于高句丽辽墓出土的玉龟，白色软玉质，圆雕，背纹用阴线浅刻，龟首横穿一孔，系金链；见于陈国公主墓出土的琥珀雁形佩盒（图1-40，1），整体雕成卧伏鸿雁形，圆眼睛，头贴羽翼，圆体，两足屈于腹下，腹部凿空，上有荷叶形小金盖，盖顶装饰圆环形小纽，纽上系金链，金链一端系于雁之颈部，扎鲁特旗辽墓壁画清楚地展示了该佩饰系挂在腰带上的使用方式；见于陈国公主墓出土的鸳鸯琥珀瓶（图1-40，2），鸳鸯呈卧状，圆眼，扁嘴贴于胸部，双翅并拢，端尾上翘，两足屈于翼下，腹部

---

① 多伦贵妃墓出土的这件器物兼具捍腰和大带的形制，是两者的融合，通常见到的捍腰由一整片金银制成，一般见到的大带是带銙分制的，由丝带或皮革固定成为整体，二者的功能相似。考虑到玉銙分制和龙纹纹饰与陈国公主墓出土者相似度极高，尺寸比捍腰略小，故定名为大带。

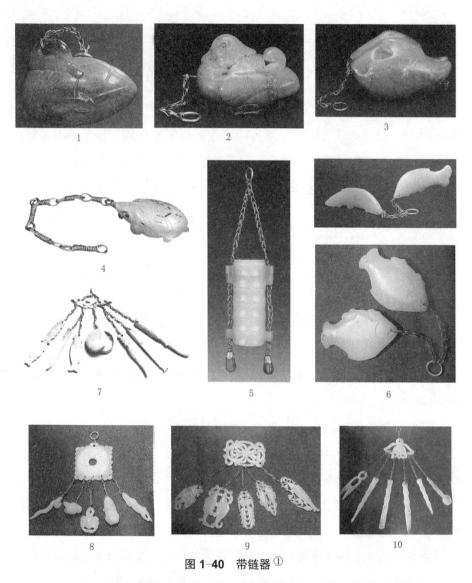

图 1-40 带链器 ①

1、2、3、4、5、6.A 型单体佩件（陈国公主墓、陈国公主墓、陈国公主墓、彰武朝阳沟、
阜新红帽子乡辽塔地宫、陈国公主墓）7、8、9、10.B 型组佩（多伦贵妃墓、陈国公主墓、
陈国公主墓、陈国公主墓）

① 图中的 1、2、3、6、8、9、10 摘自《辽陈国公主墓》，7 摘自《内蒙古多伦县小王力沟辽代墓葬》，
4、5 摘自《辽宁省文物考古研究所藏文物精华》。

凿空，用薄金片封堵，两侧安金合页，与腹底固定连接，腹部钻空，内穿金链，链系金环；见于陈国公主墓出土的琥珀鱼形佩盒（图1-40，3），由两块鱼形琥珀雕成，以子母口扣合，嘴部穿孔，内穿金链，鱼尾各订合页形金片，其中一合页上固定金链，末端的金插销可于鱼盒相合后插入插孔内起固定作用；见于彰武县朝阳沟辽墓的金链玉龟（图1-40，4），龟长2.5厘米，金链长7.3厘米；见于辽宁省阜新县红帽子乡辽塔地宫出土的金链竹节形玉盒（图1-40，5），盒分六节，最上节为盖，下五节为身，两侧出贯耳，两条金链下端各镶一蓝琉璃茄形坠。

B型　组佩。见于陈国公主墓出土的妆具形组佩（图1-40，10），1组7件，白色软玉质，由1件莲花形玉饰连接6件工具形玉饰组成。形制有剪、觿、锉、刀、锥、勺、除剪以外，均为竹节柄，柄端有孔系金链，出于公主腰部；见于陈国公主墓出土的摩羯、凤、鱼形玉组佩（图1-40,9)，1组6件，白色软玉质，由1件镂雕绶带纹玉饰下以鎏金银链系挂5件玉饰组成，分别为摩羯形玉饰、双鱼形玉饰、双凤形玉饰、双摩羯形玉饰、鱼形玉饰，刻画精美；见于陈国公主墓出土的肖生玉组佩（图1-40，8），1组6件，白色软玉质，由一件璧形玉饰以鎏金链垂挂5件肖生玉组成，肖生玉饰形制有蛇、猴、蝎、蟾蜍、蜥蜴5种形象，圆雕，璧形玉饰平雕，璧外雕如意云纹，璧的正面细阴线浅刻12生肖像，出土于公主腹部；见于陈国公主墓出土的双鱼玉佩，2组4件，白色软玉质，圆雕，双鱼大小相同，以细线刻画出眼、鳃、鳍、尾等细部；见于多伦贵妃墓出土的玉组佩（图1-40，7），1组8件，青白色软玉质，由一件镂雕玉饰以鎏金银链垂挂7件玉饰组成，形制有双鱼形、摩羯首觿尾形、鱼形、扁圆盒形、锉形，细部刻画细腻。

此外，还有一些没有链子，但是顶部有穿孔，出土位置靠近墓主人腰部，推测也属于带链器的范畴。见于陈国公主墓的双鱼形佩饰、双鸟形佩饰、交颈鸳鸯形佩饰，头部正中钻孔，同墓出土的琥珀瓶，肩部留有对称的穿孔。

第二章

辽代服饰的社会性

第一节　壁画人物服饰的组合

一、辽上京地区壁画服饰的组合

服饰各典型要素往往不是孤例存在的，发式、首服、身衣、足衣的特定搭配通常是这个民族审美理想和生活情趣的外显与表达，研究服饰的组合，或许能够帮助我们捋出显示服饰特征的若干线索。契丹服和汉服在上京地区的对照最为显著，梳理出的组合特征也能为其他地区的组合辨识提供参照标尺。

（一）契丹服的组合

契丹服根据可以准确确定的组合特征，暂分为九类。

A 类 A Ⅰ 式髡发 /Ba 型髡发 /Bb 型髡发 +A Ⅰ 式袍 +A 型裤 +A 型低帮鞋

见于宝山 M1（图 2-1，1、图 2-1，2）、宝山 M2、吐尔基山辽墓（图 2-1，3）的男性侍从。

B 类 Bb 型髡发 +B Ⅰ 式袍 +B 型低帮鞋

见于宝山 M1（图 2-1，4）、宝山 M2（图 2-1，5）的女性侍从。

C 类 A Ⅱ 式髡发 +A Ⅰ 式袍 +B 型裤 +C 型低帮鞋

图 2-1　契丹服的组合 ①

——————
① 图中的 3 摘自《中国出土壁画全集·内蒙古卷》，7、9、10、12 摘自简报，余摘自《内蒙古辽代壁画》。

A 类（1、2.宝山 M1 西壁男侍 3.吐尔基山辽墓甬道东壁男侍）B 类（4.宝山 M1 石室南壁西侧侍女 5.宝山 M2 石室石门外东壁侍女）C 类（6.床金沟 M5 天井南壁外东侧门吏）D 类（7.罕大坝辽墓持骨朵男侍 8.陈国公主墓前室西壁北侧男侍）E 类（9.韩匡嗣墓出土的女俑 10.罕大坝辽墓抱渣斗侍女 11.陈国公主墓前室东壁北侧侍女）F 类（12.韩匡嗣墓出土的男俑 13.滴水壶辽墓甬道南壁左一男侍）G 类（14.滴水壶辽墓北壁持巾侍女）H 类（15.库伦 M7 出行图第三位男侍 16.耶律弘世墓西耳室甬道北壁男侍）I 类（17.库伦 M2 墓道北壁捧罐侍女 18.库伦 M1 天井东壁右一侍女）

　　见于床金沟 M5 的诸多男性侍从（图 2-1，6）。

　　D 类 A Ⅲ 式髡发 +A Ⅰ 式袍 +B 型裤 +B 型低帮鞋

　　见于罕大坝辽墓的 2 位男侍（图 2-1,7）、陈国公主墓的 4 位男性侍从（图 2-1，8）。

　　E 类 辫发盘扎 / 双垂髻 +B Ⅰ 式袍 +B 型低帮鞋

　　见于韩匡嗣墓（图 2-1,9）、罕大坝辽墓（图 2-1,10）、陈国公主墓（图 2-1，11）、浩特花 M1 的女性侍从。

　　F 类 C Ⅰ 式髡发 /B Ⅰ 式巾帽 +A Ⅱ 式袍 +A 型络缝靴

　　见于韩匡嗣墓（图 2-1,12）、滴水壶辽墓（图 2-1,13）的若干男性侍从。

　　G 类 A Ⅰ 式巾帽 +B Ⅱ 式袍 +A 型低帮鞋

　　见于滴水壶辽墓的女性侍从（图 2-1，14）。

　　H 类 C Ⅱ 式髡发 /D 型髡发 /B Ⅱ 式巾帽 /C 型巾帽 +A Ⅱ 式袍 +B 型络缝靴

　　见于库伦 M1、M2、M4、M6、M7（图 2-1，15）墓群、耶律弘世（图 2-1，16）、前进村辽墓 [1] 的诸多男性侍从。

　　I 类 A Ⅱ 式巾帽 / 髡髻 +B Ⅱ 式袍

　　见于库伦 M1（图 2-1,18）、M2（图 2-1,17）的女性侍从，袍服下摆拖地，

---

　　① 徐光冀：《中国出土壁画全集·内蒙古卷》，科学出版社 2011 年版，第 140—142 页。

鞋子多不见。

（二）汉服的组合

汉服根据可以准确确定的组合特征，暂分为八类。

A 类 A 型幞头 /B 型巾帽 +B 型袍 +C 型裤 +A 型麻鞋

见于宝山 M1 石室南壁东侧男侍（图 2-2，1）、床金沟 M5 鞍马图中的 4 位男性侍从、罕大坝辽墓的一位男性侍从、滴水壶辽墓仪仗图中的 2 位男性侍从、库伦 M6 墓道西壁行叉手礼的男性侍从、库伦 M7 墓道东壁持扇男性侍从。

B 类 B 型 /C 型幞头 +C 型袍

疑为官服。见于浩特花 M1 前室北壁外层和里层的 4 位男性侍卫（图 2-2，2）、前室西壁外层的男性侍者、庆陵东陵前室行叉手礼的一位男性。

C 类 A 型幞头 /D 型包髻 +A 型广袖袍（有的腰系看带）+C 型裤 +A 型 /B 型鞋

疑为仿古礼服。见于库伦 M1 旗鼓图中的 10 位男性侍从（图 2-2，3）、宝山 M1 降真图中的汉武帝、宝山 M2 寄锦图中的男书童。

D 类 D 型巾帽 +B 型袍 +A 型裤 + 黑靴

乐人的装束。见于浩特花 M1 前室南壁外层唯一的男性舞者（图 2-2,4）。

E 类 E 型巾帽 +B 型袍（腰系双鉈尾腰带）+A 型鞋

模仿宋人的装束。见于滴水壶辽墓鞍马图中的 2 位男性侍从（图 2-2,5）。

F 类 B Ⅰ式 /C Ⅱ式 /G 型髻发 +A 型襦 +B 型裙

类似北宋的褙子装。见于宝山 M2 诵经图中的杨贵妃（图 2-2，6）和 3 位侍女、哈拉海场辽墓天井西壁的 2 位侍女、奈林稿 M1 中的 2 位侍女。

G 类 B Ⅱ式 /E 型 /F 型 /G 型髻发 +Bb 型襦 +A 型裙 +C 型鞋

见于罕大坝辽墓、前进村辽墓衣架图中的 2 位侍女（图 2-2，7）。

H 类 A 型髻发 +Ba 型襦 +B 型裙

襦衫扎进高腰裙，多为仙人。见于宝山 M1 降真图中的西王母和众仙女、宝山 M2 寄锦图中的贵妇和众侍女（图 2-2，8）、库伦 M6 墓门门额上

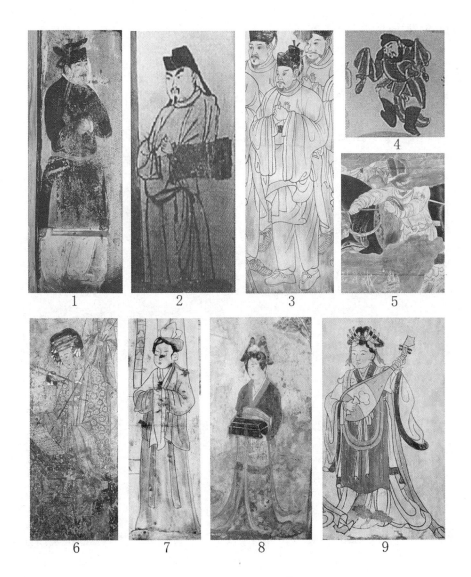

图 2-2　汉服的组合①

A 类（1. 宝山 M1）B 类（2. 浩特花 M1）C 类（3. 库伦 M1）D 类（4. 浩特花 M1）E 类（5. 滴水壶辽墓）F 类（6. 宝山 M2）G 类（7. 前进村辽墓）H 类（8. 宝山 M2、9. 库伦 M6）

---

①　图中的 1、3、5、6、8、9 摘自《内蒙古辽代壁画》，2、4 摘自简报，7 摘自《中国出土壁画全集·内蒙古卷》。

的五位奏乐仙女（图 2-2，9）。

二、辽中京地区壁画服饰的组合

辽中京墓葬壁画所见服饰，根据组合特征可分为八类。

A 类 短脚黑巾 / 髡发 / 髡发带帽 +A 型短袍 + 络缝靴 / 黑长勒靴

图 2-3 A 类服饰组合及同类对比材料 ①

1. 喇嘛沟辽墓出猎图中的侍者 2. 鸽子洞辽墓旗鼓图中的 8 位旗鼓手 3. 库伦 M2 侍卫图中的 2 位侍卫 4. 库伦 M6 出行图中的 2 位侍者 5. 宣化 M4 辽墓中的 2 位乐舞者

① 图中的 1—4 摘自《内蒙古辽代壁画》，5 摘自《宣化辽墓》。

男子服饰系列，袍服短而宽松，使用非常广泛，有的腰带上佩带短刀、小鼓，使用主体有侍者、门吏、骑士、打马球者、仪仗人员、出猎人、牵马者、主厨。见于鸽子洞辽墓墓道南壁驼前的男侍、墓道北壁旗鼓图中的 8 位旗鼓手（图 2-3，2）；塔子山 M2 甬道东侧的门吏；七家 M1 墓室顶部的 4 位骑士、西南壁的 6 位打马球者、东北壁和西北壁的侍者；七家村 M2 东北壁的男侍、西南壁的备饮者；韩家窝铺 M6 墓道东西壁的 2 位持骨朵侍卫；喇嘛沟辽墓东壁鞍马图的 2 位牵马人、仪卫图中的 5 位出猎人（图 2-3，1）、烹饪图中的 3 位主厨；水泉 M1 甬道北壁的 6 位侍者；水泉 M2 甬道南北壁的 5 位侍者（前开气）；四家子村辽墓 3 位牵马人；羊山 M2 散乐图中的乐师、2 位侍卫、出行图中的数位侍者、烹饪图中的侍者；羊山 M1 天井西壁烹饪图中的 6 位备食者、备宴图中的 2 位侍者；季杖子辽墓的 8 位侍卫和侍者；敖汉旗娘娘庙辽墓西壁的持骨朵侍卫；敖汉旗白塔子辽墓天井东壁的持骨朵侍卫。

B 类 黑帽 / 无脚幞头 / 展脚幞头 / 骨朵帽 / 交脚幞头 +B 型 /C 型长袍 + 草编鞋 / 乌皮靴 / 黑鞋

男子服饰系列，使用比较广泛，有的腰带为双层的看带，使用主体为墓主人、乐师、仪仗人员、侍者、史官。见于羊山 M1 墓道东壁仪仗图中的 5 位侍者、天井东壁伎乐图中的 7 位乐师、天井西壁烹饪图中品食的墓主人、墓室东壁接受敬酒的墓主人、捧盏的侍者（均戴汉式的双铊尾带）、备宴图中的 3 位侍者；羊山 M3 两种烹饪场景中的黑衣墓主人（图 2-4，2）、天井南壁伎乐图中的 4 位乐师（图 2-4，1）；韩家窝铺 M6 墓道东西壁的 2 位持骨朵侍卫（图 2-4，5）、2 位持牵马人、1 位持弓箭者；下湾子 M1 东壁的墓主人（图 2-4，3）；水泉 M1 甬道南壁的 7 位侍者；水泉 M2 甬道南北壁的 3 位侍者（图 2-4，4）；召都巴镇辽墓东西壁的 5 位侍者；木头城子辽墓东壁的 2 位侍者。

图2-4　B类服饰组合及同类对比材料 ①

1.羊山 M3 击鼓乐师 2.羊山 M3 天井东壁的户外墓主人 3.下湾子 M1 墓主人 4.水泉 M2 甬道北壁的侍者 5.韩家窝铺 M6 的侍卫 6.宣化 M5 辽墓散乐图中的击鼓乐师 7.库伦 M1 辽墓出行图中的侍者 8.大同东风里辽墓的石雕墓主人 9.庆陵东陵前室后半壁西壁的汉人官吏 10.库伦 M6 辽墓的侍者

---

① 图中的 8 摘自简报，余摘自《内蒙古辽代壁画》和《中国出土壁画全集·辽宁吉林黑龙江卷》。

C类 髡发 / 髡发带帽 / 短脚黑巾 + 长袍 + 乌皮靴

图 2-5 C 类服饰组合及同类对比材料①

1.羊山 M1 西壁的吹笛乐师 2.下湾子 M5 行叉手礼的侍者 3.羊山 M1 墓道东壁中部的侍卫 4.羊山 M3 墓门东壁侍卫 5.水泉 M1 甬道南壁第四组右侧侍从 6.宣化 M10 辽墓备茶图中的男侍

① 图中的 1、6 摘自简报，余摘自《中国出土壁画全集·内蒙古卷》和《中国出土壁画全集·辽宁吉林黑龙江卷》。

　　男子服饰系列，袍子长而偏狭，髡发样式还不尽相同，使用主体为不同场合的侍者、乐师。见于羊山 M1 墓道东壁的侍卫（图 2-5，3）、墓室西壁契丹传统伎乐图中的站立乐师（图 2-5，1）；羊山 M3 墓门两侧的侍卫（图 2-5，4）；下湾子 M5 西壁行叉手礼的侍者（图 2-5，2）；山嘴一号辽墓墓室西壁的 3 位备饮者；韩家窝铺 M1 奉经图中的侍者；水泉 M1 甬道南壁的侍从（图 2-5，5）、甬道北壁的 3 位侍从。

　　D 类 幞头 / 矮帽 +B 型长袍 + 络缝靴 / 高勒靴

　　男子服饰系列，袍子长而偏狭，使用主体为不同场合的侍者。见于水泉 M2 甬道北壁的 3 位侍从（图 2-6，1）、（图 2-6，2）；韩家窝铺 M2 甬道两侧侍卫（图 2-6，3）；韩家窝铺 M1 奉经图中的 2 位双手合十者。

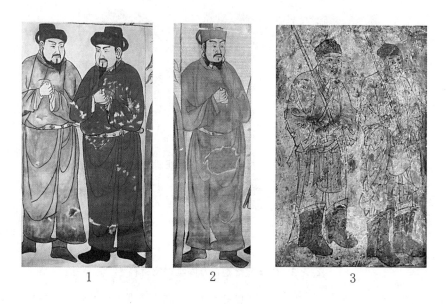

　　　　　1　　　　　　　　　2　　　　　　　　　3

图 2-6　D 类服饰组合 ①

1. 水泉 M2 甬道北壁第二组侍从 2. 水泉 M2 侍从 3. 韩家窝铺 M2 甬道两侧侍卫

---

　　①　图中的 1、2 摘自《中国出土壁画全集·辽宁吉林黑龙江卷》，3 为作者于敖汉旗史前博物馆拍摄。

E类 长脚黑巾/抹额黑帽+直领长袍+腰带

图2-7　E—H类女子服饰组合及同类对比材料①

1.喇嘛沟辽墓出行图中的左一侍女 2.鸽子洞辽墓驼车图中的持盒侍女 3.七家M2东南壁备饮图中的持茶盏侍女 4.库伦M1侍从图中的中间侍女 5.下湾子M1墓室西北壁八哥屏风图中的侍女 6.下湾子M1墓室西壁持酒罐侍女 7.韩家窝铺M6出行图中的左一女子 8.宣化M10前室东壁备茶图中的左一女子 9.季杖子辽墓主室甬道东壁后部右五侍女 10.耿延毅墓后室侍女 11.唐《虢国夫人游春图》（传宋徽宗摹张萱绘）

女子服饰系列，使用比较普遍，鞋子被长裙遮挡几乎看不到，使用主体

---

①　图中的3、8、9、10摘自发掘报告，11摘自《中国古代服饰研究》，余摘自《内蒙古辽代壁画墓》。

多为侍女。见于鸽子洞辽墓墓道南壁驼前的侍女（图2-7，2）；喇嘛沟辽墓东壁的3位侍女（图2-7，1）；七家村M2东南壁的2位备饮者（图2-7，3）。

F类 单髻＋直领开胯长襦＋敞口鞋

女子服饰系列，使用并不广泛，多不系腰带，穿着主体均为侍女。见于羊山M3天井东壁的托食盘者；下湾子M1东壁的2位侍女、西北壁的2位侍女（图2-7，5）、西壁的2位侍女（图2-7，6）、启门图中的2位侍女。

G类 单髻＋广袖短襦衫＋长褶裙

女子服饰系列，此类为孤例，固定发髻的布带边缘以珍珠做装饰，与驼车帷帘上的珠饰一致。仅见于韩家窝铺M6墓道西壁的左侧女子（图2-7，7）。

H类 单髻/双侧髻＋长袍服

女子服饰系列，体态丰腴，多系花结布带，团窠图案，穿着主体为侍女。见于耿延毅墓的10位侍女（图2-7，10）；季杖子辽墓主室甬道两侧的侍女（图2-7，9）。

三、辽东京地区壁画服饰的组合

辽东京地区辽墓壁画所见服饰，根据组合特征可分为三类。

A类 A型/B型髡发＋A型/B型袍＋A型靴

见于关山M4萧和墓出行图中的男性侍从（图2-8，1）、关山M5墓道北壁的持骨朵男性侍从（图2-8，1）。

B类 B型/C型髡发/巾帽＋A型袍＋B型裤＋B型络缝靴

见于关山M8萧德让墓墓道北壁挂骨朵站立的侍从（图2-8，3）和单膝跪地的男性侍从（图2-8，4）、叶茂台M16萧义墓甬道东西壁的4位男性侍从。此外，关山M3和M9因壁画脱落严重，通过髡发和长袍辨析大致属于此类，叶茂台M7人物髡发，着圆领长袍服，从仪态上判断像女性，疑为女穿男装。

图 2-8　东京壁画服饰的组合 ①

A 类（关山 M4 萧和墓、关山 M5）B 类（关山 M8 萧德让墓、关山 M8 萧德让墓）C 类（关山 M4 萧和墓）

C 类 簇花幞头 +C 型袍 +A 型銙 +A 型鞋

见于关山 M4 萧和墓墓道仪仗图中的 13 位侍从（图 2-8，5）。

---

① 图中的所有图片摘自《中国出土壁画全集·辽宁吉林黑龙江卷》。

四、辽西京地区壁画服饰的组合

（一）山西辽墓壁画所见服饰，根据组合特征可分为八类

A类 系带黑巾帽／毡帽／交脚幞头／骨朵帽＋A型短袍＋裹腿麻鞋／单鞋／黑靴

男子服饰系列，在大同地区并不常见，使用主体为马驼的驾驭者。仅见于东风里辽墓西壁的牵驼人（图2-9，4）、牵马人（图2-9，1）及同图中马后的托帽男侍（图2-9，2），铁路生活区辽墓壁画中的牵马者（图2-9，1）和牵驼者，五法村辽墓壁画中的牵马男子。

1   2   3

图 2-9　A 类服饰组合及同类对比材料 ①

1.东风里辽墓西壁牵马人 2.东风里辽墓西壁托帽男侍 3.大同铁路生活区辽墓牵马人 4.东风里辽墓西壁牵驼人 5.库伦 M1 辽墓男侍 6.库伦 M1 辽墓牵马人 7.巴林左旗前进村辽墓男侍 8.韩家窝铺村辽墓男侍

B 类髡发 +B 型长袍 + 单鞋

男子服饰系列，髡发特征明显，样式还不尽相同，使用主体为不同场合的侍者。见于机车厂辽墓西北壁的"牛哥"（图 2-10，2）和东北壁的男侍，卧虎湾 4 号辽墓北壁的男侍、东壁宴饮图和西壁宴饮图中的男侍，东风里北壁站立的 2 位男侍（图 2-10，3），西环路 M1 东壁的男侍（图 2-10，1），朔州市政府工地辽墓备茶图中的男子。

---

① 图中的 1、2、4 摘自简报，3 摘自《中国出土壁画全集·山西卷》，5、6、7、8 摘自《内蒙古辽代壁画》。

1   2   3

图 2-10   B 类服饰组合 ①

1. 西环路 M1 东壁男侍 2. 机车厂辽墓东北壁男侍 3. 东风里辽墓北壁男侍

C 类 耷脚幞头 / 展脚幞头 +B 型长袍（两侧开气、广袖）+ 单鞋

男子服饰系列，大胆运用橘黄色色彩，单鞋的款式很特别，使用主体为侍官。见于许从赟墓墓门东侧的守门侍官、北壁两侧的守门侍官（图 2-11，1、2），周家店墓墓门西侧"收财帛图"中的 2 位侍官（图 2-11，4）、北壁的 2 位守门侍官、西北角"待客图"中的 2 位侍官（图 2-11，5）。

D 类 交脚幞头 / 无脚幞头 / 高筒帽 +B 型长袍 + 乌皮靴 / 勾脸鞋

男子服饰系列，使用主体在同一墓中有墓主人、有侍者。见于东风里辽墓东壁人物 5 位侍者（图 2-12，1）、南壁的门卫（图 2-12，3）、鎏金铜压印上的人物（图 2-12，2）以及墓主人彩绘石雕上的服饰，朔州市政府工地辽墓备茶图、备酒图、散乐图中的 14 位男侍。

---

① 图中的 1、3 摘自简报，2 摘自《中国出土壁画全集·山西卷》。

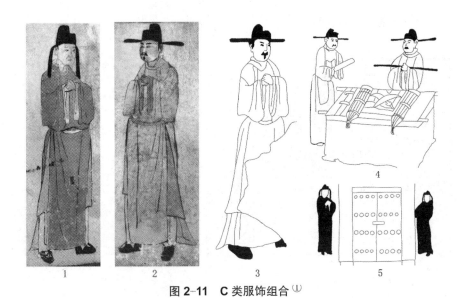

图 2-11　C 类服饰组合 [1]

1、2.许从赟墓北壁两侧的守门侍官　3.许从赟墓墓门东侧的守门侍官　4.周家店墓墓门西侧"收财帛图"中的 2 位侍官　5.周家店墓北壁的 2 位守门侍官

图 2-12　D 类服饰组合及同类对比材料 [2]

1.东风里辽墓男侍　2.东风里辽墓压印人物　3.东风里辽墓门卫　4.宣化辽墓 M5 前室东壁散乐图

---

① 图中的 1、2 摘自《中国出土壁画全集 山西》，3、4、5 摘自简报。

② 图中的 1、2、3 摘自简报，4 摘自《宣化辽墓》。

E类 单髻+A型襦衫（广袖）+ 裹胸拖地裙

图 2-13 E 类服饰组合及同类对比材料①

1、2.许从赟墓墓门两侧的守门侍女 3.周家店墓墓门东侧的燃灯侍女 4.太原市焦化厂唐墓侍女 5.传南唐周文矩《宫中图》中女子 6.传南唐顾闳中《韩熙载夜宴图》中女子 7.大同徐龟墓西壁侍女 8.山西绛县城内村金墓侍女 9.山西屯留县康庄村 2 号元墓侍女

① 图中的 1、2、3、4、7、8、9 摘自《中国出土壁画全集·山西卷》，5、6 摘自沈从文著《中国古代服饰研究》。

女子服饰系列，使用比较普遍，鞋子被长裙遮挡几乎看不到，使用主体多为燃灯侍女。见于许从赟墓墓门西侧的燃灯侍女、东壁的守门侍女（图2-13，1）和东、西北角的6位侍女，周家店墓墓门东侧的燃灯侍女（图2-13，3），由于画面模糊不清，整体上感觉周家店东壁和西壁中的8位侍女着装与燃灯女子基本相同，朔州市政府工地辽墓的侍女服饰能看清楚的均为此种形制，披帛或帔的搭配是一个亮点。

F类 花冠 / 包髻 / 花饰双髻 +B 型襦衫（窄袖）+A 型长裙 + 方头履 / 尖头鞋

1　　　　　　2　　　　　　3　　　　　　4

图 2-14　F 类服饰组合及同类对比材料 [①]

1. 大同东风里辽墓北壁壁画中两位侍女 2. 大同东风里辽墓南壁持羽扇的门卫侍女 3. 宣化辽墓 M5 后室西南壁持盂侍女 4. 宣化辽墓 M4 后室东北壁捧盒女子

① 图中的 1、2 摘自简报，3、4 摘自《宣化辽墓》。

女子服饰系列，使用并不广泛，裙子为及踝双层裙，能看到鞋子的样式，穿着主体均为侍女。仅见于东风里辽墓北壁壁画中两位侍女（图2-14，1）、南壁持羽扇的门卫侍女（图2-14，2）。

G类 双髻/花饰髻＋襦衫＋长裙（A型）

女子服饰系列，在各墓室单元里具有普遍性，使用主体都为侍女。见于西环路M1南壁的侍女、西壁的2位侍女（图2-15，1），十里铺M27北壁的2位侍女（图2-15，2），十里铺M28西壁出行图中的侍女、北壁围屏两侧的2位侍女，卧虎湾M2西壁出行图中的侍女、东壁散乐图中的侍女、北壁的侍女，卧虎湾M6东壁侍女。

图 2-15　G 类服饰组合及同类对比材料 [①]

1. 大同西环路 M1 辽墓西壁的侍女 2、3. 十里铺 M27 辽墓北壁的 2 位侍女 4. 宣化辽墓 M10 前室东壁持盏女子 5. 宣化辽墓 M7 后室西壁燃灯女子

① 图片均摘自简报或报告。

H类 单髻+长褙子（两侧开气）+拖地长裙

女子服饰系列，并不习见，穿着主体为侍女。仅见于周家店辽墓备茶图中2位侍女的服饰（图2-16，1）。

图 2-16 H类服饰组合及同类对比材料[①]

1.大同周家店辽墓 2.山西汾阳市东龙观村金墓 M5 启门女子 3.山西绛县城内村金墓 4.山西平定县城关镇姜家沟村北宋墓乐人

（二）宣化辽墓所见服饰，根据组合特征可分为七类

A类 螺髻/包髻/大髻+短襦+长裙（A型、B型、C型+肥筒裤）+勾脸鞋（A型、B型）

女子服装，数量最多，持续时间最长，使用人群最为广泛。职业不同，有侍女、舞者，或具有兼职身份，晚期的发式喜欢装饰角形饰。见于M10

---

① 图片均摘自《中国出土壁画全集·山西卷》。

前室东壁备茶图中的两位侍女；M10 前室西壁散乐图中的舞者；M10 后室东壁的两位侍女；M7 前室东壁备茶图中的侍女；M7 后室西壁的启门女子(图 2-17,2)；M3 北壁的启门女子；M3 西壁的燃灯侍女；M6 后室南壁持盂侍女（图 2-17,1)；M6 前室西壁的舞女（图 2-17,3)；M9 前甬道西壁散乐图中的舞女；Ⅱ区 M1 的女童木俑、孝子故事图中的 5 例包髻妇女形象。

图 2-17　壁画服饰 A 类组合及同类对比材料 ①

① 图中的 1、2、3 摘自《宣化辽墓——1974—1993 年考古发掘报告》，4、5 摘自《高句丽服饰研究》。

1.M6 后室南壁持盂侍女 2.M7 后室西壁启门女子 3.M6 前室西壁舞蹈女子 4.吉林集安麻线沟 M1 南壁东端对舞图左边舞者 5.朝鲜水山里壁画墓西壁上栏后端女子

B 类 包髻 / 髡髻＋长襦＋长裙＋勾脸鞋

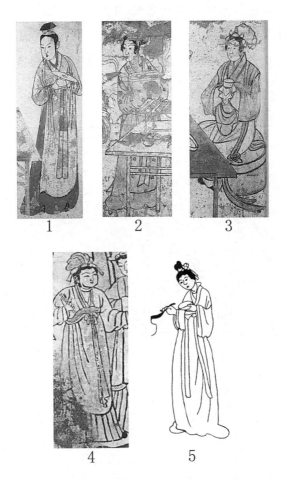

图 2-18　壁画服饰 B 类组合及同类对比材料 ①

————————

① 图中的 1、2、3 摘自《宣化辽墓——1974—1993 年考古发掘报告》，4 摘自《山西大同东风里辽代壁画墓发掘简报》，5 摘自简报。

1.M5后室西南壁持盂侍女 2.M4后室东北壁捧盒女子 3.M4后室南壁西侧喝茶女子 4.大同东风里辽墓北壁左侧女子 5.大同许从赟辽墓墓门西侧燃灯女子

　　女子服装，这种以长襦、长裙、长飘带为特征的女装在宣化壁画中并不多见，晚期喜好角形头饰。能准确判别的只有三例，如M5后室西南壁备茶图中的女子（图2-18，1），女子髡髻很特别为孤例；M4后室东北壁备经图中的包髻女子（图2-18，2）；M4宴乐图中韩师训的女主人（图2-18，3）。

　　C类 髡发/翘脚软帽＋短袍＋络缝靴

图2-19 壁画服饰C类组合[①]

1.M6前室东壁执壶男子 2.M4前室南壁西侧门吏 3.M4后室南壁演奏民族乐器和跳舞的两位男子 4.M4前室西壁驼车后站立的男子

　　男子服装，使用主体有侍者、门吏、乐人、舞者、墓主人等角色。见于M7后甬道一对门吏；M10前室东壁备茶图中站立的男子；M6前室东壁备茶

---

　　① 图片均摘自《宣化辽墓——1974—1993年考古发掘报告》。

图中站立的男子（图 2-19，1）、持扇男子；M5 后室东南壁备茶图中的两位
男侍；Ⅰ区 M2 西南壁备茶图中的成年男侍；M9 前室南壁拱门两侧的一对门
吏；M4 前室南壁的一对门吏（图 2-19，2）；M4 前室西壁驼车后站立的男子（图
2-19，4）；M4 后室北壁启门图两侧门吏；M4 后室西南壁宴乐图的乐人（图 2-
19，3）、舞者（图 2-19，3）、侍者。

　　D 类 幞头 / 巾帽（A 型、C 型）＋长袍＋乌皮靴 / 布鞋

　　男子服装，使用主体有门吏、乐人、高级侍卫，Ⅰ区 M2 东南壁备经图
男子很可能是墓主人，整体以男性为主，乐人中也有女扮男装的情况出现。
见于 M10 前室西壁散乐图七位乐人；M10 后室南壁门吏；M7 前室西壁散乐图
五位乐人；M7 后室南壁一对门吏；M6 前室西壁散乐图六位乐人；M9 前甬道
西壁散乐图中的乐人；Ⅰ区 M1 前室南壁一对执杖门吏；Ⅰ区 M1 前室东壁散
乐图 11 位乐人；Ⅰ区 M1 前室北壁一对持杖门吏（图 2-20，5）；Ⅰ区 M1 后
室南壁左二捧钵男子，蓝色长袍（图 2-20，1）；左三男子褐色长袍，红色带
銙腰带；Ⅰ区 M1 后室东壁备经备茶图中三位男子；Ⅰ区 M1 后室北壁有四位
持杖门吏；M5 前室东壁散乐图五位乐人；Ⅰ区 M2 南壁持杖门吏；Ⅰ区 M2 东
南壁备经图男子；M4 前室东壁散乐图中的七位卷脚幞头乐人（图 2-20，3）。
Ⅱ区 M2 西壁男侍（图 2-20，4）；Ⅱ区 M2 西南壁散乐图中的 4 位乐人。

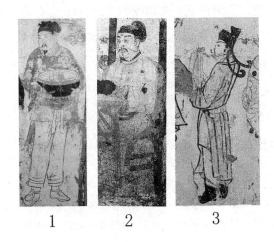

1　　　　　2　　　　　3

图 2-20　壁画服饰 D 类组合及同类对比材料 ①

1. Ⅰ区 M1 后室南壁捧钵男子 2. 河南郑州登封黑山沟宋壁画墓西北壁的男主人 3.M4 前室东壁的乐人 4. Ⅱ区 M2 西壁左侧托盘盏男子 5. Ⅰ区 M1 前室北壁的执杖门吏 6. 陕西韩城盘乐村宋壁画墓 M218 北壁下层的墓主人

E 类髡发（A 型、B 型）＋短袍（Ab 型）＋麻鞋 / 布鞋

　　未成年的童装系列，大多数少年的短袍为直领，年龄小的儿童多为圆领，两侧开气使行动或玩耍更加便捷；既有烧火、碾茶等童仆形象，又有嬉戏玩耍的小童形象，均为男童，看热闹的生活小景也被画师捕捉并表现出来，极具艺术张力。见于 M10 前室东壁备茶图碾茶儿童、吹火儿童，后室木门上部壁画中的三个跳绳儿童（图 2-21，5）；M6 前室东壁备茶图中的碾茶儿童（图 2-21，2）；M7 前室东壁备茶图中的四个儿童（图 2-21，1）；M7 前室东壁取桃男童（图 2-21，6）；M2 西南壁备茶图中的扇火儿童（图 2-21，3）；Ⅱ区 M1 东北壁左侧壁画中被母亲牵手的儿童；Ⅱ区 M1 彩绘男童木俑（图 2-21，4）。

────────────

　　① 图中的 1、3、5 摘自《宣化辽墓——1974—1993 年考古发掘报告》，2、6 摘自《中国墓室壁画全集·宋辽金元卷》，4 摘自《宣化下巴里Ⅱ区辽壁画墓考古发掘报告》。

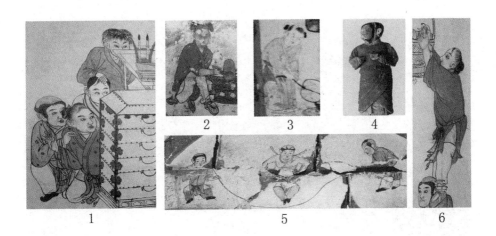

图 2-21　壁画服饰 E 类组合 [1]

1.M7 前室东壁左侧四个男童 2.M6 前室东壁碾茶男童 3.M2 南壁西侧扇火男童 4.Ⅱ区 M1 彩绘男童木俑 5.M10 后室三个跳绳男童 6.M7 前室东壁取桃男童

F 类　无脚软帽＋短袍（Ab 型）＋裹腿＋麻鞋

胡服男装系列，均为持杖门吏，袒露胳膊、大腿和臀部，风格与汉服系统迥异。见于 M10 后甬道一对执杖门吏（图 2-22，1）；M3 南壁东侧一对执杖门吏（图 2-22，2）、（图 2-22，3）；M6 后甬道一对执杖门吏（图 2-22，4）、（图 2-22，5）。

G 类　包髻 / 大髻 / 双丫髻＋襦衫＋高腰裙＋ B 型勾脸鞋

女装系列，襦衫扎入高腰裙里，有的髻上装点角形饰，有的外搭无袖短褙，有的外搭帔帛。见于Ⅰ区 M2 东南壁妇人启门图中的女子（图 2-23，1）；M4 东南壁进茶图燃灯女子（图 2-23，2）；Ⅱ区 M1 东南壁侍女（图 2-23，3）、东壁右侧侍女（图 2-23，4）。

---

① 　图中的 4 摘自《宣化下巴里Ⅱ区辽壁画墓考古发掘报告》，余摘自《宣化辽墓——1974—1993 年考古发掘报告》。

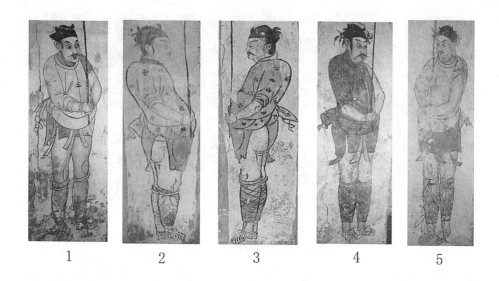

图 2-22　壁画服饰 F 类组合 ①

1.M10 后甬道执杖门吏 2、3.M3 南壁执杖门吏 4、5.M6 后甬道执杖门吏

图 2-23　壁画服饰 G 类组合及同类对比材料 ①

1.M2 东南壁启门女子 2.M4 后室东南壁燃灯女子 3.Ⅱ区东南壁 M1 持盘女子 4.Ⅱ区 M1 东壁右侧侍女 5.西安唐懿德太子墓第三过洞西壁左一持扇女子 6.宝山二号墓寄锦图中的左二女子 7.库伦六号辽墓仙女图中的右一女子 8.河南白沙宋墓 M1 后室西南壁梳妆图中的左一女子

第二节　服饰的民族性

　　服饰的样式和图案往往具有鲜明的民族性。不同民族服饰在面料、裁剪、颜色、纹样、搭配等诸多方面体现不同的风格。服饰的民族性是在某种特定的历史条件下，地理环境、历史观念、深层文化内涵综合作用的结果。服饰的民族特色在古代服饰中表现突出，被视为最有标识性的民族文化符号之一。

　　① 图中的 1、2 摘自《宣化辽墓——1974—1993 年考古发掘报告》，3、4 摘自《宣化下巴里Ⅱ区辽壁画墓考古发掘报告》，5 摘自《中国墓室壁画全集·隋唐五代卷》，6、7 摘自《内蒙古辽代壁画》，8 摘自《中国墓室壁画全集·宋辽金元卷》。

一、辽上京壁画服饰的民族性

辽上京地区壁画服饰具有鲜明的二元性特征，故我们在讨论之初便将材料分成两大系列四小类，即男子契丹服、女子契丹服、男子汉服、女子汉服，这种分类研究本身为探索民族性提供了很好的资料基础。

契丹服在辽上京地区的壁画资料最为集中、最为全面，从建国伊始到被金取代从未间断过，动态的服饰发展过程能够较为客观地反映契丹民族的文化传统和接纳力。在上述契丹服中的九类搭配中，男子髡发是最典型的特征，虽然北方少数民族都有髡发的传统，但髡剃的部位差异很大，短发是契丹男子髡发较早的主流样式，逐渐开始蓄留鬓发，发展出不同的新样式；女子最初多为修剪过的披发，文献也有过契丹未婚女子髡发的记载，这种披发可能就是女子髡发的样式之一，后来有了辫发和髻发，辫发在北方民族中是有传统的，髻发却在中原女子中盛行，双垂髻本为唐代女子所钟爱，辽代的此类发式在前代的基础上进行了独创，有的特意在鬓发处留下一绺自由垂落，有别于中原传统。男子袍服为圆领窄袖筒状，两侧不开气，腰系布帛带，简洁干练，实用保暖；女子袍服为直领窄袖长袍，长度及踝，腰束布帛带大花结，在北方寒冷地区保暖性和遮挡性更好。络缝靴是契丹男子的民族服饰，它是在长期涉草实践中研发出来的，后来成为识别民族性的符号之一。因此，这九类应为契丹传统服饰，其中，A、C、D、F、H类为男子服饰，B、E、I类为女子服饰（图2-1）。

与契丹服在人物数量上比较，汉服要少一些，也能一定程度上反映辽上京地区的人群构成情况，上京地区作为统治腹地，在上层社会中，汉人的人群比重要低一些，或者一部分汉族采纳了契丹服。在上述汉服的八类搭配中，A类服饰使用最为普遍，经常出现在与契丹服装束对峙的布局中，有汉人身份识别的用意，其中交脚幞头使用频次最高；B类服饰以幞头脚的变化为特征，展脚幞头是北宋官服的基本配置，在庆陵东陵出现并附有契丹文题记，应该代表汉官的身份，局脚和翘脚幞头为代表的整套装束可与大同许从赟墓的相应首服、身衣对比，可能同为官服；C 类、E 类、F 类服饰的主体虽然都为汉人，但有不同的背景和倾向，C 类以广袖大袍为特征，属于冠冕衣裳传统汉服的序列，具有仿古倾向，除了在历史题材故事画面中出现外，在现实生活中只出现在仪仗图里不是偶然现象，林沄先生曾将库伦 M1 旗鼓图中的这些着广袖汉袍的人考证为执掌旗鼓的官员——"旗鼓拽剌"，在重要礼仪活动中穿复古礼服；E 类的帽子在北地很难见到，反而在北宋的赤壁赋故事题材中习见，使用者有可能就是北宋的汉人；F 类服饰中能见到对襟的大襦衫，这与北宋女子的褙子装大同小异，这在宝山 M2 历史故事图中出现得比较早，渊源关系有待进一步考证；D 类服饰的要素有唐式软帽、紧身袍服、黑靴，在散乐图中的圆形垫子上翩然起舞，舞蹈概与唐代从西域引进的胡旋舞有关，能深谙此舞者可能还有胡人血统。G 类、H 类是中原女子装束的两大系列，只在个别墓葬中出现频次较高，成为汉人女子身份的标志，与宣化和大同地区作为女子服饰主流的情况有所不同，H 类有唐代女装的余绪，在辽上京壁画中仅用在仙女神话人物身上（图 2-2）。

二、辽中京壁画服饰的民族性

在上述辽中京的八类服饰中，A 类服饰以髡发、前后开气的短袍、络缝靴[①]为主要特征，属于典型的契丹传统服饰，黑帽在寒冷的气候中比较常见，在晚期的库伦辽墓（图 2-3，3）、（图 2-3，4）壁画中习见，鞡与短袍搭配在草地中行走、放牧比较实用、便捷[②]，在长城以南的宣化地区也能成套见到（图 2-3，5）。喇嘛沟辽墓出猎图中的一组人物（图 2-3，1），五人

---

① 《辽史》记载："络缝靴，谓之国服衮冕。"
② 沈括在《梦溪笔谈》中讲到胡服短衣长鞡，皆便于涉草。

全部为契丹装束，所持的络缝靴、弓箭、抱琴、鹰鹘、小鼓，强化了图像的游猎色彩。B类服饰以两侧开气的长袍、乌皮靴为识别性特征，这种长袍的前襟被掖入腰带后的形态是后摆依然完整垂落于脚踝，属于汉服系列。图2-4上下两列不同区域的例证可兹对比，无论是长城以北的库伦（图2-4,7）（图2-4，10）、巴林右旗（图2-4，9）地区，还是长城以南的宣化（图2-4，6）、大同（图2-4，8）地区，汉服的面貌皆大同小异。C类服饰反映了契丹服与汉服的融合，髡发通常是我们识别契丹民族属性的关键点，但是长袍和乌皮靴是汉服的文化元素，故不能简单地将有髡发特征的服饰归类为契丹服，需要做一番细致的甄别，宣化辽墓（图2-5，6）中也有这种融合现象。D类服饰则反映了汉服与契丹服的融合，矮帽很像北宋汉人流行的苏东坡帽，长袍也是汉人的时装，但是靴子呈拱形，更类契丹的络缝靴或长勒靴[①]（图2-6，3），这并不难理解，是汉服吸收契丹服元素所致。E类服饰以长脚黑巾或抹额黑帽和扎布腰带的直领长袍为典型特征，长脚黑巾或抹额黑帽在库伦辽墓壁画（图2-7，4）中以抹额长脚黑帽的形制出现，直领长袍或称为"团衫"，在辽上京地区的女子服饰也很盛行，这种组合是辽中京女装区别于辽南京、辽西京女装的关键之处，巾帽替代髻发、袍服装替代襦裙装成为这一地区女装的常规服饰，使用人群既有契丹人，也有在这一区域生活并接受契丹习俗的汉人、渤海人，甚至库莫奚人[②]。F类服饰很特殊，两侧开胯很高，露出花色内衬，在其他文化圈无完全相同者，从前面看有直领袍服的痕迹，从后面看有北宋褙子的遗韵，此墓的屏风上绘有水墨八哥图，颇有一股新风，可能是南方汉人在当地传统和本地习俗基础上的一种

---

① 图2-5，3并不属于D类服饰，作图放在一起的原因是方便对靴形进行比较，靴勒能观察得更为清晰，通过比较我们觉得搭配汉装的靴形与之非常相似。

② 《辽史》记载中京地区有被俘或掠获的汉人、渤海人。《辽史·地理志三》卷三十九载："武安州，太祖俘汉民居木叶山下，因建城以迁之，号杏堝新城。复以辽西户益之，更曰新州。统和八年改今名"。"兴中府，唐武德初，改营州都督府，……后为奚所据。太祖平奚及俘燕民，将建城。重熙十年升兴中府。"

改良。G类服饰属于仅见的一例襦裙装，这种装束在辽南京、辽西京女装中比较流行，尤其在宣化辽墓壁画（图2-7，8）中比比皆是，可能是从两京交流到此地的汉人而保留了原有的服饰习俗。H类服饰的髻发为长城以南汉人圈女子的常规发式，唐代的绘画中经常出现双侧髻与长袍服的组合图像，唐张萱绘《虢国夫人游春图》（图2-7，11）、唐敦煌壁画乐廷瓌夫人行香图中都有这样的随从侍女形象，这种服饰在个别墓葬出现可能是晚唐传统的余绪。

从各类服饰的构成比重上分析，在男子服饰中，A类、B类的人物个体数量大体相当，A类略多一点，C类、D类为前两类某些服饰因素的吸收与互鉴，数量并不多，比重上C类即契丹服汉化现象略高一些；在女子服饰中，E类是绝对的主流，但数量仅见于3个墓例，原因在于女子形象在整个辽中京壁画墓中出现的频次很低，F类、G类、H类例证比重甚微。壁画人物的服饰风格和比重有助于辨析错综表象中的文化渗透，以七家M1、喇嘛沟辽墓为例，壁画中几乎全部人物服饰，都属于A类男子服饰和E类女子服饰，而这两类正是契丹人的传统服饰，再结合马球、出猎、户外餐饮、引马出行的壁画内容以及有规划的布局原则，均在契丹壁画中能够找到相似者①，从宏观考察按契丹葬制来规划的，从微观细究服饰细节兼具契丹风格，由此推测墓主是接受契丹生活方式很深的汉人或者契丹人的可能性比较大。羊山M2壁画人物的装束大多也是A类契丹装束，驼车、引马出行图均为契丹特有的布局范式，出土墓志显示墓主为汉官刘祜，采用火葬并随葬经文经幢，体现出契丹文化与汉文化的杂糅处理。下湾子M5西壁行叉手礼的侍者装束、髡发的样式在宣化辽墓壁画人物中能见到相似着装者，而及踝的长袍服又是汉服的特点，与众多着汉服者共同起居加速了契丹人的汉化。

---

① 见于陈国公主墓、床金沟M5、库伦等壁画辽墓。

三、辽东京壁画服饰的民族性

在上述辽东京地区的三类服饰中（图2-8），A类服饰的使用主体为契丹人，髡发以保留鬓发为特点，短袍、长袍兼有，靴子较为偏狭；B类服饰的使用主体也是契丹人，髡发在A类的基础上衍生出新样式，同时出现戴垂带巾帽的个体，络缝靴进入视野，成为契丹民族属性的标识，由此可见，A类、B类属于契丹传统服饰，且存在发展演进关系；C类服饰以簪花幞头、广袖大袍为特点，宋时有帽上簪花的礼仪，《东京梦华录》卷九"宰执亲王宗室百官入内上寿"条称："宴退，臣僚皆簪花归私第，呵引从人皆簪花"，卷六有"幞头赐簪花"，"亲从官皆顶毡头大帽，簪花"的记载，吴自牧《梦粱录》卷六"孟冬行朝飨礼遇明禋岁行恭谢礼"条中记载更详："前筵毕，上降辇转玉屏，百官小歇，传宣赐群臣以下簪花，从驾卫士、起居官、把路军士人等，并赐花"，仪仗图中出现的簪花幞头或簇花幞头，可能是采纳吸收了北宋礼仪的某些元素；广袖大袍属于冠冕衣裳传统汉服的序列，具有仿古倾向，呈现出一定的礼仪性，与上京库伦M1对应人物形象的创作用意不无二致。

四、辽西京壁画服饰的民族性

在上述辽西京大同地区的八类服饰中，A类人物服饰所在的整幅画为出行图，从马的特点看，头小、颈长、后大，属于典型的契丹改马品种，额辫和马具的装扮也完全符合契丹人的审美标准，驼车在契丹腹地的壁画中比比皆是，是极富契丹特征的文化符号，所以这幅出行图是汉人聚集区中契丹文化烙印最深的一幅图景，可能是墓主人对现实生活的局部再现或是对契丹化生活方式的一种向往和憧憬。人物服饰也别具一格，短袍为契丹族服饰的典型特征，牵驼人的毡帽在库伦壁画中出现过（图2-9，5），牵马人和托帽人的系带黑巾也在燕山以北地区使用（图 2-9，7、图 2-9，8），而他们的裹腿麻鞋（图 2-9，7）、黑靴（图 2-9，8）并不是大同地区的习见单品，应为契丹服，推测可能是契丹人交流到此地或者契丹化较深的汉地男子。B 类服饰虽然有髡发的典型特征，但多与及地长袍和单鞋搭配使用，而非契丹族的传统短袍，从东风里壁画中可以清晰地观察到这种组合情况，从族属上推测，这些人可能是汉化的契丹人，仅保留了髡发的发式。C 类服饰的特点是长袍广袖且两侧开气，结合叉手礼判断，可能是汉人官服形制的一种。D 类服饰在西京地区非常普遍，也是宣化辽墓中人物男装的主流服饰（图 2-12，4），腰带为看带，环绕两圈形成双带，属于典型的汉式腰带，无脚幞头仔细观察有两根软带，系于幞头前方，简报推测东风里辽墓墓主人是一位具有一定身份及宗教信仰的汉人①，整体应属于典型的汉服系列。E 类服饰中与裹胸长裙搭配的有飘带，发髻也用布带固定，裹胸长裙颇有唐装的遗风，成为大同地区辽早期汉人女装的主流样式②，晚期在朔州墓葬材料中重新见到。F 类服饰中长襦衫过膝，与及踝褶裙错落搭配，腰间扎束花结，这种装束并不多见，既有契丹腹地团衫的样式，又借鉴了北宋典型的襦裙式样，实为一种改良，在宣化地区墓葬群的晚段壁画服饰中能见到相似者（图 2-14，3）；花冠是典型的宋文化因素③，在山西南部的宋墓中经常出现（图 2-16，4），应属于汉服系列。G 类服饰除发式外，短襦衫和褶裙的组合搭配与宣化地区墓葬群的早段壁画服饰（图 2-15，3、图 2-15，4）存在交流，是不同区域汉族人群之间交流的结果。H 类服饰无疑也属于汉服系列，由于褶子是典型的宋

---

① 大同市文物考古研究所：《山西大同东风里辽代壁画墓发掘简报》，《文物》2013 年第 10 期。

② D 类主要出现在许从赟墓、周家店两座壁画墓中，其中许从赟墓是 958 年和 976 年的纪年墓，周家店墓简报推测也是早期墓葬，可以大致推测出这类服饰的流行时间。

③ 孙机在《中国古舆服论丛》中讲道，花冠在宋代作为一种冠饰十分流行，花冠的制作方式有两种：一种直接用鲜花制成，但要受到季节的局限；另一种用假花或精美的花纹装饰而成，因不受时令限制，深受广大妇女喜爱。

文化符号①，具有较强的标识性，所以和中原北宋（图2-16,4）存在着一定的文化交流。

在上述辽西京宣化地区的八类服饰中，A类中的B型开气裙子里的肥筒裤不见于中原传统服饰，却是高句丽传统服饰的重要特征，以点纹为代表，一般为男子服饰②（图2-17,4），使用人群和穿搭方式均发生明显的变化；同时掐褶裙在高句丽壁画所绘的裙子中也比较常见③，其中一种样式的高句丽裙（图2-17,5）褶皱适中，裙下摆无襈，与短襦搭配，与本文探讨的宣化服饰最为接近，推测这两种服饰元素可能来自高句丽服系，然而很可能是与高句丽民族融合的渤海人入辽④、迁徙至归化州汉地带来的服饰元素⑤。B类中的髡髻显然是契丹民族发式，女性有在"婚前髡发，婚后蓄发"的习俗，女性髡发的形象资料在契丹腹地很难见到，而长襦、长裙却不是契丹的传统服饰，与契丹腹地库伦壁画的女装不同，整体偏狭，襦短于裙，飘带扎得很高，长长垂落，而是隋唐以来汉人服饰的文化元素，这种样式的女装在大同地区的辽墓壁画（图2-18,4）、（图2-18,5）中比较流行⑥，推测她们可能是受管辖地大同府地区汉装习染的契丹人，无髡发特征的或许本身就是

---

① 又称背子，《宋史·舆服志》记载"女子在室者冠子、背子"。窄袖背子为宋代妇女在居室中的常服，是一种妇女穿在内衣外面的衫。褙子的特点是直领、对襟、直线形腰身，两边开叉、长度至膝，穿时衣襟敞开、露出衣内的抹胸。褙子按袖口的大小分为广袖褙子和窄袖褙子，广袖为宋代命妇在正式场合所穿的礼服，窄袖为宋代妇女的常服，区别身份等级的是衣服的质地和所装饰的花纹。

② 郑春颖：《高句丽服饰研究》，中国社会科学出版社2015年版，第166页。

③ 郑春颖：《高句丽服饰研究》，中国社会科学出版社2015年版，第114页。

④ 赵永春辑注《奉使辽金行程录》中《王沂公行程录》记载1012年王曾祝贺辽圣宗生日见闻："渤海俗，每岁时聚会作乐，先命善歌舞者数辈前行，士女相随，更相唱和，回旋宛转，号曰'踏锤'"，第27页。

⑤ 归化州与幽州关系密切，路振的《乘轺录》记载幽州城的渤海兵情况："渤海兵，别有营，即辽东之卒也。屯幽州者数千人，并隶元帅府。"

⑥ a.王银田等：《山西大同市辽代军节度使许从赟夫妇壁画墓》，《考古》2015年第8期。b.大同市考古研究所：《山西大同东风里辽代壁画墓发掘简报》，《文物》2013年第10期。

汉人。上述两类裙装普遍穿搭勾脸鞋，为防止长裙拖地妨碍行走，活动范围适用于自家庭院，不适于在草地上行走，在唐代壁画中普遍使用的例证不胜枚举①。C类的短袍和络缝靴是有辨识性的，也就是契丹人最流行的袍服和靴子，属于契丹服系统。"契丹袍是左衽，不开气，下部呈筒状，较短，袍的下边沿过膝，露出靴子，络缝靴底为向上弯曲的拱形，尖头，左右两侧的直缝从靴沿直贯到靴底"②，这些穿着袍靴的人，如M4韩师训墓的门卫、演奏契丹民族乐器者、舞者、驼车之车夫，很可能是大安年间灾荒流入中原富贵人家的契丹人③，也有一小部分可能是倾慕契丹文化的汉人。D类属于典型的汉服系统，或具有汉服因素，长袍很有特点，"汉人男袍为右衽，左侧腰下开气（分叉），袍下部呈前后两片，袍较长，袍的下边往往搭抚鞋面"④，在宋墓壁画夫妇对坐图中的男主人愿意佩戴无脚软帽（图2-20，2），高筒帽在宋代绘画中经常能见到类似者⑤（图2-20,6）。E类的使用主体为儿童，从目前的服饰资料来看，族属的差异没有明显地表现出来，都是髡发、短袍、裤子、单鞋的组合搭配。髡发、短袍更多受到契丹民族服饰的影响，Ⅱ区M1的孝子故事图作为宣扬汉文化的传统题材，其中的儿童从人物关系上分析应是汉人，同样着髡发、短袍装，不同族属的儿童在服饰上的差异甚微，可能是契丹人与汉人长期交融并适合儿童活动的角度选择的结果。F类胡服的特点为不对称，一侧长袖一侧半臂，袒露臀部，与汉人的传统习俗相

---

① 潘晓暾在《由辽墓壁画看辽代契丹人与汉人服饰的融合》一文中列举了3处唐代壁画中的4个使用勾脸鞋的人物形象，其中三位为女子，一位为老翁，通过分析认为辽代汉人的勾脸鞋源自唐代。

② 冯恩学：《辽墓反映的契丹人汉化与汉人契丹化》，《吉林大学社会科学学报》2011年第3期。

③ 冯恩学：《河北宣化辽墓壁画特点》，《北方文物》2001年第1期。

④ 徐苹芳：《宣化辽墓考古剩语》，《宣化辽墓壁画》，文物出版社2001年版。

⑤ 高筒帽应该就是宋代所称的"高装巾子"或"东坡巾"，最早的图像见于描述五代时期的《韩熙载夜宴图》，文献《南唐书拾遗》对韩熙载佩戴的这种形制的帽子有描述，称为"韩君轻格"，且大小形制各异，后北宋人绘东坡像戴了同样的巾帽，后人称之"东坡巾"，有敬重高士之意。

差甚远，高鼻深目，燕尾式长须，可能是在中原经商谋生的入华粟特人或回鹘人；G 类的特点有襦衫扎进高腰裙里、对襟褙子进行无袖改良，包髻搭配角形头饰①等，这些因素的混搭很难从某一地区找到完全相似者，如角形头饰（图 2-23，8）和对襟长袖褙子虽然在北宋壁画墓中习见，但在搭配上又有所不同；襦衫扎进高腰裙和帔帛在北宋女装中难觅踪迹，相反，裙、衫、帔是唐代女装不可缺少的三件必备品②，通过观察唐代壁画的图像（图 2-23，5），我们可以清晰地看到衫扎进高腰裙和帔帛的广泛使用，辽早期的宝山辽墓壁画中的历史人物（图 2-23，6）和辽晚期的库伦六号辽墓壁画中的仙女身上的服饰（图 2-23，7）也有类似的特征③。由此可见，G 类新女装融合了宋代女装和唐代女装的部分特征并加以改良，可能是入辽的宋人或倾慕唐宋汉文化传统的本地人群。

通过每一区域细致的辨析和梳理，我们发现服饰中既有汉人同化契丹人，又有汉族少数人服饰被契丹同化的现象，而材料显示后者的比重更高。如何在服饰上区分契丹人的汉化和汉人的契丹化是一个难题，本文的主要依据是壁画人物的族属背景和典型服饰辨析，以羊山 M2 和宣化 M4 为例，墓志显示是汉人，场景中习见的整套契丹服就是汉人契丹化的再现，这种情况和契丹化的比重在辽中京地区尤为突出。发式自古以来是一种民族或身份的标识，髡发、髡鬓、双垂鬓、辫发、黑帽为契丹服的典型发式，幞头、髻发、高檐帽为汉服的典型发式，大同东风里辽墓出现 2 例髡发人物，除发式外都属汉服，我们认为是契丹人的汉化现象，这种情况的比重并不是很高。

---

① 角形头饰在宣化辽墓壁画中出现频次较高，能准确辨识的有 5 例。
② 孙机:《中国古舆服论丛》，上海古籍出版社 2013 年版，第 219 页。
③ 孙建华:《内蒙古辽代壁画》，文物出版社 2009 年版。

第三节　服饰的等级性

服饰的等级性是指古代社会用服饰的款式、面料、图案、花纹区分尊卑贵贱，标示身份地位。服饰诞生之初，穿衣追求实用性，出于遮羞、保暖、美化、修饰的目的，随着社会生产力的发展，社会群体日益分化，服饰的社会职能日益突凸显，其中最主要的一个方面是用服饰来标示人们的身份地位。传说早在黄帝轩辕氏时期服饰的等级性已经显示，之后历朝历代规定逐渐严密，服饰最终成为"统治阶级严内外、别亲疏、昭名分、辨贵贱的政治工具"①。

一、辽上京壁画服饰的等级性

封闭的壁画空间内展示的服饰等级系统，若不是以王公将相、圣人先贤等历史人物为题材的特殊情况，通常以墓主人及夫人的服饰规格为第一等级，其次以墓主人的下属官吏、亲属妻妾为第二等级，再次以为墓主人日常生活服务的侍者、奴仆为第三等级②。需要指出的是，墓主人的身份和地位直接影响到墓室内三个等级的整体规格和等级层级。

壁画空间内的三个等级在辽上京地区辽墓中均有一定的体现。在契丹服的九大分类中（图2-1），A类、B类服饰的使用主体为恭敬站立随时等待主人召唤的侍从，应该归于第三等级，只是宝山M1、宝山M2墓主人身份是契丹国皇族，吐尔基山墓主人也是契丹大贵族，作为服侍他们生活的侍者，其等级要高于一般贵族墓葬；C类、D类、E类服饰的使用主体都是保卫主人安全或为主人提供服务的侍卫或侍从，也属于第三等级，但内部存在

---

① 庄华峰等：《中国社会生活史》，合肥工业大学出版社2004年版，第82页。

② 郑春颖：《高句丽服饰研究》，中国社会科学出版社2015年版。

一定的差异，墓主人有的属于帝陵陪葬墓中的皇族成员，剩余几例身份明确，陈国公主是辽圣宗兄弟的女儿，韩匡嗣是功绩显赫的归辽汉官，罕大坝辽墓墓主人是一位回纥使者，地位最低；F类、G类服饰的使用主体主要涉及滴水壶辽墓，该墓是一座单室八角形石棺火葬墓，对于主人的身份推测曾出现分歧①，冯恩学先生发专文认为佛教徒更为合理②，此墓涉及仪仗图，一般认为，同一墓葬中其他着同类服饰且执掌仪仗用具的人的等级可能会高于一般侍者，但同属于第三等级；H类、I类服饰的使用主体出现墓主人，库伦M1中出行图中有中心人物，左起第二人傲然而立，周围有侍者躬身小心侍奉，应为墓主人，驼车前一女子在镜前整理妆容，侍女持镜服侍，准备乘车，应为夫人或妻妾，属于第一等级或第二等级；库伦M6、M7有人认为有墓主人出现，经研究此说难以立论③，其余人物形象属于服侍主人的第三等级。

在汉服的八大分类中（图2-2），A类服饰使用比较普遍，大型墓葬、中小型墓葬中都在使用，均为侍从，属于第三等级，出现大型墓葬和仪仗图的侍者等级略高一些；B类服饰的使用主体均为行叉手礼的人，庆陵东陵一般认为是官员身份，有契丹文题记，浩特花M1规模虽低于东陵，但从双室的营造规模看也属于大型墓葬，墓主人身份尊贵，壁画中反复出现的着装特殊者很可能是主人的下属官吏，应属于第二等级；C类服饰的使用主体为仪仗图或历史故事图中的人物，很可能是执掌仪仗的官员，穿戴广袖大袍的传统汉服，来彰显与众不同的特殊身份，与历史故事图中人物刻画的用意大致相同，可以归入第二等级；D类服饰的使用者为散乐图中的舞者，等级很低，属于第三等级；E类、F类服饰的使用者有牵马人、持伞人、侍女、历史人物，能接触到北宋服饰的流行要素，在第三等级中身份略高；G类服饰属于襦裙

---

① 简报推断墓主人是一位经常跟随皇帝巡幸的近臣。
② 冯恩学：《对滴水壶辽墓壁画之商榷》，《文物春秋》2001年第6期。
③ 冯恩学：《内蒙库伦六、七号辽墓壁画的人物身份》，《北方文物》1999年第3期。

装，在契丹服为主体的图像中格外显眼，标识不同的人群身份，作为服侍者应属于第三等级；H 类服饰的使用者等级最高，多数不是凡人，超越墓室内的三大等级，宝山 M1 的历史故事以汉武帝接见西王母为题材，西王母在众仙女的随从下从天而降，无疑是以仙人的身份出现在壁画中，库伦 M6 墓门门额上的五位奏乐女子，不同学者持不同的观点①，冯先生仔细辨识了服饰细节，结合其他图像考证得出"库伦六号墓舞乐图中女子皆是仙女，该图是仙女舞乐图，其用意当与陈国公主墓前室上半部画祥云飞鹤图相同，表示主人生活在天国仙境之中"的结论。

二、辽中京壁画服饰的等级性

壁画空间内的三个等级在辽中京地区辽墓中均有一定的体现。A 类服饰的使用主体有侍者、门吏、骑士、打马球者、仪仗人员、出猎人、牵马者、主厨，多为墓主人日常生活服务的侍者，为第三等级，有研究认为辽代旗鼓的多少可能是主人身份高低的判断标准之一，鸽子洞辽墓仪仗图的配置应为五旗五鼓，墓主人为萧氏显贵②，旗鼓手的等级相对要高一些，甚至可能是执掌旗鼓的官员——"旗鼓拽剌"③，此外，狩猎、打马球不是普通契丹人的活动项目，骑士、打马球者可能是墓主人的下属官吏或一般贵族，此类为第二等级。B 类服饰的使用主体有墓主人、乐师、仪仗人员、侍者、史官，其中墓主人为第一等级，如羊山 M1 墓主人应属中高级官吏及其亲属④；同一

①　郑隆认为是"迎接宾客的欢乐场面……为主人归来的欢乐而载歌载舞，他们大都是被契丹贵族们用各种手段强掠来的或者是族诛者，也是长年被奴役和摧残的奴隶"；金申则认为这幅图是宋辽时期流行的散乐图，其"表演的乐舞当为宗教内容"。

②　简报根据石刻残文推测是萧思温之子，吴敬在《从墓葬壁画看辽代契丹仪仗》中持相同观点。

③　林沄：《辽墓壁画研究两则》，《林沄学术文集》，中国大百科全书出版社 1998 年版，第 424—431 页。

④　刘未：《辽代墓葬的考古学研究》，科学出版社 2016 年版，第 84 页。

墓葬中其他着同类服饰且执掌仪仗用具的人的等级可能会高于一般侍者，羊山 M1 仪仗图中的伞不是遮风挡雨之物，伞作为基本要素能够显示墓主人的身份，水罐不是普通的取水器，是和契丹人生活在地广人稀的草原以及旅途遥远的游牧生活相适应并逐步发展起来的仪仗用具，在出行中携带属于实用具但兼有仪仗之用[①]；C 类服饰的使用主体为备食者、备饮者、乐师、侍卫，为墓主人生活服务的等级普遍不高，多为第三等级，羊山 M3 墓门两侧的侍卫佩带骨朵和剑，目前所见凡绘有扛剑仪仗的墓葬墓主人身份均较高，剑是目前所见辽代契丹仪仗中最明显的大贵族身份象征物之一[②]，等级要高于第三等级。D 类服饰的使用主体为不同场合的侍者，为第三等级。E 类、F 类服饰的使用主体均为侍女，应为第三等级。G 类服饰的使用主体可能是要乘驼车的妻妾或身份较高的侍女。H 类服饰墓主的葬制规格都比较高，其中耿延毅是辽代归辽汉官中的大姓，地位不同寻常，作为服侍的侍女虽属于第三阶层，但整体地位要略高。综上分析，B 类汉服中的墓主人地位最高，墓志资料显示墓主人多为归辽汉官，契丹服饰和融合服饰为代表的契丹人、汉人地位较低，甚至直接选用契丹人服侍自己。

三、辽东京壁画服饰的等级性

壁画空间内的三个等级在辽东京地区墓葬中也有所体现。A 类、B 类服饰在时间上存在演进关系，其使用者没有特别区分，有牵马人、侍卫、骑马人、侍从，其中骑马人和牵马人可能有存在细微的差别，均为主人生活服务的侍者，属于第三等级；C 类服饰的使用主体为仪仗人员，穿广袖大袍的汉

---

① 吴敬：《从墓葬壁画看辽代契丹仪仗》，《边疆考古研究》（第 4 辑），科学出版社 2006 年版，第 243 页。

② 吴敬：《从墓葬壁画看辽代契丹仪仗》，《边疆考古研究》（第 4 辑），科学出版社 2006 年版，第 243 页。

服衣裳，在等级上应有特殊的考虑，如果设有执掌仪仗的官职，这种仿古礼服就是一种特殊的官服，等级可能达到第二等级（图 2-8）。

四、辽西京壁画服饰的等级性

壁画空间内的三个等级在大同地区辽墓中均有所体现。严格地讲，东风里辽墓中的鎏金铜压印上和墓主人彩绘石雕上的人物服饰不属于壁画服饰的研究内容，由于隐去墓主人被认为是大同辽墓的重要特征[1]，我们暂且无法获取墓主人的服饰资料，故将参照墓主人石雕所着服饰认为 D 类男服中的一部分服饰等级较高，为墓主人所在的第一等级，该墓墓主人使用了真容偶像葬俗，据研究"真容偶像为在一定层面或达到一定境界才能享用，契丹人不用此法"[2]；剩余部分服饰在同墓壁画中有不同的分工，职业为侍者或门卫，大概为服侍墓主人的第三等级；据研究 C 类男服的使用群体为侍官[3]，属于墓主人下属官吏的第二等级，许从赟墓和周家店墓中的人物普遍行叉手礼，据研究叉手礼有两种功能，其中一种"属于从宗族制度、贵贱等级关系中衍生而来的尊卑之礼，主要体现上级与下级、主人与仆人之间的层级关系"[4]，这种人与人的见面礼本身体现了施礼者身份的尊卑，图像虽然固化了叉手礼的动态瞬间，但是这种社交礼仪在实施过程中应该有等级地位的细节规范，再参照墓主人许从赟的官爵，"官至上将军兼御史大夫，食邑三百户"，三位主体人物的帽子、袍服、鞋子的组合为标配，鞋子疑为罕见的侧开口的定制样式，身份不一般；D 类男服中一小部分展脚的特征疑似官帽，

---

① 王银田：《大同辽代壁画墓刍议》，《北方文物》1994 年第 2 期。

② 张家口市宣化区文物保管所：《宣化下八里Ⅱ区辽壁画墓考古发掘报告》，文物出版社 2008 年版。

③ 简报将此类人物定名为侍官，参见王银田、解廷琦、周雪松：《山西大同市辽代军节度使许从赟夫妇壁画墓》，《考古》2005 年第 8 期。

④ 黄剑波：《"叉手"礼图像考》，《南京艺术学院学报（美术与设计版）》2014 年第 4 期。

身份可能是下属侍官；第三等级的使用群体最为普遍，劳动分工使得内部存在些许差异，如 A 类男服、E 类女服、F 类女服、H 类女服的使用人群与墓主人的关系更为密切，等级较高，A 类男服的使用者为出行图的参与者，马后站立的侍从手里托着一项笠帽，形制与河北宣化张世卿辽墓和内蒙古库伦 7 号墓出土者极为相似，被认为是契丹官帽，持帽者更受主人的器重，E 类全部是燃灯女子，这一特定群体为辅助墓主人诵经而存在，种种史料显示佛事活动在辽代汉人的日常生活中占有很大比重，故这一夜间工作人员的选用是要慎重考虑的，F 类、H 类中出现花冠、褙子等新颖的服饰元素，且数量极少，正是借助于与墓主人的特殊关系，北宋主流女服才会出现在贴身侍女的身上，社会地位应高于一般从事劳作的侍女。除此之外，B 类男服、G 类女服的使用者为从事普通劳作的侍者，有的甚至出现"牛哥""大喜子"的题记，等级较低。

壁画空间内的三个等级在宣化地区辽墓中也有所体现。按照上述的分类标准，我们认为 A 类、C 类、E 类、F 类整体等级较低，多为服侍墓主人的侍婢，应归为第三等级，内部也存在等级差异，郑绍宗先生将宣化辽墓壁画中的侍婢分为两类：一种为地位比较低下的女侍，属于仆役；另一种为男主人的贴身女婢或小妾，属于婢妾①，这种按照亲疏关系的等级划分是合乎情理的，侍婢中的燃灯女子、启门女子显然与主人的关系更为亲密，应该属于同等级中地位较高者甚至高于第三等级，另外从启门图的历史渊源和重要意义也能管窥一二，启门图在汉代艺术形象中就已经出现，巫鸿先生将其解读为"扶门的人跨越两界，是对生死之际的生动表现"②，这个人物形象的选用应该在等级上是有考虑的；B 类等级较高，一位女子的髽髻在整个辽代女子发式的形象资料中都极为罕见，女子髽发只在文献中有粗略的记

---

① 河北省文物研究所：《宣化辽墓壁画》，文物出版社 2001 年版，第 123—125 页。

② 巫鸿：《武梁祠：中国古代画像艺术的思想性》，生活·读书·新知三联书店 2015 年版。

载，另外一位女子透过她呵斥下属的神情，能够感受到等级的差异，推测应属于第二等级的婢妾级别，韩师训的女主人应属于第一等级；D 类等级富有变化，既有侍者、门吏、乐人、舞者，又有墓主人以及贴身侍卫，这种服饰的使用范围比较广泛，三种等级兼有，跨度较宽；G 类等级较高，为女主人或贴身女婢，属于第一等级和第二等级，作为最时髦的吸收唐宋女装元素并创新的新式汉装，她们最有可能第一时间试穿，以彰显其身份和地位。

　　实际上，宣化辽墓壁画中各类服装反映的是着衣者民族属性的不同，各类服装等级的不同可看作在该墓地中各民族地位的差异。有趣的是，地位最高的是以 B 类服装为代表的汉化契丹人或汉人和以 G 类为代表的入辽宋人或者受汉文化影响的女性群体，以 D 类为代表的汉人则地位各有不同，而其他类服饰代表的渤海人、契丹人、胡人等地位最为低下。这种现象，与我们初步的认知有所差别，因为幽云十六州作为辽朝的统治区域，理论上契丹人的地位应独一无二，可从服饰反映的民族地位来看，该地区部分汉人地位并不比契丹人低。这从侧面反映了辽朝统治理念的先进及包容性，即不以民族划分人的等级，而是以文化水平、管理能力或者财富等其他标准区分人与人的不同。

第三章

辽代服饰的时空变迁

　　服饰不是一成不变的物品，而是社会动态的晴雨表。政治变迁、经济发展、军事征战、民族交往、自然环境、生活习俗、审美情趣等多种因素都可能对服饰产生影响，使其在式样、搭配、质地、颜色、图案等多方面引发较大的变化。本文拟在辽墓，尤其是辽壁画墓分期编年研究的基础上，探讨该地区服饰发展演变历程中的阶段性差异。

第一节　辽墓分期研究成果回顾与年代判定

　　关于辽代墓葬分期的学术史动态，以王秋华、杨晶、徐苹芳、李逸友、冯恩学、董新林以及刘未的论著最有代表性①，下面依据发表年代顺序将诸家观点补充汇集如下。

　　整体看来，辽代墓葬分期与编年研究成果可归为两类：

　　第一类　三期说。以王秋华、杨晶、徐苹芳、李逸友、冯恩学等早年研究成果为代表，三期说建立在墓葬考古资料还不是十分充裕的前提下。从表中可以看出，王秋华、杨晶、李逸友的分期意见相同，以983年和1055

---

　　①　王秋华：《辽代墓葬分区与分期的初探》，《辽宁大学学报(哲社版)》1982年第3期；杨晶：《辽墓初探》，《北方文物》1985年第4期；徐苹芳：《辽代墓葬》，《中国大百科全书·考古卷》，中国大百科全书出版社1986年版；李逸友：《略论辽代契丹与汉人墓葬的特征和分期》，《中国考古学会第六次年会论文集》，文物出版社1990年版；冯恩学：《辽墓初探》，吉林大学考古学系博士学位论文，1995年；刘未：《辽代墓葬的考古学研究》，科学出版社2016年版。

表 3-1　辽代墓葬分期意见对比

（单位：年）

学者及墓类	太祖—太宗前期	太宗后期—穆宗	景宗	圣宗前期	圣宗后期	兴宗	道宗	天祚帝
年限时期	916—938	938—969	969—983	983—1012	1012—1031	1031—1055	1055—1101	1101—1125
王秋华		早期			中期		晚期	晚期
杨晶		早期			中期		晚期	晚期
徐苹芳			早期			中期	晚期	晚期
李逸友			早期		中期		晚期	晚期
冯恩学	早期1段	早期2段	中期3段		中期4段	中期5段	晚期6段	晚期7段
董新林	第一期	第二期		第三期			第四期	
刘未 契丹大墓	第一期	第二期		第三期			第四期	
刘未 契丹小墓	第一期		第二期				第三期	
刘未 汉人墓			第一期A段			第一期B段	第二期A段	第二期B段

说明：在刘未《辽代墓葬的考古学研究》析出表格的基础上修改而成。

年为界，将辽代墓葬整体分成三期，这是以当年积累的墓葬形制整体变化和随葬典型陶瓷器阶段性变化为基础，参照辽代历史发展的阶段性得出的结论。徐苹芳的分期观点比较特殊，在三期中将兴宗时期作为中期单独划出，主要是考虑到辽代前后期墓葬特征在此时显现出承上启下的过渡性特征，这种在历史文献记述的发展脉络中强调墓葬本身信息的独立性，在当时具有启发意义。冯恩学的分期结果是三期7段，首先将早中期的断界从圣宗继位的983年调整至景宗继位的969年，把景宗时代划入中期，然后将各期继续细化，这一结论建立在对多种陶器仔细的类型学排比之上，较前人的分类更加细致，更加系统，从墓葬编年研究的角度讲，无疑奠定了扎实的基础。

第二类 四期说。以董新林和刘未近年来的研究成果为代表，四期说建立在墓葬考古资料不断增加、日益丰富的前提之下。从表中可以看出，董新林的分期结果是将上述主流三期说中的早期一分为二，以947年为断界分成两期，这一结论是注意到墓葬形制和典型陶器面貌前后不尽相同，具有积极的探索意义。刘未的分期结果因墓类而异，他认为辽代契丹墓葬与汉人墓葬、契丹大型墓葬与中小型墓葬存在着不同的发展脉络，可各自划分发展阶段，契丹大型墓葬划分四个发展阶段：10世纪早期、10世纪中期、10世纪晚期至11世纪早中期、11世纪中期至12世纪早期，契丹中小型墓葬坚持第一类以王秋华为代表的三期说，汉人墓以11世纪中期为断界，分成前后两个大的发展阶段，再以世纪之交为界细化为四个小段，这一结论是建立在辽墓因民族和社会阶层的不同而呈现出不尽相同的发展阶段性认识之上的，考虑到辽代社会文化的复杂性，不失为一种严谨的、客观的分析视角，耐人深思。

壁画墓是辽代墓葬最有特色的内容之一，壁画墓的分期能够涵盖到辽墓分期研究的总体框架中，壁画墓的分期、编年与本章研究内容关系最为密切。前文讨论的人物服饰形象多来自墓葬，主要见于壁画、出土俑像及彩棺，故探讨服饰分期的前提就是搞清楚所涉及墓葬的编年，即年代关系。这些壁画墓中的一部分出土了年代确切的墓志或有纪年识别特征的遗物，如题记或钱币，这些绝对年代为研究服饰的分期提供了可靠的依据；另外一部分墓葬没有出土纪年物证，但考古学家和学者会在简报或研究成果中根据葬制、典型器物的特征，分析判断墓葬的相对年代，随着研究的不断精进，这种认识在不断地被完善和修正。在分期研究上，本文采纳了董新林先生的四期说①，为方便对照按地区制成表格。

表 3-2 辽上京地区壁画墓年代

墓葬名称	纪年	契丹服组合	汉服组合	年代判断依据
宝山 M1	923 年	A 类男服 B 类女服	A 类男服、C 类男服、H 类女服	"天赞二年"墨书题记
宝山 M2	略晚于 923 年	A 类男服 B 类男服	F 类女服 H 类女服	简报根据位置关系、性别推测
吐尔基山墓	第一期	A 类男服	无	简报及相关研究论文推测
床金沟 M5	第二期—第三期	C 类男服	A 类男服	简报根据圆形墓室、金箔工艺、白瓷题款判断
韩匡嗣墓	985—993 年	E 类女服 F 类女服	无	出土墓志
罕匢坝墓	1005 年	D 类男服 E 类女服	A 类男服、G 类女服	残墓志记载
陈国公主墓	1018 年	D 类男服 E 类女服	无	出土墓志

---

① 董新林：《辽代墓葬形制与分期略论》，《考古》2004 年第 8 期。文中的分期：第一期：太祖、太宗阶段（907—947 年）；第二期：世宗、穆宗、景宗阶段（947—983 年）；第三期：圣宗、兴宗阶段（983—1055 年）；第四期：道宗、天祚帝阶段（1055—1125 年）。

续表

墓葬名称	纪年	契丹服组合	汉服组合	年代判断依据
浩特花 M1	第三期圣宗时期	E 类女服	B 类男服 D 类男服	简报根据陶瓷器、建筑、壁画风格综合判断
滴水壶辽墓	第三期以后	F 类男服 G 类女服	A 类男服 E 类男服	简报根据墓葬形制、壁画风格推测
库伦 M4	第三期兴宗时期	H 类男服	无	出土钱币
库伦 M1	第四期道宗时期	H 类男服 I 类女服	C 类男服	出土"大康六年"（1080）铜钱
库伦 M7	第四期	H 类男服	A 类男服	简报根据仿定窑白瓷、墓地布局判断稍晚于库伦 M1
库伦 M2	第四期	H 类男服 I 类女服	无	简报认为比库伦 M1 晚
库伦 M6	第四期	H 类男服	A 类男服、H 类女服	简报推测
耶律弘世	第四期	H 类男服	无	属于庆陵陪葬墓

表 3-3　辽中京地区壁画墓年代

墓葬名称	纪年	服饰组合	年代判断依据
敖汉旗娘娘墓	第三期以前	A 类男服	方形砖室墓
北票季杖子辽墓	第三期（1008年—兴宗时期）	A 类男服 H 类女服	出土宋真宗祥符通宝（1018—1016），简报综合判断
耿延毅夫妇墓	1020 年	H 类女服	出土墓志
七家 M1	第三期	A 类男服	马球图的出现应在兴宗重熙十年"禁五京吏民击球"之前
七家 M2	第三期	A 类男服 E 类女服	简报根据墓葬位置和形制判断
下湾子 M5	第三期	C 类男服	简报根据六角形墓室推测
鸽子洞辽墓	第三期到第四期	A 类男服 E 类女服	墓志残，简报根据墓葬形制推测
下湾子 M1	第三期到第四期	B 类男服 F 类女服	简报认为八角形墓室晚于下湾子 M5

墓葬名称	纪年	服饰组合	年代判断依据
白塔子辽墓	大康七年1079年	A类男服	出土"大康七年四月十三日甲时建"经幢
喇嘛沟辽墓	第四期	A类女服 E类男服	简报推测
羊山M1	第四期	A类男服 B类男服	简报认为早于羊山M2，刘未认为11世纪晚期
羊山M2	寿昌五年（1099）	A类男服	出土刘祜墓志
羊山M3	第四期	B类男服	简报认为晚于寿昌年间

表3-4　辽东京地区壁画墓年代

墓葬名称	纪年	服饰组合	年代判断依据
关山M4萧和墓	重熙十四年1045年，初葬时间应在1021年左右	A类男服	采自简报结论
关山M3萧知行墓	咸雍四年（1068）	B类男服	出土墓志
关山M5	辽圣宗统和、开泰年间	A类男服	简报根据青瓷器的烧制年代判断
关山M8萧德让墓	大康二年（1076）	B类男服	出土墓志
关山M9萧知微墓	咸雍五年（1069）	B类男服	出土墓志
法库叶茂台M16萧义墓	1112年	B类男服	出土墓志
叶茂台M7	第二期	B类男服	简报综合判断

表3-5　辽西京地区壁画墓年代

墓葬名称	纪年	服饰组合	年代判断依据
大同机车厂辽墓	第一期	B类男服 E类女服	简报根据墓葬形制和喇叭形器的流行时期判断
五法村辽墓	第一期	A类男服 B类男服	笔者根据壁画风格、服饰特点判断
大同东风里辽墓	第四期	B类男服 D类男服 F类女服	简报根据壁画特点和真容偶像判断

墓葬名称	纪年	服饰组合	年代判断依据
大同许从赟墓	辽景宗乾亨四年（982）	C类男服 E类女服	出土墓志
大同周家店墓	第二期	C类男服 E类女服 H类女服	简报根据建筑风格判断
大同西环路 M1	第四期	B类男服 G类女服	简报推测
大同新添堡村 M29	天庆九年（1119）	G类女服	出土"故彭城刘公墓志"
大同卧虎湾 2 号墓	第四期	D类男服 G类女服	简报推测
大同十里铺 M27	第四期	G类女服	简报推测
大同十里铺 M28	第四期	A类男服 G类女服	简报推测
宣化 M10 张匡正墓	大安九年（1093）	A类女服 C类男服 D类男服 E类童服 F类男服	墓志记载张匡正于道宗大安九年改葬于此
宣化 M7 张文藻墓	大安九年（1093）	A类女服 D类男服 E类童服	墓志记载张文藻于道宗大安九年改葬于此
宣化 M3 张世本墓	大安九年（1093）	A类女服 F类男服	墓志记载张世本于辽道宗大安九年（1093）入葬，妻焦氏于金皇统三年（1143）合葬
宣化 M6	第四期	A类女服 C类男服 E类童服 F类男服	无墓志
宣化 M9	第四期	A类女服 C类男服	无墓志，简报根据位置推测早于宣化 M7

墓葬名称	纪年	服饰组合	年代判断依据
宣化 M4 韩实训墓	天庆元年（1111）	B 类女服 C 类男服 D 类男服 G 类女服	墓志记载葬于天庆元年（1111）
宣化 M1 张世卿墓	辽天庆六年（1116）	D 类男服	张世卿卒于 1116 年
宣化 M5 张世古墓	天庆七年（1117）	B 类女服	张世古卒于乾统八年（1108），合葬于天庆七年（1117）
宣化 II 区 M1	第四期	A 类女服 E 类童服 G 类女服	无墓志，简报根据位置关系推测略晚于 M2
宣化 II 区 M2	第四期	C 类男服 D 类男服	无墓志，简报推测

表 3-6　辽南京地区壁画墓年代

墓葬名称	纪年	年代判断依据
北京韩佚墓	第三期辽统和十三年和二十九年	出土墓志
大兴区青云店 M1	第二期	简报判断

第二节　服饰的分区与分期

关于辽代墓葬的分区研究，学界有不同的观点，本质上来看还是以长城为界做的南北划分，本课题通过分区域辨识服饰材料，觉得将壁画墓分成南、北两大区域来讨论是比较合适的，再将北区按照壁画墓中契丹人装束与汉人装束的集中程度，分成两小区，上京和东京地区契丹人装束密集，设定为北区 A，中京地区汉人装束集中，设定为北区 B；南区即长城以南地区，是指辽代西京道和南京道中以后晋所纳燕云十六州为核心的地域范围，现有考古资料情况更为简洁，大同地区设定为南区 A，宣化地区设定为南区 B。

一、北区服饰分期

契丹服的分期演变在辽上京壁画墓（属北区 A）中有着比较清晰的脉络。

从表 3-2 中看出，A 类在第一期、第二期中非常流行，宝山 M1 有 923 年的明确纪年，B 类仅在第一期中存在，C 类在第二期到第三期中流行，即床金沟 M5 的相对年代，D 类在第三期普遍盛行，最早的是 1005 年罕大坝墓，最晚的是 1018 年的陈国公主墓，风靡 13 年，E 类广泛流行于第三期的圣宗时代，能准确确定的最早例证当属 985 年至 993 年的韩匡嗣墓，F 类作为一种新的服饰，流行于第三期，最早的还是在韩匡嗣墓闪现，晚段的滴水壶辽墓以后就颇为盛行，G 类仅在第三期晚段的滴水壶辽墓存在，H 类在第三期晚段和第四期相当盛行，最早的是库伦 M4，从出土钱币判断大约是兴宗时期，持续时间较长，I 类在第四期流行，最早的是库伦 M1，从钱币看约为道宗时期，持续时间较短。

A 类、C 类、D 类为男子服饰的第一序列，除 A I 式袍保持不变之外，其余要素均经历了演变。髡发一部分呈现出短发鬓角逐渐加长且修剪成细绺的端倪，另一部分察觉有短发下端局部蓄发的迹象，裤的裤脚从收口逐渐加宽成筒裤，可能最早使用了连裤袜"吊敦"的缘故，鞋全部使用包脚面的低帮鞋，样式有所变化，给人以从厚重到轻便的视觉感受。从分期上看，这三类服饰恰好与辽墓的一、二、三期基本对应，体现出建国以来至辽圣宗中期男子服饰的演进，A I 式袍作为一种及膝短袍，是这一时期服饰统一不变的核心要素，髡发不髡净，穿鞋不着靴，亦是这一时期的特点。

B 类、E 类为女子服饰的第一序列，B I 式袍、B 型低帮鞋保持不变，只有发式发生了变化。宋人文献记载"其良家仕族女子皆髡首，许嫁时方留发"[①]，契丹女子的髡发从头顶髡短下端蓄发形成披发的效果，逐渐将散落的

---

① （宋）庄绰《鸡肋编》记载了契丹未成年女子的髡发习俗和出嫁女子的蓄发习俗。

头发辫发盘扎，再到留一绺鬓发垂落的双垂髻。从分期上看，这两类服饰与辽墓的一、三期基本对应，虽然缺少第二期的过渡材料，但仍能折射出建国初期和辽圣宗中兴时代女子服饰面貌的异同，ＢⅠ式袍作为一种交领扎带长袍，始终引领着服饰的潮流，不管发式如何变化，这一核心要素始终不变，辫发盘扎和双垂髻是第三期出现的新特征。

Ｆ类、Ｈ类作为男子服饰的第二序列，与第一序列相比较，各典型要素均经历了一次脱胎换骨的大演进。髡发变革为全新的样式，巾帽开始佩戴并得到推广，至腿肚的长袍出现，络缝靴开始进入契丹服的视野。从分期上看，这两类服饰与辽墓的三、四期基本对应，体现出辽圣宗初期至辽末男子服饰的变革和演变，ＡⅡ式袍替代了ＡⅠ式袍，成为这一时期的主流服饰，髡发与巾帽交替出现，络缝靴开始成为契丹服新的识别性特征，国俗文化成分在不断调整和发展。

Ｇ类和Ｉ类作为女子服饰的第二序列，与第一序列相比较，各要素的变化不是很大。髡发仅见一例，在髡剃蓄发的基础上又有新的变化，除鬓发垂落外，余发在头顶扎成马尾，暂称髡髻，巾帽出现且伴有额带，出现帽体材质轮廓化的趋势，虽然ＢⅡ式袍取代了ＢⅠ式袍，基本款式没有变化，只是宽度和长度略有增加，鞋子几乎看不到了。从分期上看，这两类服饰与辽墓的四期基本对应，体现出辽兴宗晚期至辽末女子服饰的面貌，交领长袍继续引领契丹服的潮流，额带、黑帽逐渐替代了其他发式，在这一时期的契丹服领域占有一席之地。

东京地区同为契丹人群的聚集地，再现其装束的壁画墓多为纪年墓，见表3—4。Ａ类为第三期的典型契丹服，关山 M5 根据青瓷器的烧造年代判断为圣宗时期的墓葬，关山 M4 为 1045 年的萧萧和墓，髡发已经演进为变革后的新样式，长短袍兼有，短袍是早中期契丹服的样式，这里出现了混用的局面，靴的形制特殊，络缝靴还未流行起来，比上京腹地要滞后一些；Ｂ类为第四期的契丹服，与Ａ类存在演进关系，关山 M8 为 1076 年的萧德让墓，叶茂台 M16 为 1112 年的北府宰相萧义墓，上京地区的主流髡发在此依然流行，个别增加了颅后发，巾帽出现，短袍消失，只剩至腿肚的长袍，络缝靴流行起来，依稀还能看到连裤袜的痕迹，整体与上京腹地契丹服的演进规律是一致的，只是个别要素的推广要略微滞后。

综上所述，第一期为契丹服的初创阶段，第二期为契丹服的发展阶段，第三期为契丹服的定型阶段，第四期为契丹服的稳定成熟阶段。

从北区 A 得出的关于契丹服的认识同样适用于北区 B。北区 B 的壁画墓都集中在第三期和第四期，缺少第一期和第二期的材料（表 3-3），故契丹服初创阶段和发展阶段的早期特征在这一分区中无法体现。上文论述北区 A 的研究结果是第三期在服饰上处于变革和定型时期，男服革新髡发的样式，与巾帽交替出现，至腿肚的长袍出现，络缝靴开始成为契丹服新的识别性特征。在北区 B 辽中京壁画服饰分组中，A 类属于典型的契丹男服，季杖子辽墓出土宋真宗祥符通宝，为墓葬提供了时代的上限即 1018 年，七家墓地、鸽子洞辽墓根据墓葬形制判断为第三期，羊山 M2 有明确纪年 1099 年，其余羊山 M1、喇嘛沟辽墓据推测为第四期，无论是室内或室外，髡发与巾帽并存，袍至腿肚，腰扎布帛带，脚蹬络缝靴，喇嘛沟墓中的侍从怀抱主人的络缝靴，等待主人起床侍奉，使我们清晰地观测到这种靴子的靿高，大约在膝盖以下。认清契丹服的典型特征之后，判断 C 类的归属就容易多了，C 类中富含契丹服的因子，比如髡发、巾帽属于典型的契丹服要素，然而袍和靴的辨别需要费一番周折，仔细观察，我们会发现袍子很长，能到达脚踝，这在契丹服中是少见的，而且靴子偏狭甚至翘尖，这和筒状的络缝靴存在一定的差异，由此可见，C 类是契丹服的异种，保留契丹服部分要素之上的某种变异，实际上是与汉服融合汉化的表现，从时间上看，下湾子 M5 根据墓室形制推测为第三期，羊山墓地为第四期，说明这种汉化在这一地区悄然发生着。女服中额带、黑帽逐渐替代了其他发式，交领长袍引领契丹服的潮流，双垂髻是第三期出现的新特征，这些都是前文北区 A 得出的认识。在北区 B 辽中京壁画服饰分组中，E 类属于典型的契丹女服，第三期和第四期的材料均有，H 类流行于第三期，1020 年的耿延毅墓的主流服饰，双垂髻印证了北区 A 得出的研究成果，即属于契丹服中第三期出现的新特征。

汉服的分期演变需要以北区 B 为切入点，这里是归辽汉官的聚集地。这一区域的男服头戴结带巾或幞头，袍服中的一类是新出现的，整体偏狭，前方开气，不同于汉袍的两侧开气，可能是借鉴了契丹袍的某些因素。B 类属于汉服系列，下湾子 M1 和羊山 M3 的墓主人可以作为归辽汉官的代表，整体袍服偏侠，属于筒袍类，到达脚踝，着白靴或黑靴，时间上作为第三期到第四期的过渡，还有些微弱的差别，主要体现在帽子上，前者戴软帽，或称结带巾，后者戴硬帽，有巾带的痕迹。这一区域的女服扎顶髻，G 类是襦裙装，出现在韩家窝铺 M6 中，资料未发表无法做时代断定，H 类以直领开胯长襦为特征，为下湾子 M1 的主流服饰，简报根据墓室形制推测为第三期和第四期，这类服饰罕见于除此墓外的其他地区，与北宋的褙子装相近，腰部不扎腰带，自然垂落，两侧开胯，但不完全相同，直领而非对襟，而直领又是此地契丹女装的特点，三者的渊源关系有待进一步考证。

北区 A 的汉服面貌剖析如下。上京壁画汉服组合中的 C 类和东京壁画汉服组合中的 C 类均为仿古礼服，宝山 M1 为 923 年的纪年墓，宝山 M2 略晚于宝山 M1，关山 M4 为 1045 年的萧萧和墓，库伦 M1 根据钱币推测上限为 1080 年，分属于第一、三、四期，跨度较大，第一期的宝山墓地多用以表现历史故事中的人物形象，而第三、四期的关山和库伦墓葬均用以表现现实中某些特殊场合的人物身份，在仪仗图中有复古礼仪性的表达，故前后两段的用意不同。A 类汉服最为常见，从第一期到第四期都在使用，交脚幞头、两侧开气是主流，骨朵帽仅在第四期的库伦墓地出现，脚穿麻鞋；B 类服饰仅在第三期流行，浩特花 M1 和庆东陵都是圣宗时期的墓葬，幞头的双脚上翘或下垂，袍服的袖口变宽，长度及地，可能是一种身份的表征；D 类和 E 类可以纳入广义的男子汉服系列，在原有汉服基础上进行局部改变，帽子易为古装唐帽或时兴宋帽；剩余汉服组合中的 F 类、H 类、G 类均为女子服饰，其中 G 类以襦衫扎进高腰裙为特征，增加披帛或云肩等特殊装饰，不是现实人物的装束，为天国生活的仙女装，宝山墓地和库伦墓地处于第一期和第四期，第四期的人物装束更接近于现实生活，以至于最初研究将这些女子识别为普通乐舞图中的乐师；F 类疑似北宋的褙子装，宝山 M2 是第一期的墓葬，哈拉海场辽墓据笔者推断为第三期，奈林稿 M1 据简报推测属于第四期，褙子逐渐偏狭，内搭长裙从拖地到与地平齐；G 类属于襦裙装，罕大坝辽墓为 1005 年的墓葬，前进村据笔者推测为第四期，包髻或高髻，襦衫垂落于裙之上，在中原北方地区尤为盛行。

二、南区服饰分期

汉服的分期演变在南区 A 大同壁画墓中有着比较清晰的脉络（见表 3-5）。大同壁画墓中的汉服资料是比较丰厚的，组合中比较典型的男服是 C 类和 D 类，C 类以夺脚或展脚幞头为特点，袍服袖口较宽，在许从赟墓和周家店墓中普遍存在，许从赟墓是辽景宗乾亨四年（982 年）的纪年墓，属于第二期末，周家店根据建筑风格判断同属于第二期，两个墓例此类服饰的相似度很高；D 类仅在东风墓以不同的式样出现，有交脚幞头、结带巾、高筒帽，双层的看带是共同的特征，东风墓简报根据壁画特点和真容偶像判断为第四期的墓葬。女服中具有代表性的属 E 类和 G 类，E 类女服和 C 类男服所处的墓葬相同，都属于第二期，具有鲜明的时代和地域特点，简洁高耸的单髻，襦衫扎进拖地的高腰裙，袖口与男服一致，比较宽松；G 类为襦裙装，特点是襦衫垂落于长裙上，西环路 M1、十里铺墓地、卧虎湾墓地均为第四期的墓葬，可以视为晚期女装的主流样式；此外，H 类、F 类女服各有

1 例墓例，样式为长襦衫交错搭配长裙，前者对襟敞怀，周家店属第二期的墓例，类似于北宋的褙子装，后者腰系花结，东风里辽墓为第四期的墓例，局部采纳了契丹女袍的要素，与宣化辽墓存在交流。

契丹服在南区 A 的资料很少，仅见于组合中的 B 类。机车厂辽墓简报根据墓葬形制和喇叭形器的流行时间判断为第一期，东风里辽墓、西环路 M1 均为第四期的墓葬，最为显著的特点是髡发，依据北区对髡发演变的认识，早期髡发的特点是剪短而并不髡净，保留短发或披发，机车厂辽墓"牛哥"的发式整体属于披发，然后将头顶隆起扎髻，这不见于北区，东风里辽墓和西环路 M1 中的髡发留额发、鬓发、颅后发，其余髡剃，属于契丹晚期髡发的新样式。然而与髡发搭配的袍服已经不是传统的契丹袍，长度及地，俨然是汉化的结果，因此，契丹服在南区 A 不但凤毛麟角，而且很不纯粹。

比照北区契丹服的发展历程，分析南区 B 宣化壁画墓中契丹服的阶段性变化。把握契丹服的阶段性特征之后，能够帮助我们从凌乱的服饰中识别出契丹服来，在南区 B 宣化壁画服饰组合中，C 类是最为典型的契丹服，由原汁原味的契丹服要素组成，新式髡发或垂脚巾帽、至腿肚的长袍、络缝靴均为典型的契丹要素，在 M9、M10、M7、M6、Ⅰ 区 M2、M4、M5 普遍存在，这些墓葬多出土墓志，前后历时 18 年之余，M10、M7、M6 三座墓的壁画布局极为相似，甬道和前室契丹装束的比重更高一些，M4 墓主为韩师训，葬于 1111 年，介于张氏两组墓地年代的中间，比 M5 早五年，契丹题材和契丹服的比重都是最高的，有研究认为乘马、驼车、驭者、契丹装持骨朵门吏更具北地风俗 [1]，这时的契丹服出现北地流行的垂脚巾帽，这是其他墓葬所不见的新特点。与男服相比，女服的契丹因子要微弱得多，唯一

---

① 河北省文物考古研究所：《宣化辽墓——1974—1993 年考古发掘报告》，文物出版社 2001 年版，第 313 页。

有关联的是 B 类，女子髡髻的图像虽然在北区也不多见，但受到契丹髡发的影响是无疑的，材料出自 1117 年的张世古墓，袍服与北区袍服存在差异，但整体样式和直领、系带等细节上还是有关联的。

南区 B 汉服的阶段性变化不是很明显。在南区 B 宣化壁画服饰组合中，男服中最为典型的当属 D 类，在宣化墓地中普遍存在，帽子存在一定的变化，随着时间推进，幞头的比重越来越小，结带巾和高筒帽使用更加广泛，乐人的汉服装束更加自由和新颖；从墓例上看，Ⅰ区 M1 的汉文化因素更为浓郁，无论男女，全部穿汉服，其次是 M5，只有两例契丹装束，其余都穿汉装。M1 张世卿墓和 M5 张世古是天庆六年（1116）和七年（1117）的墓葬，在整个宣化墓地中偏晚。女服中最夺人眼球的当数 A 类，在宣化墓地的早段墓地中普遍使用，发式、褶裙或阔腿裤标新立异，由于 M10、M7、M3 营造时间均为 1093 年，M6、M9 又无准确墓志，我们推测这是一股服饰上的新风，来去匆匆；其次是 G 类，使用并不广泛，最大的特点是襦衫扎进高腰裙，有的出现帔，有的外搭无袖短褙，角形饰是一大亮点，是一种融合性的女装，M4 是 1111 年的韩师训墓，Ⅰ区 M2 是 1117 年的张恭诱墓，Ⅱ区 M1 的纪年不清楚，目前资料还看不到样式上的演进关系。

南区 B 的胡服需要重点说明。在宣化壁画服饰组合中，F 类是最为特殊的一类，以侍卫的角色对称出现，不见于辽疆域的其他区域。最大特点是袖子不对称的袍服，一边长袖，另一边半袖，袒露胳膊，袍服挽起，露出裸露的臀部；从分期上看，均属于第四期，其中 M10、M3 是 1093 年的纪年墓，M6 无墓志，推测流行的时间不长，风靡一时。

第四章

辽代服饰的文化交流

第一节　契丹服与汉服

契丹服与汉服是辽国最为重要的主体服饰，《辽史·仪卫志》载："太祖帝北方，太宗制中国，紫银之鼠，罗绮之筐，麇载而至。纤丽奂毳，被土绸木。于是定衣冠之制，北班国制，南班汉制，各从其便焉"，辽代官制分南北两班，南班汉人，穿汉族服饰，称为汉服，北班契丹人，穿契丹民族服饰，称为国服，宋人称作番服或胡服，这通常指官服在制度礼仪方面的规范，即冕服或公服序列。

汉服是一个动态的概念，内涵因时代不同而发生着变革和重组。最早的汉服可追溯至三皇五帝时期，史载皇帝垂衣裳而天下治，汉服初具雏形，后历周代规范形制，汉代整肃衣冠，汉服逐渐趋于完善，其基本形制是上下分开的上衣下裳（裙）式和上下连署的深衣样式。魏晋南北朝时期，北方民族频繁南下，他们的服饰为上衣下裤式的褶裤装，在中原地区风靡一时，一度成为南方王朝的主体服饰，受其影响男服的上衣下裳式不再作为外衣流行，外罩交领长袍易为袍裤装，女服由深衣向上衣下裙式转变。隋唐时期，源于西域的圆领袍服逐渐成为汉服主体，男子在内衣襦裤之上套上圆领袍，这种装扮在后世长期通用。由此可见，汉服是一个动态的概念，不同时期的内涵不尽相同，它像一个滚动的雪球，将不同来源、风格的服饰要素，或原封不动，或局部改变，杂糅到固有的样式中，呈现出新的风格。就辽宋时期而言，汉服同样有官服和常服之分，除此之外，辽域汉服和宋域汉服的内涵也存在一定差异。

一、文献记载分析

据《辽史·舆服志》载，国服和汉服的穿着主体逐渐明确起来，皇帝和太后分别代表了不同的服饰阵营，"会同中，太后、北面臣僚国服；皇帝、南面臣僚汉服"。1008 年，路振出使契丹记录的《乘轺录》详细描述了皇帝和太后的着装情况，"虏主年三十余，衣汉服、黄纱袍，玉带，互靴……黄金饰抵案，四面悬金纺绛丝结网而为案帐"；"国母约五十余，冠翠花，玉充耳，衣黄锦小褁袍，束以白锦带，方床累茵而坐，以锦裙环覆其足"，使辽录记述与正史官方记述基本吻合，此外，对皇帝和太后周围服侍人员的服装也进行了一番描述，"侍立者十余人，皆胡婢，黄金为耳珰，五色彩缠发，盘以为髻，纯练彩衣，束以绣带"，"二胡雏衣鲜洁衣，持帨巾，遍割诸肉，以啖汉使"，指出胡婢戴金耳饰，衣服颜色鲜艳，腰扎绣带，胡雏衣服鲜艳，手持帨巾，与壁画人物印证确为契丹服的常见式样。

据《契丹风俗》记载，1020 年宋绶祝贺辽圣宗生日描述了国服的样式。"其衣服之制，国母以藩国国服，国主与汉官即汉服。番官戴毡帽，上以金华为饰，或加珠玉翠毛，盖汉魏时辽人步摇冠之遗象也。额后垂金花织成夹带，中贮发一总，服紫窄袍，加义襕，系蹀躞带，以红黄绦裹革为之，用金玉、水晶、碧玉缀饰。又有纱冠，制如乌纱帽，无檐。不掩双耳，额前缀金花，上结紫带，带末缀珠或紫皂幅巾，紫窄袍，束带。丈夫或绿中单，绿花窄袍，中单多红绿色，贵者被貂裘，貂以紫黑色为贵，青色为次。又有银鼠，尤洁白。贱者被貂毛、羊、鼠、沙狐裘。弓以皮为弦，箭削桦为簳，鞲勒从简，便于迟走，以貂鼠或鹅项、鸭头为扞腰。"国服即契丹服，毡帽、步摇、窄袍、蹀躞带、貂裘、扞腰具有较强的契丹文化标识。与此同时，在祭祀、朝会、狩猎等特定的场合，对汉服的设计进行改良，糅进本民族的服饰元素，如络缝袍、络缝靴是典型的民族符号。祭服中"大祀，皇帝服金文金冠，白绫袍，红带，悬鱼，三山红垂。饰犀玉刀错，络缝乌靴。小祀，皇帝硬帽，红克丝龟文袍。皇后戴红帕，服络缝红袍，悬玉佩，双同心帕，络缝乌靴"；皇帝朝服"服实里薛衮冠，络缝红袍，垂饰犀玉带错，络缝靴，谓之国服衮冕。太宗更以锦袍、金带"。更有甚者，在田猎的服饰装备上，蕃官和汉官统一穿契丹戎装，"蕃汉诸司使以上并戎装，衣皆左衽，黑绿色"，这种调整显示出对本民族文化的尊重。

艾衣可能也是契丹服中有特色的一类衣服，有防虫御寒的功效，皇帝将艾衣赏赐给臣僚。端午节采艾叶和绵制衣，艾叶有香气，可以驱蚊虫；捣碎混入绵中絮成衣服，既可抵御寒冷，又有驱邪避灾之意。宋·叶隆礼《契丹国志·岁时杂记》载："五月五日午时，采艾叶与绵相和絮衣，七事国主著之，番汉臣僚各赐艾衣三事。"

唐宋时期的中原地区在整个东北亚是先进文化的代表，它对周邻地区文化的影响甚为深远，无论是主动接纳还是被动迎合，汉文化的种种因素总能在周邻地区找到一些踪迹。据《辽史·仪卫志》记载，在官方礼服中以紫色、红色为贵，绿色次之，这种严格的等级性体现出汉服在颜色管理上的传承性。臣僚的朝服"服紫窄袍，系䪝带，以黄红色绦裹革为之，用金玉、水晶、靛石缀饰，谓之'盘紫'"，皇帝的公服"紫皂幅巾，紫窄袍，玉束带，或衣红袄；臣僚亦幅巾，紫衣"，臣僚的常服"贵者披貂裘，以紫黑色为贵"；祭服中以红为贵，"小祀，皇帝硬帽，红克丝龟文袍。皇后戴红帕，服络缝红袍"，朝服中"皇帝服实里薛衮冠，络缝红袍"。唐代关于服饰色彩的文献记载，以唐太宗贞观四年令为例，"三品以上服紫，五品以下服绯，六品、七品服绿，八品、九品服以青"[①]，由此可见，契丹礼制中的紫绿等级规定直接来源于唐代服饰制度传统。

双带是汉服的典型要素，就是北宋汉人流行的看带，在身前束腰带之上再加一带者，上面的带叫作看带或义带，下面的带仍称束带。宋·孟元老

---

① （后晋）刘昫等：《旧唐书》，中华书局 2000 年版，第 1328 页。

《东京梦华录》卷六记皇帝亲从官的装束有"看带、束带",同书卷七记载百戏演员也"系锦绣围肚看带",宋·陈长方《步里客谈》卷下说"承平时,茶酒班殿侍系四五重颜色裹肚……今不复系如许裹肚,但有义带数条耳",成都宋张确墓出土的陶俑就在束带上加看带者。看带在辽墓壁画中的使用频次很高,经常出现在男子汉服的装束上,成为汉服的识别性特征,为辽宋汉服间交流的例证。

此外,妆容也能成为服饰研究的组成部分,辽代女子流行佛妆,注重护肤保养,疑为长城以北契丹女子的发明。据《张舜民使辽录》记载的1094年吊祭宣仁皇太后的见闻描述,"北妇以黄金涂面如金,谓之'佛妆'","佛装"是辽代女子保养皮肤的一种方法,仅限少数富贵女子享用,据《西神挫说》记载:"辽时妇人有颜色者,目为细娘,面涂黄,谓之佛装",被称为"细娘"女子的专享,据《鸡肋编》记述:"冬月以栝蒌涂面,谓之佛装。但加傅而不洗,至春(暮)方涤去。久不为日所侵,故洁白如玉也",用以涂面的"黄物"——栝蒌是一种多年生爬蔓类草本植物,将栝蒌捣成浆汁,从初冬开始,一层层地往脸上涂抹,渐渐形成一层金黄色的膜,至暮春全部洗掉,这层金色面膜抵御了塞外冬春季节风沙、阳光的侵害,有效地保护了面部如玉般的光洁。宋人彭汝砺有诗云"有女夭夭称细娘,真珠络臂面涂黄,南人见怪疑为瘴,墨吏矜夸是佛装",北地女子一方面模仿佛祖装扮,璎珞缠身,面部涂黄,另一方面在北地恶劣的自然环境下也有实际的护肤功效,考古发现表明契丹女子对佛装尤为青睐,由琥珀、玛瑙、水晶、珍珠组成的璎珞也经常出自契丹贵族墓葬,涂黄疑为长城以北契丹女子的发明,然而壁画人物中很难分辨出细微的具体图像。

契丹服没有摒弃自身的特色,用于特定的人群和特定的地区。沈括于1075年出使辽国,作《熙宁使契丹图抄》载:"其人剪发,妥其两麾……(契丹)衣冠语言皆其故俗,惟男子靴足幅巾而垂其带;女子连裳,异于中国",精准地概括了契丹服的辨识性特征,我们通过契丹服壁画资料的系统整理发现，髡发经过圣宗时期的变革之后，"妥其两麾"确为契丹男子髡发的典型特征，络缝靴、头扎垂带软巾在中晚期壁画中屡见不鲜，契丹女子着直领连裳袍服，也是区别于女子汉服的典型特征，二重证据法在此处得到了完美的互证。与此同时，汉服仍然具备强大的生命力和感染力，辽代服饰创立之初直接取法于汉服，《乘轺录》记载北宋路振1008年出使契丹记述了这种革新，"至若营井邑以易部落，造馆舍以变穹庐，服冠带以却毡裘，享厨爨以屏毛血，皆慕中国之义也"。汉人聚集区的南京城的服饰构成情况仍以汉服为主，幽州城"居民棋布，巷端直，列肆者百肆，俗皆汉服，中有胡服者，盖杂契丹、渤海妇女耳"[1]，938年，契丹升幽州为南京，辽南京是在唐幽州城的基础上发展起来的，其社会发展程度、繁华富庶居辽五京之首，由此可知，在契丹人为统治者的南京城街市上，汉服仍然是主体服饰，间以契丹服和渤海服。

服饰文化交流互动的背后是人群的交往。《胡峤陷虏记》记载946年至953年胡峤居辽七年旅途所闻，"西楼有邑屋市肆，交易无钱而用布。有绫锦诸工作、宦者、翰林、伎术、教坊、角觝、秀才、僧、尼、道士等，皆中国人，而并、汾、幽、蓟之人尤多"。关于契丹西楼，研究者各抒己见[2]，最早指代辽朝初年行政中心所在的地域名称，西楼流入的中原人即汉人，从事各种职业，主要来自长城以南的各州，人群的流动为辽代契丹服和汉服的发展提供了可能，布在早期曾具备货币的职能，也从侧面反映出服饰和纺织业的重要性。

契丹是我国北方古老的民族之一，从魏晋南北朝时期起，就和中原汉族

---

[1]　赵永春辑注：《奉使辽金行程录》，商务印书馆2017年版，第15页。

[2]　任爱君在《契丹四楼源流说》中认为西楼的"楼"，是古代北方社会对"斡鲁朵"一词的习惯称呼，西楼不仅是阿保机居处的庭帐所在，还是统治力量的核心，即"大部落"的居地；田广林在《〈辽史〉与辽人语境中的契丹西楼》中认为契丹西楼最早是指代辽朝初年行政中心所在的地域名称，而非特指某处或某组具体建筑；杨军在《契丹四楼别议》中认为在阿保机的时代，西楼就是指辽上京。

及其他民族发生了联系。唐末五代，契丹的迭剌部和中原接触越来越多，加之流入很多汉人工匠，故在契丹建立政权前就有了自己的丝织业，"仲父述澜为于越，饬国人树桑麻，习组织"。辽初幽州人卢文进降契丹后，教契丹人学习织纴，使辽代的纺织业进一步提高。辽朝占有燕云十六州后，大量汉人工匠流入辽境，带去了先进的纺织技术，加上辽代统治者很重视对汉人工匠的使用，因此辽代丝织业迅速发展起来并打造自己的品牌特色。北宋文学家、画家张舜民在《画墁录》中记载，"宋人使辽，曾以团茶二团易蕃罗一匹"，这都说明辽朝不但有自己的丝织业，而且产品精良，独具特点，否则宋朝官员不会以茶易罗。《契丹国志》载，燕京"锦绣组绮，精绝天下"，名噪一时，可知辽丝织品的质量确实不差。

二、壁画图像资料分析

通过壁画服饰的分区研究，我们认为契丹服和汉服的分布具有显著的不平衡性。检索辽代全部的壁画墓葬资料，若以契丹服典型要素为标尺，可知契丹服的出现频次是不一致的，长城以北的辽中京和东京地区使用频次较高，长城以南的辽西京地区使用频次则较低。辽中京地区是契丹人的肇兴之地，墓主为契丹人的墓葬更愿意使用传统服饰，如宁城鸽子洞辽墓，墓主为萧氏显贵[1]，残存的壁画人物全部穿变革后的契丹服；即便墓主是汉人，契丹服的比重也不低，以敖汉旗羊山 M1 为例，墓主人为汉人刘氏[2]，在墓中绘有着汉装的形象，但是过半数的男侍着契丹装，且被特意安排在庭院煮肉、准备面食、安保侍卫、契丹乐器演奏等情景中，与典型类别略有差别，保留

---

① 塔拉等：《宁城县鸽子洞辽代壁画墓》，《内蒙古文物考古文集》第 2 辑，中国大百科全书出版社 1997 年版，第 631—638 页。

② 邵国田：《敖汉旗羊山 1—3 号辽墓清理简报》，《内蒙古文物考古》1999 年第 1 期。

髡发，络缝靴的特征不太明显；东京地区关山辽墓群是萧氏家族墓[①]，除仪仗图、门神图外，男子均着典型的契丹装，M4 萧和墓的男袍有长有短，印证着圣宗时代的过渡与变革，M8 萧德让侍从的络缝靴特征很明显；西京地区宣化辽墓群墓主虽为汉人，除儿童外，着契丹服的有 30 人[②]，髡发、巾帽兼有，其中 M4 墓主人着一身巾帽契丹服立于驼车后方，M5 出现唯一一位髡发女子，两鬟垂落，头顶髡剃留一撮扎起，与上京库伦 M1 天井东壁第四位侍女的发式最为接近，可作为此处创作的粉本，同时墓中存在汉服与契丹服的杂糅现象，如汉服的幞头、汉袍与络缝靴同时出现在一个人的身上；西京大同地区辽墓均为汉人，契丹装屈指可数，如大同东风里辽墓的侍从只保留了髡发的单一要素。[③] 由此可见，契丹服的辐射力因族属和地域的远近而异，女子服饰几乎没有走出上京腹地，相比之下，男子服饰的影响力更胜一筹。

　　通过契丹服的分期研究，我们认为契丹服的发展经历了动态的演进历程。以辽上京地区为例，作为辽国的中心腹地，资料最为全面，临潢府作为辽国的都城所在地，服饰面貌以契丹服为主，以汉服为辅。查阅考古资料可知，目前发现的壁画墓主要集中在赤峰的北三旗和通辽的南三旗。辽上京地区壁画墓中的契丹服资料是最为丰富的，更可贵的是，从建立政权初期至辽末没有断裂，几例处于关键节点的重要墓葬还是纪年墓，都为研究契丹人的传统服饰提供了研究基础。前文研究表明，契丹服不是一成不变的，存在一个动态的历史演进过程，众多材料表明，在圣宗时期，契丹服从首服、身衣、足衣都发生了全方位的变革；相比而言，汉服没有经历历史性的变革，但是由于历史故事和历史人物的加入，仿古礼服在此得以更多的呈现，整个上京地区的包容和接纳能力很强，在服饰上呈现出种类多样，多元并存的外在表象。

① 辽宁省文物考古研究所：《关山辽墓》，文物出版社 2011 年版。
② 河北省文物考古研究所：《宣化辽墓》，文物出版社 2001 年版。
③ 大同市文物考古研究所：《山西大同东风里辽代壁画墓发掘简报》，《文物》2013 年第 10 期。

与契丹服的情况不同，汉服在长城以南的大同地区和宣化地区比较集中，而在长城以北的上京地区、中京地区、东京地区相对分散，整体上看，汉服中的男服数量明显要高于女服，这与男女形象在墓葬中出现的不平衡性有关。地处长城地带的大同地区虽然在石敬瑭的政治交易中易主契丹人，但该地区的文化面貌仍以汉文化为主流，从壁画人物服饰上可以管窥一二。公元938年，"晋复遣赵莹奉表来贺，以幽、蓟、瀛、莫、涿、檀、顺、妫、儒、新、武、云、应、朔、寰、蔚十六州并图籍来献"。自后晋石敬瑭会同元年（938）割燕云十六州给契丹后，大同始划入辽地。"初为大同军节度，重熙十三年（1044）升为西京"①，大同凭借险要的地理位置擢升为辽代的五京之一。从墓葬看，多处墓例出现驼车、马的出行图壁画，这是最能显示契丹文化的内容，然而就服饰而言，A类服饰最有契丹特色，仅见4例，B类的8例髡发者，穿搭的袍服多易为汉式长袍，契丹文化因子在服饰中只有微弱的显现，辽代整个大同地区的服饰面貌还是以汉服为主流服饰，汉文化的大传统在大同地区根基深厚。

通过对宣化辽墓壁画人物形象中的发式与冠帽、襦袍与裙裤、鞋履与靴三类服饰的类型分析以及七种系列的服饰组合探讨，我们得以窥视辽代晚期属西京大同府管辖的归化州地区的服饰面貌。宣化地区作为契丹政权统治下的汉人聚集区，在服饰上并没有全盘契丹化，整体的服饰面貌仍是以汉服为主体，这与辽统治者因俗而治的国策密切相关，不强制全面汉化或契丹化。虽然这一地区已经接受契丹影响，壁画中有的人物穿整套契丹装，有的人物是契丹装与汉服混搭，但是整体而言，契丹装的使用概率远低于汉装。上文提到文献《乘轺录》记载北宋路振1008年出使契丹描述幽州城的服饰构成，仍以汉服为主，契丹服为辅，宣化在地域上虽然不属于幽州，归西京大同府管辖，但宣化是幽州西北通草原的咽喉之路，与幽州关系密切，从时间上

---

① （元）脱脱等：《辽史·太宗纪》卷四，中华书局1974年版，第44页。

看，宣化辽墓的存续时间较路振入辽的时间推后半世纪到一个世纪，但是文献记述的服饰状况与我们壁画展现出来的服饰构成是基本一致的，这种使辽行程录是一种基于历史实况的真实表达。由此可见，12 世纪契丹政权统治下的汉人是幸运的，没有被强制推行文化上的全面契丹化，服饰的自主融合使原来不同的服饰元素不断分解、融合，推动着汉服系统的推陈出新。

辽中京地区的服饰深度融合，契丹服和汉服呈现出其他地区罕见的杂糅性。作为汉人聚居区，服饰中吸纳了比较多的契丹因素，宋使苏颂曾提到："敌中多掠燕、蓟之人，杂居蕃界，皆削顶垂发以从其俗，惟巾衫稍异，以别番汉耳"①，无论男服还是女服，契丹服还是汉服，都以袍服为主流，喜好戴帽，从使用频次上看，男子服饰中契丹服和汉服各平分秋色，女子服饰中的袍服一统天下，呈现出浓郁的契丹风格，髻发襦裙装等汉服要素凤毛麟角，汉服不再是汉人聚居区的专有标识。更有甚者，这种深度融合使得契丹服和汉服的分界越来越模糊，随着研究的深入和推进，我们感觉到服饰零散件的细节分辨尤为重要，帽子的辨识成为关键。幸运的是，宋人传记中间接提到了帽子在汉服和胡服中的差异，北宋士人所戴的头巾被文献称为结巾带，只是垂带较短甚至缝阔大带向前面系，而契丹帽的特点是两根垂带向后长垂②，两种帽在壁画图像上都得以佐证，时人在文献上的阐述将帮助我们明晰契丹服和汉服的分野所在。作为辽政权统治下的汉人聚居区，中京地区与宣化、大同地区比较，在服饰上呈现出明显的差异，这与辽统治者因俗而治的国策密切相关，执行两套并行不悖的服饰制度③，不强制全面汉化或契丹化，故区域服饰具有多样性。

---

① （宋）苏辙：《栾城集》，上海古籍出版社 1987 年版。

② （宋）龚明之《中吴纪闻·结带巾》："宣和初，予在上庠时，有旨令士人系带结带巾，否则以违制论。当时有谑词曰：'头带巾，难理会。三千贯赏钱，新行条例。不得向后长垂，胡服相类。法甚严，人甚畏，便缝阔大带向前面系。'"

③ 《辽史》记载："于是定衣冠之制，北班国制，南班汉制，各从其便焉"；"会同中，太后、北面臣僚国服；皇帝、南面臣僚汉服"。

山西太原地区在进入北宋统治之前存在一个短暂的北汉时期，1994 年山西省太原市第一热电厂发现一座北汉时期的壁画墓 [1]，该墓葬地处汉人聚集区，人物服饰有着鲜明的特色，髡发、巾帽、短袍、靴比较流行，而这些恰恰是契丹服饰的特点，契丹服的比重要高于汉服。这种服饰特征的大背景是北汉地瘠民贫，国力微弱，结辽为援，奉辽为父皇帝或叔皇帝，自然在文化上崇尚契丹文化，服饰上借用契丹元素或直接穿着契丹服就成为顺理成章的事情了，这种胡化取向直接引发了北宋政权的不满，以至于在北宋攻占晋阳后防火焚城，拔龙角以示汉文化正统。

总而言之，契丹服和汉服在不同区域分布不均衡，此消彼长，长城南北差异突出。在长城以北，契丹服是上京地区和东京地区的主流服饰，汉服不多见；在长城以南，汉服是绝对的主流服饰，契丹服忽隐忽现，宣化地区的契丹服要多于大同地区；中京地区地处长城南北的孔道地带，服饰上呈现出显著的对峙与融合，汉服和契丹服的使用比重大体相当，女服的契丹特色更为明显，也是这一地区的汉人官僚集团进阶契丹统治阶层的便捷途径。

那么，对于契丹服和汉服的识别，如何做到由繁入简呢？换句话说，有没有典型的服饰图像能作为代表，来体现契丹服和汉服的差异，方便指导读者在日后的展览或图像中加以区分。这是一个比较尖锐的问题，因为通过这么多图像、实物材料的梳理，我们明显感觉到契丹服和汉服是杂糅在一起，而且是动态变化的，如果非要将复杂的问题简单化，找出能代表两者的符号，只能做一次大胆的尝试。我们研究认为最能代表契丹服的一组图像推选巴林左旗韩匡嗣墓出土的一对石雕像，男雕像髡发，两绺鬓发垂落，戴耳环，身穿圆领长袍，腰系布带，上悬挂刀具（图 4-1，1）；女雕像辫发盘起，戴耳环，身穿交领长袍，长度至腿肚，腰系布带（图 4-1，2）。最能代表汉

---

① 徐光冀：《中国出土壁画全集·山西卷》，科学出版社 2011 年版。

服的一组图像推选大同东风里辽墓
出土的石雕像和巴林左旗前进村辽
墓出土的壁画人物，东风里男石雕
像头戴幞头，身着圆领及膝长袍，
较为宽松，腰系皮革腰带（图4-1，
3）；前进村壁画女子包髻，上身着
宽松短襦，下身着及地长裙，腰系
布带，两端飘落（图4-1，4）。

三、出土遗物分析

簪、钗与带、帽分属不同的发
式系列，长簪竖插固定冠，短簪横
插固定发髻，先秦时期称作笄，两
汉以后改称簪，钗多为女性专用
的盘发工具，一般认为比簪晚，形
成于两汉时期，簪钗的使用传统较
为久远，使用前提是对头发的固定
与装饰，具有展示性和礼仪性；带
指束发的发带，帽指包裹头发的软
帽，软帽畅行的时代是在南北朝，
使用前提是对头发的固定与保护，
具有隐蔽性和实用性。故两类不同

图4-1　契丹服与汉服 [1]

1.韩匡嗣辽墓 2.韩匡嗣辽墓 3.东风里辽墓
4.前进村辽墓

---

[1]　图中的1、2由塔拉先生提供，3摘自《山西大同东风里辽代壁画墓发掘简报》，4摘自《内蒙古辽代壁画》。

的饰物可能代表不同的文化属性，簪、钗属于汉文化系统，而带、帽则更似游牧文化系统，辽墓中簪与钗的出土量非常少，与契丹人的束发方式有关，男子多髡发或戴帽，女子用多布带束发、以巾包髻或戴帽，簪、钗的使用空间很小，只有少数坚守汉人束发传统的墓葬会出土此类遗物。

幞头在中国服饰史上的意义是重大的，在中古时代的男装中，幞头格外引人注目，因为它曾是我国的民族服装，除了邻国有效仿之外，绝不见于世界其他地区，被认为这一时期男服独特的标志。幞头在南北朝出现后，历经唐、辽、宋、金、元、明，直到清初，其最后的变体才为满式冠帽所取代，流行时间前后长达一千余年。辽墓壁画中保留了大量的幞头图像，与唐代的软帽胎不同，发展至北宋文献中指出的硬胎体阶段，有直脚、垂脚、翘脚、无脚等样式，虽不及北宋沈括记述的样式丰富，但是从侧面折射出契丹文化对汉文化的接纳与吸收，使得辽代幞头成为幞头乃至服饰发展史上不可或缺的重要阶段。

彩绘是一种古老的织物装饰工艺，与中国绢本绘画同出一源，文献上都有记载且历代有出土实物的佐证，丝绸彩绘起源很早，史载上古时期出现的圣王十二章纹样中，有六章是以彩绘装饰的，西汉马王堆一号墓出土的印花敷彩纱、唐代阿斯塔那墓群和法门寺出土的彩绘丝织品，是这种装饰工艺在汉唐时代盛行的例证①，辽代将这种工艺传统发展至新的历史高点。迄今为止，辽代考古发现的彩绘织物数量最多、技术最完善、图案最丰富，耶律羽之墓、解放营子辽墓、大营子辽赠卫国王墓、应县木塔佛宫寺出土了不少的彩绘丝织品。我们分析辽代这种大面积彩绘与丝织品的流行，与辽墓壁画施绘的兴盛上同出一源，大量工匠在创作壁画的实操中练就了娴熟的技能和精湛的技艺。除此之外，零散的考古材料还见于吐尔基山彩棺、陈国公主墓出土的彩绘障泥上和大同辽墓的棺床上。总而言之，彩绘技术在辽国更加盛

---

① 赵丰：《辽代丝绸的技法与艺术》，《文博》2009 年第 6 期。

行，也能成为长城南北辨识契丹文化的指标之一。

辽代丝织品的技法和工艺与汉文化的联系密切。据赵丰的研究成果，辽墓出土的斜纹纬锦与唐代的斜纹纬锦存在密切的渊源关系，中国的织锦在南北朝之前为经锦一统天下的时代，唐初受中西纺织文化交流的影响，传统的经锦技术向纬锦转变，出现了斜纹纬锦，到中晚唐时已基本取代了经锦而占主导地位，其中一类是全明经型纬锦，典型的唐式纬锦，另一类是半明经型纬锦，表观上与第一类纬锦无大的差别，织造技术差异较大，因多发现于辽代墓葬，被称为辽式纬锦，代钦塔拉 M3 出土的雁衔绶带锦袍以及另外一件龟背重莲童子锦袍和百纳织物，在唐式斜纹的基础上，出现了缎纹的组织结构①，这表明辽代的织锦技术既继承了唐代织锦技术的传统，又出现新的变化与种类。文献史料显示，辽代在建立政权初期就引进了先进的织纺技术，"种桑麻，习织组"，随后设置锦绫院，从中原掠夺大批汉人织工到当地织作，这与唐代丰厚充裕的织造原料和高超精湛的纺造技术背景有关，契丹统治者在唐代练就了较高的眼界，史料记载，唐统治者曾赏赐契丹绯袍、银带金帛等衣物，开元八年（720），"契丹遣蕃中郎将张少兔俱等三百五十四人来朝，并授游击将军、果毅都尉，赐绯袍、银带物各二千段，放还蕃"②；自建立羁縻府州后，契丹、库莫奚人每岁朝贡（除反叛时期外），"或岁中三至"，"常各遣数百人至幽州，则选其酋长三五十人赴阙，引见于麟德殿，赐以金帛，遣还，余皆驻而馆之，率以为常"③。辽统治者注重开发本地的原料产地，辽宁大凌河附近的灵州、锦州、显州、霸州地产桑麻锦，州民为宫廷专供蚕织，《乘轺录》记载北宋路振1008 年出使契丹所闻丝织品的产地，"沿灵河（辽宁大凌河）有灵、锦、显（北镇）、霸（朝阳）四州，地产桑、麻、贝、锦，州民无田租，但供

---

① 赵丰：《辽代丝绸》，沐文堂美术出版社 2004 年版，第 33—43 页。

② （宋）王钦若等：《册府元龟·外臣部》卷九七四，中华书局 1989 年版。

③ （宋）王溥：《唐会要》卷九六《奚》，中华书局 1955 年版。

蚕织，名曰太后丝蚕户"，在此基础上，宋代不断革新的织造技术为辽代的纺织创新提供可能。

契丹服与汉服的关系不是强制的汉化和契丹化，而是经历一个润物无声的互鉴过程。朝阳市林四家子 M2 和 M4 作为刘氏汉人墓葬，出土了具有典型契丹风格的大口罐和长颈瓶，特别是 M2 出土的陶明器仅此两件，表明辽国境内的汉人逐渐在向契丹文化靠拢①。宋天圣三年（1025）诏令："在京士庶不得衣黑褐地白花衣服，并蓝、黄、紫地撮晕花样。妇女不得将白色、褐色毛缎并淡褐匹帛制造衣服，今开封府十日内断绝"②，北宋政府之所以禁止，是因为服饰的材质、颜色多与契丹有关，虽然北宋政府刻意遏制契丹化，但是这种效仿与融合的历史趋势难以阻挡。宣化辽墓的考古材料揭示，下八里村除了发现张、韩两姓墓地外，Ⅱ区 M1 出土契丹葬俗特有的金属网络，说明男主人是契丹化的汉人，或者可能就是契丹人，这是汉人聚集区的服饰融合更深层次的原因所在。

第二节　契丹服与北方、周邻民族服饰

民族融合是辽宋时期突出的历史现象。与契丹联系最多的既有同时期有交往的周邻民族，也涵盖前代活动于同一地域的北方民族，在生活环境、生产生活、文化习惯上往往具有趋同性。

---

① 辽宁省文物考古研究所:《朝阳市林四家子辽墓发掘简报》,《北方文物》2013 年第 2 期。

② 王青煜:《辽代服饰》,辽宁画报出版社 2002 年版,第 32 页。

一、契丹服与北方民族服饰

拓跋鲜卑服在历史上有两种不同的服饰样式，一种是拓跋鲜卑汉化前的传统民族服饰，另外一种是建立北朝时期再度鲜卑化的服饰。北魏王朝的拓跋鲜卑，本来是从大鲜卑山迁来的一支狩猎民族，服装属于衣裤式的"短制褊衣"，发型为辫发。北朝的统治者为鲜卑族或鲜卑化的少数民族，就服饰而论，出现汉化或胡化之错综复杂的过程，六镇起义后，北齐和北周的当政者都是鲜卑或鲜卑化的武人，他们在反对压制他们的士族时，同时反对汉化，鲜卑语、鲜卑装复盛，山西太原 570 年的娄睿墓壁画上再次见到鲜卑装，画中的人物戴圆形或山形鲜卑帽，身着圆领或交领缺骻袍，腰束蹀躞带，足蹬长勒吉莫靴，为一种不同于传统鲜卑服的新样式。至于平日的便装，无论南北皆着裤褶，特点是大口裤，为行动便利，在膝部将裤管向上提，并以带子缚结①，成为这一时期服饰的基本特征。

与契丹传统服饰一样，中国古代生活在北方的乌桓、鲜卑等游牧民族素有髡发之俗。《三国志·鲜卑传》印《魏书》云："嫁女娶妇，髡头饮宴"②，《后汉书·乌桓鲜卑列传》云："乌桓者，本东胡也……以髡发为轻便，妇人至嫁时乃养发，分为髻"，"鲜卑者，亦东胡之支也……其语言习俗与乌桓同，唯婚姻先髡头"③。通过壁画图像和文献记载的结合分析，髡发的修剪样式存在差别。从和林格尔新店子乌桓校尉壁画墓观察，乌桓人是剪去除头顶以外的其他头发，或盘成小髻，或编成一根发辫。鲜卑各部的发式也不尽相同，宇文鲜卑，仅留顶发（与乌桓相同），《北史·宇文莫槐传》载："人皆剪发而留其顶上，以为首饰，长过数寸则截短之"④；慕容鲜卑，披发，《晋

---

① 参见《南北朝时期我国服饰的变化》，孙机：《中国古舆服论集》，上海古籍出版社 2013 年版。

② （晋）陈寿：《三国志》，中华书局 2000 年版，第 621 页。

③ （宋）范晔：《后汉书》，中华书局 2000 年版，第 2015、2019 页。

④ （唐）李延寿：《北史》，中华书局 2000 年版，第 2169 页。

书·慕容皝载记》记载慕容皝上书晋自称"臣被发殊俗，位为上将"①；拓跋鲜卑，编发，《宋书·索虏传》记"索头虏，姓拓跋氏"②，《资治通鉴》卷九十五《晋纪十七》载胡三省注："索头，鲜卑种。言索头……以其编发，故谓之索头"③。由此可见，虽然都描述概括为髡发，但是在样式修剪上差异显著。

契丹与东部慕容鲜卑的关系还体现在步摇头饰上。步摇一词最早见于宋玉《风赋》："主人之女，垂珠步摇"④，刘熙《释名·释首饰》解释为"上有垂珠，步则摇动也"。两汉时期的步摇未见实物，根据文献和图像分为两类：盛装步摇和简化版步摇。"摇叶文化"最早起源于中亚的月氏文化，后经由匈奴等草原民族的迁徙与战争传入中国。在东北诸多民族中，慕容鲜卑建立政权后，率先接纳这种文化并加以发扬，最典型的当数步摇冠。吐尔基山辽墓以及四川窖藏出土的金步摇饰品，有铃铛或叶形垂饰，可以看作慕容鲜卑文化的传承。

突厥于公元 6 世纪游牧于阿尔泰山一带，初属柔然，西魏时击败铁勒，又破柔然，称可汗，建牙帐于鄂尔浑河畔都斤山。契丹、室韦、吐谷浑皆为役属。唐初分裂为两部，史称东突厥、西突厥，后为回纥所灭。辽时突厥已亡，前来朝献者，是突厥的遗族。"穹庐毡帐，被发左衽，食肉饮酪，身衣裘褐，贱老贵壮"⑤，"神策元年秋七月壬申，亲征突厥诸部，皆平之。俘其酋长及其户万五千六百，铠甲、兵杖，器服九十余万，实货、驼马、牛羊不可胜数"⑥。蹀躞带在辽代存在两大系统，起源于突厥的蹀躞带在唐代和辽

① （唐）房玄龄：《晋书》，中华书局 2000 年版，第 1884 页。

② （南朝梁）沈约：《宋书》，中华书局 2000 年版，第 1545 页。

③ （宋）司马光：《资治通鉴》，中华书局 2007 年版，第 3007 页。

④ （宋）李昉等：《太平御览》，中华书局 1960 年版，第 3175 页。

⑤ 陈述、朱子方主编：《辽会要》，上海古籍出版社 2009 年版，第 1022 页。

⑥ 陈述、朱子方主编：《辽会要》，上海古籍出版社 2009 年版，第 1023 页，原出处《辽史·太祖纪》。

代出现了不同的发展轨迹。唐统治者将它改良吸纳到官服中,《新唐书·车服志》载:"初,职事官三品以上赐金装刀、砺石,一品以下则有手巾、算袋、佩刀、砺石。至睿宗时,罢佩刀、砺石,而武官五品以上佩蹀躞七事,佩刀、刀子、砺石、契苾真、哕厥、针筒、火石是也"①,辽代官制中得以继承,具有等级性和礼仪性。而在常服中,蹀躞带的实用性和功能性在草原生活中得以保留,壁画中悬挂实用刀锥鼓剑的图像很多,与突厥盛行蹀躞带的用途完全一致,给狩猎出行带来便利。《虏中风俗》记载 1013 年晁迥祝贺辽圣宗生日介绍关于四时捺钵的情况,"戎(契丹)人皆佩金玉锥,号杀鹅杀鸭锥。每初杀获,即拔毛插之,以鼓为坐,遂纵饮,最以此为乐。又好以铜石为槌以击兔。每秋,则衣褐裘,呼鹿射之。夏月,以布易毡帐,藉草围棋、双陆,或深涧张鹰"。故蹀躞带成为服饰文化的重要组成部分,在常服中的兴盛间接反映出契丹与突厥这两个先后崛起的草原帝国的内在关系。

　　提起汉服与北方民族的服饰,我们通常会以左右衽的开衽方式加以区分,这大概源于长期以来中原汉人编撰的文献以此给出他们眼中的华夷之辨,北方民族的服饰自然被称为"胡服"。同样在宋人眼里,左衽无疑是契丹服最显著的特征之一,《续资治通鉴长编》记载"雍熙三年宋琪上疏语,又有渤海首领大舍利高模翰兵,步骑万余人,并髡发左衽,窃为契丹之饰"②,高模翰为辽阳渤海人,曾仕辽,官至太师③。苏辙担任翰林学士后不久,被命为贺辽生辰使,1089 年出使契丹途中,对幽州汉人服饰的契丹化发出"哀哉汉唐余,左衽今已半"④的感慨。那么,辽代服饰的实际情况是这样吗?

　　要想得出接近当时实际的认识,必须从考古学材料入手。与历代相比

---

① (宋)欧阳修、宋祁:《新唐书》,中华书局 2000 年版,第 353 页。

② (宋)李焘:《续资治通鉴长编》卷二九,中华书局 1982 年版,第 646 页。

③ (元)脱脱等:《金史》卷八四,中华书局 1975 年版,第 1899 页。

④ (宋)苏辙:《燕山》,转赵永春辑注:《奉使辽金行程录》,商务印书馆 2017 年版。

较，辽代服饰相关的考古学材料大概有两类，一类是辽代墓葬出土的壁画，壁画以写实的故事为主要内容，人物形象作为创作主体被绘制得淋漓尽致，另一类是辽代墓葬出土的丝织品遗物，历代墓葬都有随葬衣物的习俗，但是受自然土壤条件影响，能够保存下来的屈指可数，相比较而言，辽墓出土的丝织品衣服数量可观，种类丰富，墓主人多为契丹贵族或官僚，如耶律羽之墓、代钦塔拉墓葬、吐尔基山墓葬、法库叶茂台墓葬等，材质上锦、绫、绮、罗、缂丝、绢应有尽有。

辽代壁画中的人物能准确区分性别，其中男子多穿圆领袍服，开衽的纽扣很少绘制，故不易识别开衽情况，只能从扬起的衣角辨析，相比较女子的开衽更好识别，原因在于女子多穿交领服饰。宝山 M1 壁画中门吏图中的契丹男子，髡发，身穿淡红色圆领长袍，领口的纽扣被清晰地绘制出来，内外襟闭合处共同显示出左衽的开衽方式，同墓女仆图中的女子披发垂肩，身穿交领袍服，领口带襻右衽，图案异常华美；宝山 M2 女俑图中契丹女子的袍服均为交领左衽，寄锦图中汉人侍女的袍服又是右衽。辽庆陵东陵壁画中能识别出一位男子是圆领左衽装，巴林左旗前进村辽墓侍寝图壁画中的两位侍女，着短襦长裙装，立于衣架左右，一位是左衽，一位为右衽，内外襟轻掩，与代钦塔拉辽墓出土的无扣内衣极为相似，左右衽自由变换；无独有偶，敖汉旗羊山 M3 烹饪图中的两位契丹男子，着交领短袍，开衽方式一左一右，敖汉旗韩家窝铺辽墓仪卫图中的男子交领袍服左右衽交替使用。巴林左旗北山辽墓、库伦壁画侍女中的袍装女子均为交领左衽，库伦墓群中的男子交领袍服兼为左衽，喇嘛沟辽墓出行图中四位着交领袍的男子，均为左衽。宣化辽墓群壁画中的女装多为交领右衽，短襦对襟虚掩，左右衽随意变换，髡发儿童左右衽兼有。上述例证表明，开衽情况因地域、族属不同存在差异，从比重上看，左衽是辽代壁画人物衣襟的主要开启方式，右衽和无扣自由衽为重要补充。

代钦塔拉 M3 墓葬出土近 20 件衣服，内外套长短衣均保存良好，其中袍出土 3 件，一件是褐色地雁衔绶带锦袍，另一件是褐色地重莲童子锦袍，从开衽情况看，均为交领左衽，在领子下端都有纽扣，与衣服左腋下的扣袢相系结，第三件是菱纹罗夹袍，也是交领左衽。该墓出土的衣服有一个特点，外套无论是长袍或短衣，均为交领左衽，缀有纽扣；耶律羽之墓出土的紫罗袍，盘领左衽，另一件缺胯袍为交领左衽；2003 年发掘的吐尔基山辽墓出土了大量的丝织品，材料目前还没有正式公布，据了解，大多数上衣为盘领或小交领左衽，只有 2 件半臂为交领右衽，以带系结，据研究墓主人是一位契丹贵族。由此可见，左衽是出土衣物中的主流样式，保留了北方民族的传统服饰特点，右衽比较罕见，为传统服饰注入新的元素。

除此之外，出土衣物还出现左右衽均可的情况。代钦塔拉出土的四雁纹绮单衣、黄褐色小菱格绮单衣和黄褐色绢单衣，穿着在袍服或襦袄的里面，应该属于中单一类的内衣，交领无扣，可以随意左右衽，这也解释了我们在壁画中看到袍服内的内衣有时为右衽的原因。袍服中也出现左右衽均可的例证，巴林左旗上京遗址西北群山辽墓出土的一件獬豸紫绫袍，圆领或盘领，袍左右领襟边相对应的位置缀有三枚纽扣，一枚位于领口，另外两枚缀于腰身衣襟边沿，无论是左衽还是右衽，都可以闭合，穿着者可以自由地呼唤内外衣襟来切换闭合方式。我们认为这种自由变换或者淡化左右衽的做法，是契丹人与汉人民族融合的一种不自觉的体现，表现在服饰上，已经是你中有我，我中有你了。

二、契丹服与周邻民族服饰

契丹服饰与渤海服饰存在相似性。《薛映记》记载 1016 年薛映祝贺辽圣宗生日关于渤海人被迁至辽腹地定居的情况。"……旁有饶州，盖唐朝尝于契丹置饶乐州也，今渤海人居之"。762 年，唐诏令渤海为国，渤海疆域囊括了高句丽人大部分国土，生活在这里的高句丽人便成为渤海国人，926 年渤海被辽国所灭，传国十五世，历时229年。有鉴于契丹人与渤海人或高句丽人的聚居关系，服饰中存在相似因素，亦是必然，渤海国官服色阶的确立与辽国相似，全面模仿唐朝的品色服制度，渤海服饰整体上与唐王朝服饰接近，"服饰则男子巾帻如唐装，妇人鬓髻垂右肩，余发被下，约以绛罗，贯之簪。旋裙重叠，以多为胜"①，同时也会吸收高句丽服饰的某些文化因素。《王沂公行程录》记载1012年王曾祝贺辽圣宗生日见闻，提到渤海俗，"每岁时聚会作乐，先命善歌舞者数辈前行，士女相随，更相唱和，回旋宛转，号曰'踏锤'。"这种散乐画面在西京宣化辽墓壁画中比比皆是，舞者舞姿回旋婉转，装束也异常奇特，螺髻、阔腿裤、开气褶裙鲜见于其他地区，前文从图像上分析可能来自高句丽服饰的影响，在此推测散乐图中的异域之风可能是接受渤海风俗所致。

奚族是中国古代北方民族，最初以"库莫奚"之名出现于《魏书》，《隋书》以"奚"为名并为后世文献沿用，契丹服与奚族服饰难分彼此。1020年宋绶祝贺辽圣宗生日，据《契丹风俗》记载"自中京东过小河，唱叫山，道北奚王避暑庄，有亭台。有北古口至中京北，皆奚境。奚本与契丹等，后为契丹所并。所在分奚、契丹、汉人、渤海杂处之。奚有六节度，都省统领，言语风俗与契丹不同，善耕种，步射，入山采猎，其行如飞"。奚族从事狩猎业，野猪、貂、鹿、虎、鼠等动物的皮、毛也是奚人服饰的一部分，正像到过奚境的宋人苏颂所见，奚人"貂锦羊裘"②。辽代大量墓葬中，应该有奚族的墓葬，可惜至今没能明确判断出来，沈括在其《熙宁使虏图抄》中有"奚人行则骑马"，"其乘车，驾之以驼"③的记载，内蒙古赤峰市解放营子辽墓壁画中有骆驼驾奚车的反映，故辽墓类似题材的壁画人物形象中，也可能有奚族服饰因素，等待日后考古工作的进一步辨析。

---

① 陈述、朱子方主编：《辽会要》，上海古籍出版社2009年版，第1034页。

② （宋）苏辙：《栾城集》，上海古籍出版社1987年。

③ 贾敬颜：《五代宋金元边疆行记十三种疏证稿》，中华书局2004年版。

辽国统辖范围，除五京、六府、156 州军、209 县外，在边域尚有 52 个部族，60 个属国，文献中关于濊貊、铁骊、兀惹、阻卜、于阗、黠戛斯、大食的服饰特点及契丹的关系辑录如下。濊貊"言语法俗大抵与高句丽同，衣服有异。男女衣皆著曲领。男子系银花，广数寸，以为饰"。"有麻布，桑蚕作绵"，"不以珠玉为宝"；① 铁骊属于黑水靺鞨其中一部，位于契丹东北，"惟以大马、蛤蚌、鹰鹘、青鼠、貂鼠等皮、胶鱼皮等物与契丹交易"②；兀惹"衣装、耕种、屋宇、言语与女真人异"，"每年进贡大马、蛤蚌、青鼠皮、貂鼠皮、胶鱼皮、蜜蜡之物，及与北番人任便往来买卖"③；阻卜系契丹、女真人对蒙古草原各部的通称，汉人谓之鞑靼④，"阻卜贡海东青鹘三十连"⑤，另外还进贡名马、驼、貂鼠皮等；于阗"地多桑麻，产美玉"，"高昌国、龟兹国、于阗国、大食国、甘州、沙州、凉州，三年一次遣使，约四百余人，至契丹贡献。玉、珠、犀、乳香、琥珀、碙砂、玛瑙器、镔铁兵器、斜合黑皮、褐黑丝、门得丝、帕里呵、褐里丝。已上皆细毛织成，以两丈为疋"，出土的唐俑中有戴于阗式花帽子的例证⑥；黠戛斯"人皆长大，赤发、皙面、绿瞳，以黑发为不祥。黑瞳者，必曰李陵苗裔也。男少女多，以环贯耳，俗趫伉，男子有勇黥其手，女已嫁黥项"，"服贵貂、豽。阿热冬帽貂，夏帽金扣，锐顶而卷末，诸下皆帽白毡。喜佩刀砺。贱者衣皮不帽，女衣毳毼、锦、罽、绫，盖安西、北庭、大食所贸售也"⑦；大食"其王锦衣玉带，蹑金履，朔望冠百宝纯金冠。其居以玛瑙为柱，绿甘为壁，水晶为瓦，碌石为砖，活石为灰，帏幕用百花锦……市肆多金银绫锦，工匠技术，咸

---

① 陈述、朱子方主编：《辽会要》，上海古籍出版社 2009 年版，第 926 页。

② 陈述、朱子方主编：《辽会要》，上海古籍出版社 2009 年版，第 927 页。

③ 陈述、朱子方主编：《辽会要》，上海古籍出版社 2009 年版，第 929 页。

④ 鞑靼有两种词义，另一种是突厥人对蒙古语系室韦的称呼，始见于 732 年《阙特勤碑》。

⑤ 陈述、朱子方主编：《辽会要》，上海古籍出版社 2009 年版，第 979 页。

⑥ 沈从文：《中国古代服饰研究》，商务印书馆 2010 年版，第 435 页。

⑦ 陈述、朱子方主编：《辽会要》，上海古籍出版社 2009 年版，第 1050 页。

精其能"①。

室韦的服饰在文献中有记载。南室韦在契丹北三千里,"其俗丈夫皆被发,妇人盘发,衣服与契丹同。(《魏书·失韦传》:男女悉衣白鹿皮襦袴。有曲,酿酒。俗爱赤珠,为妇人饰,穿挂于颈,以多为贵)"。"马则织草为鞯,结绳为辔……以猪皮为席,编木为藉",无羊少马,多猪牛,无铁多貂。②"室韦国"……丈夫索发,用角弓,其箭尤长。女妇束发作叉手髻。其国少窃盗,盗一征二;杀人者责马三百匹。男女悉衣白鹿皮襦袴。有曲,酿酒。俗爱赤珠,为妇人饰,穿挂于颈,以多为贵。女不得此,乃至不嫁。③ 就目前的考古资料而言,1998 年发掘的内蒙古海拉尔谢尔塔拉墓地的两座女性墓中出土玻璃串珠缀成的项饰,1986 年和 1995 年经抢救性发掘的陈巴尔虎旗西乌珠尔墓葬中也发现用玛瑙、琥珀、绿松石、玻璃珠串缀而成的项饰,与妇人爱珠挂颈的文献记载相印证。从出土饰物上看,谢尔塔拉墓葬 M1 出土的 U 形三凸耳环与辽代巴彦库仁 M1 辽墓的此类耳环造型相近,这种耳环的原型应始自谢尔塔拉文化早期的西乌珠尔墓葬。经发掘者和研究者辨识,将西乌珠尔墓葬认定为呼伦贝尔草原 7 世纪至 8 世纪的室韦遗存④,将谢尔塔拉墓地初步认定为呼伦贝尔草原公元 9 世纪至 10 世纪的室韦墓葬遗存⑤,西乌珠尔墓葬、谢尔塔拉墓地、巴彦库仁 M1 辽墓在地域上极其接近,耳环上显示出的一致性为我们揭开辽代 U 形带凸耳环的源头提供了重要指针性线索,同时墓葬中呈现出的妇女珠饰传统,为我们理解契丹盛极一时的璎珞也能有所启示。

---

① 陈述、朱子方主编:《辽会要》,上海古籍出版社 2009 年版,第 1053 页,原出处《宋史·大食国传》卷四九〇。

② 陈述、朱子方主编:《辽会要》,上海古籍出版社 2009 年版,第 956、957 页。

③ (唐)李延寿:《北史》卷九四《列传第八十二》,中华书局 1974 年版。

④ 赵越:《论呼伦贝尔发现的室韦遗存》,《内蒙古文物考古文集》第一辑,中国大百科全书出版社 1994 年版。

⑤ 中国社会科学院考古研究所等:《海拉尔谢尔塔拉墓地》,科学出版社 2006 年版。

回鹘服饰与契丹服饰互为融通。公元 840 年，回鹘政权被黠戛斯推翻，后与辽国关系极为密切，在织物原料方面有自己的特色，"土多瑟瑟珠、玉。帛有兜罗緜、毛毼、狨锦、注丝、䋺绫、斜褐……乌金银器，多为商贾于燕，载以橐驼"①，统和二十四年，沙州敦煌王遣使进大食马及美玉，辽以对衣、银器回赐，由此可见，辽国将精美的衣物和银器作为上乘佳礼赠赐给回鹘，势必在服饰文化上产生互动，北宋政府下诏禁止穿着这类材质的衣服，很可能与契丹有关，也从侧面反映出回鹘衣料流通到了辽域范围。唐末五代时期的高昌壁画绘制了四位回鹘进香贵族男子，穿细花小袖长锦袍，可能就是辽金文献中提到的"番锦袍"，衣料近于西北流行的大食、波斯式回鹘小花锦，戴唐式由介帻演变而成的有金花装饰的金冠，背后垂二或四发辫，腰系唐初官服制定的蹀躞七事及帛鱼②，辽代官服中也有蹀躞带的规定。

西夏与辽在政权上并立，经济往来频繁，在服饰文化上有同有异。文献记载盛产驼毛毡，品质极佳，"城中，制造驼毛毡不少，是为世界最丽之毡，亦有白毡，为世界最良之毡。盖以白骆驼毛制之也。所制甚多，商人以之远售契丹及世界各地"，并在榷场出售自己的缯帛、罗绮等丝织物原料或成品，"西夏自景德四年，于保安军置榷场，以缯帛、罗绮易驼、马、牛、羊、玉、毡毯、甘草，以香药、瓷漆器、姜桂易蜜蜡……"③西夏官服建立自己的制度，"其服制：始衣白窄衫，毡冠红裹，冠顶后垂红结绶。文织则璞头、靴笏、紫衣、绯衣；武织则冠金帖起云镂冠、银帖间金镂冠、黑漆冠，衣紫旋襕，金涂银束带，垂蹀躞，佩解结锥、短刀、弓矢韣，马乘鲵皮鞍，垂红缨，打跨钹拂。便服则紫皂地绣盘逑子花旋襕，束带。民庶青绿，以别贵

---

① 陈述、朱子方主编：《辽会要》，上海古籍出版社 2009 年版，第 1013 页，原出处为《松漠纪闻上》。

② 沈从文：《中国古代服饰研究》，商务印书馆 2010 年版，第 433 页。

③ 陈述、朱子方主编：《辽会要》，上海古籍出版社 2009 年版，第 991 页。

贱"①。敦煌壁画中能见到西夏进香贵族的装束，袍服与契丹服接近，圆领窄袖长袍，三叉金属冠和蹀躞七事为其特点。

上述民族或政权人群服饰与契丹服饰的文化交流，建立在杂居共处和通婚的背景之下，往往更加深入。据余靖《契丹官仪》记载，契丹、渤海、奚、汉"四姓杂居，旧不通婚，谋臣韩绍芳献议，乃许婚焉"②。族内婚的形式逐渐被打破，契丹与汉、奚、渤海等族的通婚，也加速了彼此之间的融合。一个民族的服饰文化与周边民族的服饰文化，一方面相对独立，自成体系，另一方面存在不同程度的交流。通过三个层面解读：第一，民族传统服饰属于北方民族服饰系统，其"上衣下裤"式服饰结构是适应北方寒冷的气候以及骑马渔猎生活方式的产物，同属一个系统的民族服饰，由于地理环境、风俗习惯、审美情趣等因素的差异，使得各族服饰在形制、颜色、花纹、材质、装饰等诸多细节上呈现出差异性，而这种差异性恰恰是各族服饰的民族性之所在。第二，"服饰"中"服"和"饰"两个组成部分，"服"所指代的"衣裳"更具有稳定性，受到外来因素的变化较少，形制在长时间内不会发生太大改变。"饰"指代冠饰、耳饰、带具等装饰品，新奇华美的造型易于产生审美共鸣，被接纳甚至吸收，贵重的材质能彰显佩戴者的身份，加上便于流通的特性，增加了饰品在服饰交流中的流转频次，衍生出更多新的造型。第三，服饰文化交流有主线和辅线之分，主线即互通使节、榷场贸易、人口流动带动的显性交流，辅线即隐含在地域过渡、习俗相似背景下的价值认同，服饰文化交流在不经意间会在过渡民族中残留些微沉淀。

---

① 陈述、朱子方主编：《辽会要》，上海古籍出版社 2009 年版，第 993 页，原出处为《宋史》卷四八五《夏国传》。

② 余靖：《契丹官仪》，见曾枣庄、刘琳等点校：《全宋文》，上海辞书出版社 2006 年版。

第三节 辽代服饰对后世的影响

如果把晚唐文化、五代文化、北宋文化都看作是广义的汉文化圈，它们构成中国历史发展进程中文化的大传统，那么北方契丹文化作为游牧文化圈的一分子，它就是这一历史进程中文化的小传统，北方区域文化像一股新鲜的血液，不断丰富着汉文化大传统，从服饰上我们可以看到，辽代服饰是一个复杂文化的集合体，契丹服和汉服作为主体文化既对立又统一，汉服大传统在吐故纳新之后充满时代的活力，新的服饰样式和织造技法对后世产生了一定的影响。

一、女子汉服南北差异在金元的流布

唐代是服饰大变革的时代，女装摆脱了汉代深衣的影响，融入了一些外来因素，形成了一套新的样式，即衫、裙、帔三件套，辽代女子汉服加以继承，成为北方长城沿线女子汉服的主流样式，与此同时，北宋兴起的褙子女装风靡一时，在北方宋境内盛行，并向辽境挺进。以澶渊之盟后的辽金边境为界，女子服饰呈现出两种迥然有别的面貌来，我们暂称为南北差异。

这种差异率先在大同辽墓壁画中显现出来，辽代大同地区是文化碰撞的前沿阵地，服饰面貌具有多元性。E类服饰的人物丰腴红颜，单髻较高，广袖拖裙，似有唐俑遗风，襦衫扎进裹胸长裙、长裙拖地也是唐装的标准样式①（图 2-13，4），至五代，传南唐周文矩《宫中图》（图 2-13，5）和传南唐顾闳中《韩熙载夜宴图》（图 2-13，6）中女子的装束仍未脱离这一范式，

---

① 孙机先生在《唐代妇女的服装与化妆》一文中提出并论证了唐代女装的构成，其基本构成：裙、衫、帔，无论丰俭，这三件都是不可缺少的。

只是整体更瘦拔，这种样式来源于唐代、五代服饰传统；F类服饰中的花冠和长褙子是新的服饰元素，典型的宋文化要素容易辨识，这种组合搭配接受了北宋的文化影响。综上所述，大同辽代壁画人物服饰既接受北方契丹文化的影响，又受到中原北宋文化的影响，再加上本地晚唐、五代文化传统的浸润，在服饰面貌上呈现出复杂、多元、独特的风格，黄蓝色系的交错组合别具地域特色。

上述 E 类、H 类两类女子服饰在金元女装中被广泛接纳并推广。山西地区发现了一大批金代壁画墓，我们得以管窥金代女子的着装情况，E 类、H 类两类各占半壁江山，前者以包髻、襦衫扎进裹胸长裙为特征，增加披帛和腰带花结的新元素，偶有凤冠代替包髻，实为前文所涉辽代 E 类的改良版，见于大同徐龟墓（图 2-11，7）、陵川县附城镇玉泉村金墓、繁峙县杏园乡南关村金墓、平定县城关镇西关村 M1①；后者以包髻和长褙子为特征，与前文所设 H 类几无差异，见于汾阳市东龙观村金代家族墓地 M5（图 2-14，2）、汾阳北郊 M5 中的启门女子。有趣的是，在绛县城内村金墓中两类女装并存，壁画女子包髻的发式完全相同，E 类有 1 例人物（图 2-11，8），H 类出现 6 例（图 2-14，3），比重很高，女墓主和侍女中都有穿着。我们可以察觉到服饰的组合有固定的模式，披帛和褙子分属不同的服饰系列，而花冠和长褙子组合的 H 类是晋南地区姜家沟北宋墓中的主流服饰，E 类则在元代继续流行，屯留县康庄村 M2（图 2-11，9）、运城西里庄元墓中仍能见到披帛和裹胸长裙的踪影。由此可见，E 类、H 类的差异逐渐转化为南北差异，包髻、襦衫、裹胸长裙逐渐成为北方女装的主流，而同时期南方女装则以花冠、长褙子为主要元素，元代散曲的记载印证了南北着装差异的存在②，其识别性特征与 E 类、H 类的差异也大体一致。

---

① 徐光冀：《中国出土壁画全集·山西卷》，科学出版社 2012 年版，第 148、154、169、175 页。

② 元代女子装束有南北之别，元无名氏散曲【中吕】《喜春来·四节》："冠儿褙子多风韵，包髻团衫也不村，画堂歌管两般春"，"冠儿褙子"，自是南地女子，"包髻团衫"，自是北地女子。

二、男子服饰样式基本定型

唐代三百年，是我国封建文化繁荣发达的时代。唐人有气魄，对外来事物能广泛包容，择其精华而吸取，表现在服饰上面，出现了崭新的面貌。如果一个只熟悉汉魏冠冕衣裳的人，忽然放到着幞头、缺胯袍、蹀躞带、长鞴靴的唐人面前，尤为陌生，这是由于唐代男装吸收了胡服褊衣的若干成分，将汉魏以来的服饰全盘改造了的缘故。辽代男子汉服与北宋男子服饰的差异微乎其微，仍然继承唐代服饰变革后的袍服传统，以幞头、缺胯袍、蹀躞带为基础，只是长鞴靴易为便鞋，袍服在用料上更为考究，士大夫追求轻盈飘逸，被称为衫，除幞头外，研发出各种各样的巾帽，如东坡帽、黑帽等，大同地区 C 类服饰颇有五代遗风，与 924 年河北曲阳王处直墓 4 位侍官的装束如出一辙①。宋·孟元老《东京梦华录》卷一〇："执旗人紫衫帽子，每一象则一人，裹交脚幞头"，这种人物形象在辽代库伦壁画墓仪仗图中出现过，宋史记载仪仗剑器队裹交脚幞头，此后成为金元明仪卫之服的标配。

辽代锦袍上的雁衔绶带纹显露出向元明清补服演进的端倪。辽代早期代钦塔拉 M3 墓葬出土的锦袍据考证可能是来自中原的赐服，以服饰上的动物纹表示等级的形式可能源于武则天时期，《旧唐书·舆服制》载："赐文武三品以上……宰相饰以凤池，尚书饰以对雁"，至文宗时其形式固定下来，仍是三品以上的官员或节度使、观察史才能使用雁、鹘、孔雀等大鸟做纹样，从出土实物看，这种做法一直延续到了辽代早期，而在南方北宋境内是被弱化的，服饰的纹样比较朴素，能体现官服等级的主要标志是绶带，以不同的图案加以区分。在辽代晚期至金元时期的服饰等级似乎没有明文规定，但是这一时期的服饰上出现了大面积的自然题材纹样，辽代服饰上出现了飞鹰逐鹿、花树对鹿、骑马人物等纹样，在金代流行春水秋山题材，《金史·舆服

---

①　河北省文物研究所等：《五代王处直墓》，文物出版社 1998 年版。

制》载："其从春水之服，则多鹘捕鹅杂花卉之饰，其从秋山之服，则以熊鹿山林为之"，服饰上也体现出类似的内容题材。这种纹样在蒙元时期进一步发展，据报道出土于山东邹城李裕庵墓的梅鹊织补，大小为 30 厘米见方，真正具备了胸部的外形，成为明清时期补服盛行的雏形阶段，明清补服中进一步将自然题材中的飞禽和走兽与文职和武职相对应，创制出一套全新的官服制度。从象征意义来讲，辽代锦袍是从早期赐服到明代补服定型的重要环节。

三、织造技术对后世的影响

缎纹结构最早出现在辽式纬锦上。代钦塔拉 M3 出土的雁衔绶带锦袍、遍地花卉龟背重莲童子雁雀锦袍、百纳织物中心的飞雁花卉纹锦，织物结构在斜纹纬锦的基础上出现了缎纹结构，缎纹结构是一种创新的织物结构，从技术上看，辽式纬锦是唐代纬锦的发展，同时也是元代缎纹的前身，在唐元织物结构上起到了承上启下的重要作用。此外，辽代的刺绣工艺对后世也产生了一定的影响，吐尔基山辽墓出土的罗地彩绣团凤裙，彩线绣出双凤团花图案，非常精美；解放营子辽墓出土丝织品上的刺绣，通过调配各种丝线搭配颜色，使折枝花呈现晕染立体效果，刺绣针法多以锁绣做梗脉或边框，以铺绒绣填花叶或花蕊，有的图案为了突出边缘或显示华贵，还在花纹外缘使用贴金线绣。金齐国王墓出土的绿罗萱草绣鞋和宣草团花绣锦大口裤（图 4-2，5）上均显示了精湛的刺绣技艺，萱草花写实随意，线条更加流畅舒展，绣工更加精进。

解放营子辽代墓出土的丝织品残片在染色上都属褐色系，只不过有深浅之分，但印花工艺较丰富。烟色泥金印花四纹罗带，在烟色素罗上镂刻花版，再涂以金泥颜料，至今仍有金属光泽，没有脱落，不失华贵高雅之感，说明金泥颜料的黏合剂和金泥质量都极好。金齐国王墓中有很多衣物上有金花图案，使用频次很高，有折枝梅花、小团花、梵文各种纹样，也许存在工艺上的借鉴与传承。在丝织物的印染上，中原地区和辽朝都流行染撷产品，甚至宋神宗熙宁年间，为了整顿军容，将士服装都采用夹颗印花印染军服，"置为行军之号，又为卫士之衣"，解放营子辽墓出土的夹撷印花四绞罗，无论在制版和印染上都制作精细，同出的黄色靛蓝印花四绞罗就采用了当时民间比较流行的夹撷印染工艺，所印织物花纹对称，图案工整，色地分明，虽经地下一千余年的埋藏仍不失当年秀色，可见辽地也很喜欢夹撷印染织物。解放营子辽墓出土的泥金印花织物在宋朝更为流行，由于用量大，宋朝曾以金银为"山泽之宝，所得至难"为由，禁止在民间服用。

四、辽代服饰在后世的微沉淀

辽代与金代的物质文化面貌历来难以区分，源于生活地域临近或部分重合，女真和契丹从羁縻关系到取而代之，女真与契丹民族服饰的关系尤为密切。文献记载，女真"其衣服，则衣布好白，衣短而左衽。妇人辫发盘髻，男子辫发垂后。耳垂金银，留脑后发，以色系之。富者以珠玉为饰，衣墨裘细布，貂鼠、青鼠、狐貂之衣；贫者衣牛、马、猪、羊、猫、蛇、鱼之皮"[①]，这里记述的服饰应该是女真人的传统服饰，短衣左衽，辫发盘髻或辫发垂后，滴水壶辽墓壁画中有辫发盘髻的女子形象。另《金史·舆服志》记载："妇人服襜裙，多以黑紫，上编绣全枝花，周身六襞积。上衣谓之团衫，用黑紫或皂及绀，直领，左衽，披缝，两傍复为双襞积，前拂地，后曳地尺余。带色用红黄，前双垂至下齐，年老者以罩纱笼髻如巾状，散缀玉钿于上，谓之玉逍遥。此皆辽服也，金亦袭之"，文中描述的襜裙可能就是褶裙，

---

① 陈述、朱子方主编：《辽会要》，上海古籍出版社 2009 年版，第 934 页，原出处为《三朝北盟会编》卷三。

在宣化辽墓中习见,宣化M4辽墓中出现数例包髻女性形象。由此可见,金代对辽代有一定的历史记忆,辽代壁画以独特的方式将文献中记载的服饰形制再现出来,并与金代文献对应起来,形象展现了金代服饰对辽代服饰的因袭关系。

图4-2 辽代长袍与金代长袍①

1.耶律羽之辽墓 2.巴林左旗辽上京遗址西北群山辽墓 3、4、5、6.金齐国王墓

---

① 图中的1摘自内蒙古国有馆藏珍贵文物数据库,2由刘海清根据照片改绘,3、4、5、6摘自《金代服饰:金齐国王墓出土服饰研究》。

当然，想详细了解辽代服饰和金代服饰的异同，还得从具体的考古材料出发。1988 年，黑龙江省文物考古研究所对阿城齐国王墓进行抢救性清理，出土了一批最为完整的金代服饰资料。墓中男女墓主人身着衣裳冠履保存完整，是首次出土的金代服饰实物，填补了中国古代服饰实物中金代服饰的空白，除了发掘简报①公布数据之外，赵评春以专著的形式将金代服饰的清理过程和高清照片进行刊布②，对于金代服饰资料的完整呈现具有重要意义。如果将辽墓出土的服饰丝织品与金齐国王墓出土的服饰丝织品相比较，会有新的收获。辽代服饰丝织品出土最集中的当是耶律羽之墓、吐尔基山辽墓和代钦塔拉 M3 辽墓，耶律羽之墓出土 2 件长袍，均为直领右衽，分别以双凤黑彩团花图案（图 4-2，1）和葵花对鸟雀蝶图案做装饰，代钦塔拉 M3辽墓出土的 4 件长袍均为直领左衽，以团花图案做装饰；金齐国王墓共出土4 件长袍：其中 2 件男袍均为左衽，腰间扎系锦罗腰带，一件为圆领（图 4-2，3），另一件为直领（图 4-2，4），分别以梵文金锦襕和鸾鸟金锦团花图案做装饰，另外 2 件女袍均为直领左衽，腰间扎系罗带，最外层的那件袍后开气（图 4-2，5），更加宽松，以折枝梅花金锦图案做装饰，里层的袍两侧开气（图 4-2，6），较为偏狭，以云龙纹满地装金锦做装饰。巴林左旗辽上京遗址西北群山辽墓出土的褐绫提花团窠狮豸纹棉袍（图 4-2，2），圆领左衽，后开气，与上述金齐国王墓的圆领男袍更为相似，袍后开气，两片互相叠压，既便于上下马或劳作，双片叠压设计还能挡风御寒，因适应环境而被延续。吐尔基山辽墓出土过 5 件褶裙（图 4-4，2），应该就是文献中的襜裙，只是长度较短，出土 7 件短襦（图 4-4，1），其中长袖 5 件，均为左衽，半袖 2 件，均为右衽，可能就是文献中所指的团衫，与襜裙搭配穿着，图案以团花或鸾鸟相绕为主；褶裙和短襦在金齐国王墓女墓主身上也能见到，褐绿

---

①　黑龙江省文物考古研究所：《黑龙江阿城巨源金代齐国王墓发掘简报》，《文物》1989 年第10 期。

②　赵评春：《金代服饰：金齐国王墓出土服饰研究》，文物出版社 1998 年版。

地折枝梅金锦襜裙（图4-4，4）尤为耀眼，高腰后敞口，口处缀两根长带，从胸前系结固定，与襜裙搭配的短襦（团衫）有2件，两侧开气，一件搭在襜裙高腰外面，另一件系在襜裙高腰里（图4-4，3），更像成套服饰。代钦塔拉M3辽墓除了出土与金齐国王墓类同的短襦之外，出土了多种长裤和短裤（图4-3，7），被后世所继承的有连脚长裤和平口短裤（图4-3，8、图4-3，10），也是在金齐国王墓里。与此同时，辽服饰中的抹额、高勒袜（图4-3，6）、布帛腰带、吊敦都一定程度上被金代服饰（图4-3，9）所继承。此外，我们在辽墓壁画中，经常能观察到袍服被掖进腰带露出蔽膝的情景，然而却没能见到出土的实物，但是在金齐国王墓中出土了一件完整的蔽膝丝织品（图4-3，11），团花金锦做装饰，并穿着在男主人身上，使我们得以目睹蔽膝的真容实貌。

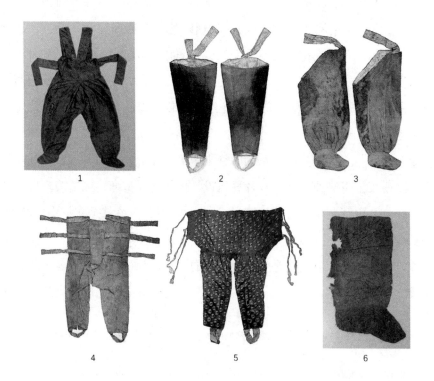

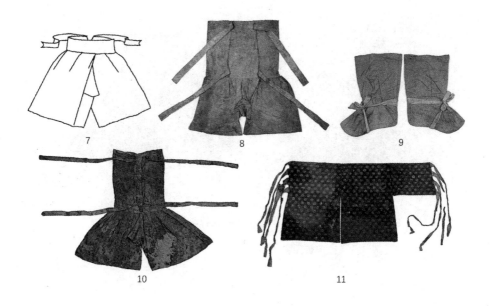

图4-3 辽代、金代的吊敦、短裤与袜、蔽膝①

1、2、3、4、5.吊敦（耶律羽之辽墓、金齐国王墓、金齐国王墓、金齐国王墓、金齐国王墓）

7、8、10.短裤（代钦塔拉M3辽墓、金齐国王墓、金齐国王墓）6、9.袜（赤峰博物馆馆藏、金齐国王墓）11.蔽膝（金齐国王墓）

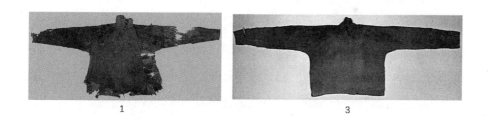

① 图中的1摘自内蒙古国有馆藏珍贵文物数据库，6为作者拍摄，7摘自《内蒙古兴安盟代钦塔拉辽墓出土丝绸服饰》，2—5、8—11摘自《金代服饰：金齐国王墓出土服饰研究》。

2   4

图 4-4　辽代、金代的团衫与襜裙 ①

1、2.吐尔基山辽墓 3、4.金齐国王墓

　　可兹对比的还有出土的首饰遗物。玉石、玛瑙组成的多重项链被习称为璎珞，璎珞曾在辽代掀起佩戴的高峰，数量众多且材质多样，金代齐国王墓出土金丝管和玛瑙管交错组成的三重项链（图 4-5，10），虽然组合方式略有差异，但应该是在辽代璎珞（图 4-5，8、图 4-5，9）的基础上改创的结果。在其他金代考古遗存中还发现心形饰，它在辽代璎珞中有固定的位置，说明璎珞文化在金代仍有延续。虽然金、玉巾环多流行于金代，出土实物表明其出现的源头却在辽代，二八地 M1 辽代早期墓葬出土了龟纹金环，辽代晚期的例证有大西沟辽墓的金巾环（图 4-5，1）、法库红花岭辽墓的 2 件竹节形金巾环（图 4-5，2）、叶茂台 23 号辽墓的金巾环 ②。据统计，金代金质巾环的考古资料目前有 5 例，最有代表性的墓例是黑龙江阿城金代齐国王完颜晏墓，墓葬完整呈现了巾环的使用方法，花珠冠用巾环来调节松紧并做装饰（图 4-5，3）。哈尔滨新香坊金代墓地出土了金巾环、玉巾环、玉鸟

---

① 图中的 1、2 由塔拉先生提供，3、4 摘自《金代服饰：金齐国王墓出土服饰研究》。

② 王春燕：《辽代金银器研究》，科学出版社 2020 年版。

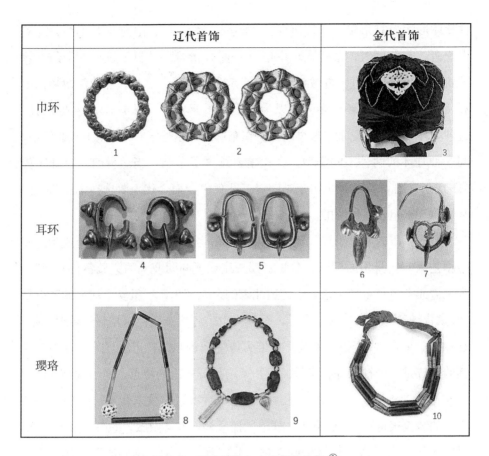

	辽代首饰		金代首饰
巾环	1	2	3
耳环	4	5	6　7
璎珞	8	9	10

图 4-5　辽代首饰与金代首饰比较 [①]

1. 大西沟辽墓 2. 红花岭辽墓 3. 齐国王金墓 4. 巴彦库仁 M1 辽墓 5. 朝阳沟辽墓 6. 新香坊 M5 金墓 7. 黑龙江博物馆馆藏 8. 耶律羽之辽墓 9. 吐尔基山辽墓 10. 齐国王金墓

饰、玉天鹅饰[②]，可能都是金人帽子上特有的装饰。辽代盛行耳环，其中一

①　图中的 1 摘自《辽宁省文物考古研究所藏文物精华》,2 摘自《法库红花岭辽墓》,3、10 摘自《金代服饰：金齐国王墓出土服饰研究》,4 摘自内蒙古国有馆藏珍贵文物数据库,5 摘自《沈阳考古文集》,6、7 摘自《黑龙江省博物馆藏金银器精选》,8 摘自《探寻逝去的王朝——辽耶律羽之墓》,9 摘自《文物华章：内蒙古自治区文物考古研究所 60 年重要出土文物》。

②　黑龙江省博物馆:《哈尔滨新香坊墓地出土的金代文物》,《北方文物》2007 年第 3 期。

种整体形状为 U 形单凸，目前有 10 例考古资料，如朝阳沟辽墓（图 4-5，5）出土者。与此同时，金代耳环中也有一种 U 形耳环，只不过有三个凸，除了新香坊 M5 和奥里米古城墓葬出土的 5 件金耳环[①]之外，黑龙江博物馆馆藏文物中的此类耳环很多，还以为分出若干亚型来（图 4-5，7）。据研究，这种耳环文化内涵复杂，最早的源头在东后贝加尔地区[②]，在南下的线路中，同一种耳环的两种不同类型，辽代主要选择了单凸，当然目前在巴彦库仁 M1 辽墓（图 4-5，4）也出土过一对三凸孤例，而金代主要选择了三凸，但是从源头上追索是同源的。

短袍、吊敦本属于辽代契丹装束，曾在北宋社会中流行，甚至成为民间杂剧艺人职业身份的标识。在北宋都城汴梁不同职业人的穿戴各自不同[③]，宋·孟元老《京东梦华录》中记述北宋的杂剧演出，一批女童演员的装束是"女童皆妙龄翘楚，结束如男子，短顶头巾，各着杂色锦绣拈金丝番缎窄袍，红绿吊敦束带"，窄袍、吊敦、束带为传统契丹服的特点。辽墓壁画中的窄袍俯拾皆是，窄袖及膝、束带、后开叉均是契丹袍的特点，而吊敦经常被袍或靴遮挡，难以从图像中看到。中国历史博物馆收藏宋代雕砖上的杂剧人物[④]的装束很特别：内着直领，外罩紧袖窄衫，开叉及腰，系带，紧裤及袜，足穿靴子，有学者考证该杂剧人物为北宋都城汴梁戏剧界的著名演员丁都赛，风格属于契丹装束[⑤]。当时北宋的京城汴梁，"契丹服"曾风靡一时，北宋统治集团曾观察并制止过这种服饰的异化，《宋史》记载有人谏言："衣服

---

① a.黑龙江省文物考古工作队：《松花江下游奥里米古城及其周围的金代墓群》，《文物》1977年第4期。b.胡秀杰：《黑龙江省绥滨奥里米古城及其周围墓群出土文物》，《北方文物》1995年第2期。

② 王春燕：《辽代金银器研究》，科学出版社 2020 年版。

③ 《东京梦华录》"民俗"条中记载："其士农工商诸行百户衣裳，各有本色，不敢越外。谓如香铺裹香人，即顶帽披被；质库掌事，即着皂衫角带不顶帽之类。街市行人，便认得是何色目。"

④ 属于传世文物，据说是从河南偃师一带的宋墓出土，共出的还有四块略大，上刻浮雕仕女人像。

⑤ 参见刘念慈：《宋杂剧丁都塞雕砖考》，《文物》1980 年第 2 期。

之制，尤不可缓。今闾阎之卑，倡优之贱，男子服戴犀玉，妇人涂饰金珠，尚多僭侈，未合古制"①……是岁，又诏："敢为契丹服若毡笠、钩𫄸之类者，以违御笔论钩𫄸今亦谓之草蓑袴，妇人之服也"。我们以为宋氏所言"吊敦"和诏书所言"钩𫄸"属同一事物的不同称谓，即袜裤相连的一体式衣服，便于着靴，本书暂以吊敦适称。辽墓出土的吊敦实物有腰有背带，在耶律羽之辽墓（图4-3，1）和代钦塔拉 M3 辽墓都出土过，课题组专门赴阿鲁科尔沁旗博物馆对耶律羽之吊敦做过实物形制考察（图4-6），确认前后开裆，甚至在裆周边有发黑的血迹，裤腿与袜连成整体，在腰口系带。至金、南宋时期，目前见到的吊敦实物为无腰的分腿式，类似于今天的护膝，金齐国王墓男女主人身上各穿着了 2 副吊敦，裤腿分开，男裤脚连蹬带（图4-3，2），女裤脚连袜（图4-3，3），裤腿顶端各缀一条带子，由于丝织品难以在南方墓葬中保存，南宋福州黄升墓出土的女裤就尤为珍贵，仍保留开裆的吊敦样式，但无背带，开至腰口，腰口系带②，应该是一种被发展了的新样式，这种新样式被称为"大口裤"，在同时期的北方金齐国王墓里都出土过（图4-3，4、图4-3，5）。这种服饰元素对后世的解马装产生了一定的影响，明清"踹软索"的绳伎女子，始终做这种装扮。

契丹男服有长袍和短袍之分，长袍庄重能御寒，而短袍凭借其轻便实用，在金元时期被广泛使用。大同地区 A 类、B 类服饰内含契丹文化因素，集中体现在短袍和髡发上，这种装束在早期的宝山辽墓中比比皆是，相比于髡发，短袍在后世更有生命力，便于劳作的优点使得在金代男子服饰中出现频次很高，多与黑巾组合出现，元代仍在延续使用③。辽代壁画中女子汉服中的褙子在后世沿用。褙子是北宋人的发明，同时期在大同或宣化壁画中出现，是一种文化融合的体现，两宋时期的褙子对襟、直领，时常穿在襦袄之

---

① （元）脱脱等：《宋史》卷一五三《舆服志》权发遣提举淮南东路学事丁璹谏言。

② 沈从文：《中国古代服饰研究》，商务印书馆 2017 年版，第 138 页。

③ 董新林、张鹏主编：《中国墓室壁画全集·宋辽金元卷》，河北教育出版社 2011 年版。

外，贵贱均可服用，明代继续使用，作为后妃、命妇常服，所用颜色、纹样皆有定制。

图4-6　2019年课题组随塔拉先生在阿鲁科尔沁旗博物馆考察辽墓出土丝织品①

综上所述，辽代契丹服中的短袍、吊敦、蔽膝、串饰、耳环、巾环是北方民族从环境和审美出发不断提炼和筛选的产物，在古代服饰从宽松形制发展到偏狭形制中不可逾越的重要环节，是中国古代服饰从礼服一元体系发展为礼服和常服二元体系的重要阶段，功能性和装饰性被逐渐重视。从常服的角度审视，契丹服对后世服饰的贡献率比较大，至今在民族服饰的领域仍有传承和延续。辽代汉服处于契丹服和中原汉服交流的中间地带，更善于在礼服等级性与常服功能性的平衡中寻求发展，幞头、腰带、褙子等服饰部件在互鉴中优化，共同被后世服饰所借鉴或采用。

---

① 图片由作者拍摄。

结　语

辽代是中国服饰史上一个非常重要的时代。它上承大唐，许多唐代壁画人物服饰和丝织品研究中的困惑，可以在辽墓壁画和出土实物中得到解答或启示，下接宋金，大量宋金服饰的特点可以在此找到源头。与此同时，由于出土的晚唐、北宋壁画和丝织物甚少，辽代服饰资料就显得尤为重要。

通观本书诸章论述，可以将辽代服饰发展演变的区域特点和历史进程总结如下：

一、区域服饰的多样化面貌。契丹服和汉服是辽代最为显著的服饰类别，在不同区域的组合模式上存有差异，长城南北的区域差异尤为突出。在长城以北，契丹服是上京地区和东京地区的主流服饰，汉服占据微弱的比重，这里是契丹服的核心区；在长城以南，汉服是绝对的主流服饰，契丹服局部闪现，契丹因子的高低与距离契丹服核心区的远近有关，距离较近的宣化地区的契丹服要明显多于距离较远的大同地区；中京地区地处长城南北的孔道连接地带，服饰上呈现出显著的对峙与融合，汉服和契丹服的使用比重大体相当，女服接受了更多的契丹影响。南北两大文化圈的文化传统和辐射力在服饰上得以清晰地呈现。

二、契丹服的有序演进与定型。辽上京地区为例，作为辽国的中心腹地，资料最为全面，临潢府作为辽国的都城所在地，服饰考古资料具备分期的要求。通过契丹服的组合、分期研究，使我们明晰二百年间的契丹服不是一成不变的，它经历了动态的发展过程，集中体现在髡发的革新、短袍到长袍的变革、络缝靴及巾帽的出现上，其中鬓发留长是演进中最显著的特点，与宋人沈括"其人剪发，妥其两髦"的概述精准吻合。

三、汉服内部的南北差异。在中国第二次南北朝的时代背景下，汉服发生着剧烈的内部变化，集中体现在女服的南北差异上。唐代是服饰大变革的时代，女装摆脱了汉代深衣的影响，融入了一些外来因素，形成了衫、裙、帔三件套的新样式，辽代女子汉服加以继承，成为北方长城沿线女子汉服的主流样式。与此同时，北宋兴起的褙子女装风靡一时，在北方宋境内盛行，并向辽境挺进。这种南北差异在大同辽墓壁画中显著地表现出来，两种服饰承载着两种文化传统碰撞、接纳，并以求同存异的态度将服饰上的典型要素加以延续，逐渐演进成金元时期南北方大区域的南北差异，壁画图像资料显示，包髻、襦衫、长裙逐渐成为北方女装的主流，而同时期南方女装则以花冠、长褙子为主要元素，元代散曲的记载同步印证了南北女装差异的存在。

以上诸多考古认识的实际建立在深厚的历史基础之上。

一、辽国是契丹族建立的、汉族居于重要地位的多民族国家，两个主要民族在生活方式和文化传统方面的巨大差异是造成契丹服和汉服差异的基本前提。北宋王曾出使辽国记述见闻："自过古北口，即蕃境，居人草庵板屋，亦务耕种，但无桑柘；所种皆从垅上，盖吹沙所壅。山中长松郁然。深谷中多烧炭为业，时见畜牧牛马橐驼，尤多青羊黄豕。亦有挈车帐，逐水草涉猎。食止麋粥、炒糒"①。契丹与汉民族之间在生存环境和生活方式上存在着巨大的差异，必然会导致服饰传统要与之适应，从契丹服的功能性考虑，护耳形制的毡皮帽在寒冬更实用，吊敦与蔽膝更加满足于户外保暖、骑射等多方面需求，短袍的后开气、衣襟常被掖进腰带的形态反映出契丹人在劳作中的自如性，高鞡靴更便于涉草防潮；从汉服的角度出发，幞头、腰带更多要

---

① （宋）李焘：《续资治通鉴长编》卷七九《真宗大中祥符五年十月己酉条》，中华书局1980年版，第1796页。

满足礼制的需求，高腰线的长裙、对襟的长褙子更能体现女性端庄的仪态，面料上追求轻薄舒适，有生活品质上的需求。

二、辽代处于唐宋变革的宏观历史背景之中，服饰变革或演进的路径不能脱离它而存在。圣宗时期是辽国的鼎盛时期，在军事征战、疆域拓展、榷场贸易、文化交流、驿站建设等方面都开创了前所未有的新局面，"改革"成为圣宗中兴的关键词，契丹文化与汉文化展开了全方位的碰撞与融合，契丹服的"变革"也同步发生，内部的深层次原因可能与整个时代社会结构的调整与变动有关。与此同时，宣化地区作为契丹人统治下的汉人聚集区，是南方汉文化圈与北方契丹文化圈交流的大前方，对唐宋变革引发的社会结构调整更为敏感。宣化辽墓中最重要的人物是一号墓主张世卿和四号墓主韩师训，张世卿因在大安年间捐粟得爵而"特授右班殿直"，韩师训则"贸贱鬻贵……致家肥厚"的商贾①，这一现象反映出地方豪富新型阶层在辽代晚期的崛起，这一阶层的特点是"以田园商贾丰富家财，通过捐官、举进士等辅助手段巩固家族地位，并热衷于赞助地方宗教等公共事务"②，在基层社会中具有相当的影响力，他们依靠不断蓄增的经济实力和社会影响力，在契丹政权中能逐渐获得话语权，因此对于民族融合、加深民族认同、提升汉人在少数民族政权中的地位具有积极的作用。

本书从辽代服饰的考古材料出发，高度关注服饰的区域性特征，以长城为线，分成南北两大区域，内部再分出小区域，从服饰组件的类型和组合入手，甄别每个小区域内服饰的搭配，考量服饰在性别、年龄、族属、等级等方面的差异性，大胆假设，小心求证，一份材料说一分话，探究区域文化与辽文化圈内部以及周边的联系，这种联系既有横向联系，也存在纵向联系，尤其体现在契丹服与动态的汉服的关系上。尽管研究还存在缺环和不完善之

---

①　河北省文物考古研究所：《宣化辽墓——1974—1993 年考古发掘报告》，文物出版社 2001年版。

②　刘未：《辽代墓葬的考古学研究》，科学出版社 2016 年版，第 102 页。

处，但是以服饰的全新视角切入考古材料的研究中，能够发现以往研究中被忽视的一些问题，比如服饰的南北差异问题，受族属和文化传统的双重影响，服饰交流呈现出的自由性在考古材料中自然而然地表现出来，与北魏孝文帝强制服饰汉化的路径相比照，这才应该是中国服饰文化交往的常态和主流。

辽政权真正意义上实现了有效管理北方草原地区和燕山以南的农耕区域的政治理想，其治国理政的宝典便是因俗而治的国策，即正史中记载的"以国制治契丹，以汉制待汉人"的统治政策。一方面在国俗上继承与革新，尊重本民族的服饰文化传统，另一方面没有强制推行燕山以南农耕区域的契丹化，而是尊重文化间的自由交往，尊重该地区深厚的晚唐、五代的汉服文化传统。辽代服饰的总的构成是各个区域服饰的集合体，共同成为中国古代服饰发展序列中不可忽略的重要环节，多元一体中华民族融合发展的理念在服饰上得以呈现。

参考文献

一、古代文献

（元）脱脱等：《宋史》，中华书局 1975 年版。

（宋）沈括：《梦溪笔谈》，商务印书馆 1983 年版。

（宋）叶隆礼：《契丹国志》，贾敬颜、林荣贵校，中华书局 2014 年版。

（元）脱脱等：《辽史》，中华书局 1975 年版。

（宋）庄焯：《唐宋史料笔记丛刊·鸡肋篇》，中华书局 1983 年版。

（后晋）刘昫等：《旧唐书》，中华书局 1975 年版。

（宋）苏辙：《栾城集》，上海古籍出版社 1987 年版。

（宋）龚明之：《中吴纪闻》，中国书店 2018 年版。

（宋）王钦若：《册府元龟》，中华书局 1960 年版。

（晋）陈寿：《三国志》，中华书局 2006 年版。

（南朝宋）范晔：《后汉书》，中华书局 2007 年版。

（唐）房玄龄：《晋书》，中华书局 2000 年版。

（梁）沈约：《宋书》，中华书局 1974 年版。

（宋）司马光：《资治通鉴》，中华书局 2007 年版。

（宋）李昉等：《太平御览》，中华书局 1960 年版。

（宋）欧阳修、宋祁：《新唐书》，中华书局 1975 年版。

（宋）李焘：《续资治通鉴长编》，中华书局 1986 年版。

（元）脱脱等：《金史》，中华书局 1975 年版。

（唐）李延寿：《北史》，中华书局 1974 年版。

（宋）苏辙：《燕山》，转赵永春辑注：《奉使辽金行程录》，商务印书馆 2017 年版。

贾敬颜:《五代宋金元边疆行记十三种疏证稿》,中华书局 2004 年版。

曾枣庄、刘琳等点校:《全宋文》,上海辞书出版社 2006 年版。

陈述、朱子方主编:《辽会要》,上海古籍出版社 2009 年版。

赵永春辑注:《奉使辽金行程录》,商务印书馆 2017 年版。

二、研究专著

（一）服饰类

赵丰:《辽代丝绸》,香港沐文堂美术出版社 2004 年版。

王青煜:《辽代服饰》,辽宁画报出版社 2002 年版。

李薇:《中国北方少数民族服饰研究·契丹卷》,东华大学出版社 2013 年版。

周锡保:《中国古代服饰史》,中国戏剧出版社 1984 年版。

周汛、高春明编:《中国衣冠服饰大辞典》,上海辞书出版社 1996 年版。

黄能馥、陈娟娟:《中华历代服饰艺术》,中国旅游出版社 1999 年版。

周汛、高春明:《中国古代服饰大观》,重庆出版社 1994 年版。

王明泽:《中国古代服饰》,北京科技出版社 1995 年版。

华梅:《中国服饰》,五洲传媒出版社 2004 年版。

沈从文:《中国古代服饰研究》,商务印书馆 1981 年版。

孙机:《中国古舆服论丛》,文物出版社 2001 年版。

郑春颖:《高句丽服饰研究》,中国社会科学出版社 2015 年版。

李艳红:《金代民族服饰的区域性研究》,中国纺织出版社 2017 年版。

（二）历史考古类

刘未:《辽代墓葬的考古学研究》,科学出版社 2016 年版。

王春燕:《辽代金银器研究》,科学出版社 2020 年版。

于宝东:《辽金元玉器研究》,内蒙古大学出版社 2007 年版。

许晓东:《辽代玉器研究》,紫禁城出版社 2003 年版。

朱天舒:《辽代金银器》,文物出版社 1998 年版。

庄华峰等：《中国社会生活史》，合肥工业大学出版社 2004 年版。

巫鸿：《武梁祠：中国古代画像艺术的思想性》，生活·读书·新知三联书店 2015 年版。

埃玛·邦克等：《金翠流芳——梦蝶轩藏中国古代饰物》，香港大学美术博物馆，2002 年。

张景明：《中国北方草原古代金银器》，文物出版社 2005 年版。

赵评春、迟本毅：《金代服饰：金齐国王墓出土服饰研究》，文物出版社 1998 年版。

三、考古发掘报告或简报

内蒙古自治区文物考古研究所、哲里木盟博物馆：《辽陈国公主墓》，文物出版社 1993 年版。

河北省文物研究所：《宣化辽墓——1974—1993 年考古发掘报告》，文物出版社 2001 年版。

辽宁省文物考古研究所：《凌源小喇嘛沟辽墓》，文物出版社 2015 年版。

张家口市宣化区文物保管所：《宣化下八里 Ⅱ 区辽壁画墓考古发掘简报》，文物出版社 2008 年版。

辽宁省文物考古研究所：《关山辽墓》，文物出版社 2011 年版。

河北省文物研究所等：《五代王处直墓》，文物出版社 1998 年版。

中国社会科学院考古研究所等：《海拉尔谢尔塔拉墓地》，科学出版社 2006 年版。

北京市文物工作队：《辽韩佚墓考古发掘报告》，《考古学报》1984 年第 3 期。

北京市文物研究所：《北京大兴区青云店辽墓》，《考古》2004 年第 2 期。

兴安盟文物工作站：《科右中旗代钦塔拉辽墓清理简报》，《内蒙古文物考古文集》第 2 辑，1997 年。

内蒙古文物考古研究所等：《辽陈国公主墓》，文物出版社 1993 年版。

中国社会科学院考古研究所内蒙古工作队等：《内蒙古扎鲁特旗浩特花辽代壁画墓》，《考古》2003 年第 1 期。

巴林右旗博物馆：《罕大坝辽"回纥国国信使"壁画墓的抢救性清理报告》，《内蒙古文物考古》2001 年第 1 期。

内蒙古文物考古研究所等：《内蒙古赤峰宝山辽壁画墓发掘简报》，《文物》1998 年第 1 期。

内蒙古文物考古研究所：《白音罕山辽代韩氏家族墓地发掘报告》，《内蒙古文物考古》

2002 年第 2 期。

　　巴林左旗博物馆:《内蒙古巴林左旗滴水壶辽代壁画墓》,《考古》1999 年第 8 期。

　　王建群、陈相伟:《库伦辽代壁画墓》,文物出版社 1989 年版。

　　哲里木盟博物馆、内蒙古文物工作队:《库伦旗第五、六号辽墓》,《内蒙古文物考古》1982 年第 2 期。

　　内蒙古文物考古研究所等:《内蒙古库伦旗七、八号辽墓》,《文物》1987 年第 7 期。

　　敖汉旗博物馆:《敖汉旗七家辽墓》,《内蒙古文物考古》1999 年第 1 期。

　　敖汉旗博物馆:《敖汉旗下湾子辽墓清理简报》,《内蒙古文物考古》1999 年第 1 期。

　　敖汉旗博物馆:《敖汉旗喇嘛沟辽代壁画墓》,《内蒙古文物考古》1999 年第 1 期。

　　敖汉旗博物馆:《内蒙古敖汉旗皮匠沟 1、2 号辽墓》,《文物》1998 年第 9 期。

　　邵国田:《敖汉旗羊山 1—3 号辽墓清理简报》,《内蒙古文物考古》1999 年第 1 期。

　　敖汉旗文物管理所:《内蒙古昭乌达盟敖汉旗北三家辽墓》,《考古》1984 年第 11 期。

　　邵国田:《敖汉旗白塔子辽墓》,《考古》1978 年第 2 期。

　　邵国田:《敖汉旗娘娘庙辽代壁画墓》,《内蒙古文物考古》1994 年第 1 期。

　　朝阳地区博物馆:《辽宁朝阳姑营子耿氏墓发掘报告》,《考古学集刊》第 3 辑,中国社会科学出版社 1983 年版。

　　辽宁省文物考古研究所:《辽宁朝阳木头城子辽代壁画墓》,《北方文物》1995 年第 2 期。

　　内蒙古文物考古研究所等:《宁城县鸽子洞辽代壁画墓》,《内蒙古文物考古文集》第 2 辑,1997 年。

　　韩宝兴:《北票季杖子辽代壁画墓》,《辽海文物学刊》1995 年第 1 期。

　　北京市文物工作队:《辽韩佚墓考古发掘报告》,《考古学报》1984 年第 3 期。

　　北京市文物研究所:《北京大兴区青云店辽墓》,《考古》2004 年第 2 期。

　　武雅琴、李铁军:《扎鲁特旗出土辽代器物》,《内蒙古文物考古》2001 年第 2 期。

　　康平县文化馆文物组:《辽宁康平县后刘东屯辽墓》,《考古》1986 年第 1 期。

　　辽宁省文物考古研究所:《辽宁建平两处辽墓清理简报》,《北方文物》1991 年第 3 期。

　　内蒙古文物考古研究所:《内蒙古通辽市吐尔基山辽代墓葬》,《考古》2004 年第 7 期。

　　赤峰市博物馆考古队、阿鲁科尔沁旗文物管理所:《赤峰市阿鲁科尔沁旗温多尔熬瑞山辽墓清理简报》,《文物》1993 年第 3 期。

　　辽宁省博物馆等:《法库叶茂台辽墓记略》,《文物》1975 年第 12 期。

　　内蒙古文物考古研究所、赤峰市博物馆、阿鲁科尔沁旗文物管理所:《辽耶律羽之墓发掘简报》,《文物》1996 年第 1 期。

　　张孜江:《四川博物院收藏的一批辽宋金器》,《文物》2012 年第 1 期。

项春松：《克什克腾旗二八地一、二号辽墓》，《内蒙古文物考古》1984 年第 3 期。

韩国祥：《朝阳西上台辽墓》，《文物》2000 年第 7 期。

辽宁省文物考古研究所、阜新市文物管理办公室：《辽宁阜新梯子庙二、三号辽墓发掘简报》，《北方文物》2004 年第 1 期。

冯永谦：《辽宁省建平、新民的三座辽墓》，《考古》1960 年第 2 期。

李文信：《义县清河门辽墓发掘报告》，《考古学报》1954 年第 2 期。

大同市文物考古研究所：《山西大同东风里辽代壁画墓发掘简报》，《文物》2013 年第 10 期。

王银田等：《山西大同市辽代军节度使许从赟夫妇壁画墓》，《考古》2015 年第 8 期。

大同市考古研究所：《山西大同东风里辽代壁画墓发掘简报》，《文物》2013 年第 10 期。

苏天钧：《北京西郊百万庄辽墓发掘简报》，《考古》1963 年第 3 期。

邓茂等：《朝阳市西三家辽墓发掘简报》，《文物春秋》2010 年第 1 期。

塔拉：《白音罕山辽代韩氏家族墓地发掘报告》，《内蒙古文物考古》2002 年第 2 期。

司伟伟等：《辽宁北镇市辽代韩德让墓的发掘》，《考古》2020 年第 4 期。

韩国祥：《辽宁朝阳市姑营子辽代耿氏家族 3、4 号墓发掘简报》，《考古》2011 年第 8 期。

李克举：《北宁龙岗辽墓》，《辽宁考古文集》，辽宁民族出版社 2003 年版。

项春松：《辽宁昭乌达地区发现的辽墓绘画资料》，《文物》1979 年第 6 期。

计连成：《辽庆陵又有重要发现》，《内蒙古文物考古》2000 年第 2 期。

计连成：《辽太叔祖墓主室木椁壁画及相关问题》，《内蒙古文物考古》2001 年第 2 期。

邱国彬：《内蒙古敖汉旗皮匠沟 1、2 号辽墓》，《文物》1998 年第 9 期。

黑龙江省博物馆：《哈尔滨新香坊墓地出土的金代文物》，《北方文物》2007 年第 3 期。

黑龙江省文物考古研究所：《黑龙江阿城巨源金代齐国王墓发掘简报》，《文物》1989 年第 10 期。

胡秀杰：《黑龙江省绥滨奥里米古城及其周围墓群出土文物》，《北方文物》1995 年第 2 期。

四、研究论文

[日] 松井等：《契丹人的衣食住》，《满洲地理历史研究报告》4 号，1918 年。

[日] 桑原骘藏：《中国人辫发的演变》，《东洋史说苑》，京都弘文堂书房，1929 年。

[日]田村实造:《论契丹族的服饰——头发和胡服》,日本《考古学杂志》33卷12号,1943年。

冯恩学:《对滴水壶辽墓壁画之商榷》,《文物春秋》2001年第6期。

冯恩学:《内蒙库伦六、七号辽墓壁画的人物身份》,《北方文物》1999年第3期。

[日]田村实造:《再论契丹服的服饰——国服与汉服》,日本《考古学杂志》34卷7号,1944年7月。

潘晓暾:《由辽墓壁画看辽代契丹人与汉人服饰的融合》,《东北史地》2015年第4期。

冯恩学:《辽墓反映的契丹人汉化与汉人契丹化》,《吉林大学社会科学学报》2011年第3期。

冯恩学:《河北宣化辽墓壁画特点》,《北方文物》2001年第1期。

张国庆:《辽代契丹服饰考略》,《学习与探索》1990年第4期。

朱筱新:《契丹族的礼仪风俗与服饰》,《文史知识》1991年第6期。

田广林:《契丹体衣、手衣、足衣研究——契丹衣饰文化研究之三》,《昭乌达蒙族师专学报》1997年第4期。

郑绍宗:《宣化辽墓壁画服饰内容之研究》,《文物春秋》1996年第4期。

李逸友:《契丹的髡发习俗——从豪欠营辽墓契丹女尸的发式谈起》,《文物》1983年第9期。

许晓东:《契丹人的金玉首饰》,《故宫博物院院刊》2007年第6期。

王秋华:《辽代契丹族墓葬壁面装饰分期》,《北方文物》1994年第1期。

刘念慈:《宋杂剧丁都赛雕砖考》,《文物》1980年第2期。

孙机:《论近年来出土的突厥与突厥式金银器》,《文物》1993年第8期。

冯恩学:《蹀躞带——契丹文化中的突厥因素》,《文物季刊》1998年第1期。

冯恩学:《辽墓反映的契丹人汉化与汉人契丹化》,《吉林大学社会科学学报》2011年第3期。

韩心济:《辽墓壁画人物服饰探析——以大同地区发掘墓葬为例》,《文物世界》2017年第1期。

李逸友:《辽金带式考实——从辽陈国公主驸马合葬墓出土的腰带谈起》,《文物》1987年第11期。

吴敬:《从墓葬壁画看辽代契丹仪仗》,《边疆考古研究》(第4辑),科学出版社2005年版。

黄剑波:《"叉手"礼图像考》,《南京艺术学院学报（美术与设计版）》2014年第4期。

董新林:《辽代墓葬形制与分期略论》,《考古》2004年第8期。

赵丰:《辽代丝绸的技法与艺术》,《文博》2009年第6期。

刘念慈:《宋杂剧丁都塞雕砖考》,《文物》1980 年第 2 期。

贾玺增:《辽代金冠》,《紫禁城》2011 年第 11 期。

李逸友:《契丹的髡发习俗——从豪欠营辽墓契丹女尸的发式谈起》,《文物》1983 年第 9 期。

冯恩学:《行疆探微 边疆考古与美术考古文集》,上海古籍出版社 2020 年版。

田广林:《契丹头衣考略》,《内蒙古文物考古文集》第 1 辑,中国大百科全书出版社 1994 年版。

徐苹芳:《宣化辽墓考古剩语》,《宣化辽墓壁画》,文物出版社 2001 年版。

林沄:《辽墓壁画研究两则》,《林沄学术文集》,中国大百科全书出版社 1998 年版。

王银田、宁立新:《大同辽代壁画墓当议》,《辽金史论集》第 6 辑,社会科学文献出版社 2001 年版。

塔拉等:《宁城县鸽子洞辽代壁画墓》,《内蒙古文物考古文集》第 2 辑,中国大百科全书出版社 1997 年版。

杜承武:《论契丹小袖圆领衫为左衽——兼谈圆领的款式变化和衣衽关系》,《辽金史论集》第 3 辑,书目文献出版社 1987 年版。

赵越:《论呼伦贝尔发现的室韦遗存》,《内蒙古文物考古文集》第 1 辑,中国大百科全书出版社 1994 年版。

冯恩学:《辽墓初探》,吉林大学博士学位论文,1995 年。

杨星宇:《辽墓壁画的分期研究》,内蒙古大学硕士学位论文,2009 年。

周琳:《辽代璎珞佩饰研究》,辽宁师范大学硕士学位论文,2011 年。

五、图录

徐光冀:《中国出土壁画全集》,科学出版社 2011 年版。

孙建华:《内蒙古辽代壁画》,文物出版社 2009 年版。

山西博物院、内蒙古博物院:《契丹华章:契丹文物精华展》,山西人民出版社 2010 年版。

陈建明、塔拉:《草原牧歌:契丹文物精华》,岳麓书院 2010 年版。

叶扬、塔拉:《契丹风韵:内蒙古辽代文物珍品展》,文物出版社 2011 年版。

刘广堂、塔拉:《契丹风华——内蒙古辽代文物珍品》,文物出版社 2012 年版。

刘冰:《赤峰博物馆文物典藏》,远方出版社 2006 年版。

董新林、张鹏主编:《中国墓室壁画全集·宋辽金元卷》,河北教育出版社 2011

年版。

　　杨伯达：《中国金银玻璃珐琅器全集·金银器（册 2）》，河北美术出版社 2004 年版。

　　庞学臣：《黑龙江省博物馆藏金银器精选》，黑龙江人民出版社 2015 年版。

附表一 辽墓壁画服饰统计表

序号	名称	与服饰相关的壁画内容										时期	资料出处
		墓门	墓道甬道	耳室	前室	通道	主室						
							北壁	西壁	东壁	南壁	顶		
1	朔州市政府工地墓葬（市府街M21）		北侧鞍马图南侧驼车图				祭奠图	备茶图	备酒图散乐图			第四期	《朔州辽代壁画墓发掘简报》
2	大同周家店辽墓	西侧"收财帛图"、东侧灯檠侍女图	两侧门神图				北壁正中绘"守门侍官图"、西北角"侍客图"	西壁正中侍女图	东南壁备茶图，东北角备膳图，东壁正中绘"守门侍婢图"		人形十二生肖图	第二期	《山西大同市辽墓的发掘》
3	大同市铁路生活区辽墓		东南壁驼车图，西南壁牵马图										《中国出土壁画全集·山西卷》
4	大同市机车厂辽墓						"韩郎"侍从图	西北壁出行准备图	东北壁侍卫图，东壁正中墓门半启图	二侍奉者		第一期	《山西大同机车厂辽代壁画墓》

序号	名称	墓门	墓道甬道	耳室	前室	通道	主室 北壁	主室 西壁	主室 东壁	主室 南壁	主室 顶	时期	资料出处
5	大同市新添堡村许从赟从赟夫妇墓	大同市新添堡村许从赟夫妇图	西侧侍女图 东侧男侍官图					守门侍官图	西北壁侍女衣架图、西壁壁守门侍女图	东壁守门侍婢及侍者图、东北角侍女图		辽景宗乾亨四年(982)	《山西大同市辽代军节度使许从赟夫妇壁画墓》
6	山西大同市南关 M2		东侧男女侍托盘图 西侧二女侍奉图						东壁少女侧身出门图				《山西大同市辽墓的发掘》
7	大同市五法村辽墓	西侧门吏图、牵马图，东侧门吏图											《山西大同市辽墓的发掘》
8	大同东风里辽代壁画墓						起居图	左侧农耕图 右侧出行图	左侧侍酒散乐图	男、女门侍图		第四期	《山西大同东风里辽代壁画墓发掘简报》

续表

序号	名称	与服饰相关的壁画内容										时期	资料出处
		墓门	墓道南道	耳室	前室	通道	北壁	主室					
								西壁	东壁	南壁	顶		
9	大同十里铺村东 M27	东西两侧门卫图					围屏图	西壁车马出行图	东壁老翁图			第四期	《山西大同郊区五座辽壁画墓》
10	新添堡村东北 M29							出行图、饮宴图	牵马前行图、饮宴图		云气内有人物画八幅	天庆九年(1119)	《山西大同郊区五座辽壁画墓》
11	卧虎湾 M2	东西内侧壁门卫图					围屏图	车马出行图	散乐图、侍奉图			第四期	《山西大同郊区五座辽壁画墓》、《考古》1960年第10期
12	卧虎湾 M1	西侧门卫图					围屏图	车马出行图				第四期	《山西大同郊区五座辽壁画墓》
13	卧虎湾 M4	东西内侧二门卫					围屏图	饮宴图	饮宴图				《山西大同卧虎湾四座辽代壁画墓》

续表

与服饰相关的壁画内容

序号	名称	墓门	墓道甬道	耳室	前室	通道	主室					时期	资料出处
							北壁	西壁	东壁	南壁	顶		
14	卧虎湾 M6	东西两侧门卫图					围屏图	车马出行图	家庭生活图				《山西大同卧虎湾辽代壁画墓》
15	卧虎湾 M5	东西两侧侍者图					围屏图	车马出行图	家庭生活图				《山西大同卧虎湾辽代壁画墓》
16	大同西环路 M1				西壁散乐图，东壁童嬉图			衣架侍者图	执经书童图	东侧侍女图，西侧执杖男仆图		第四期	《山西大同西环路辽金墓发掘简报》
17	宣化 M7（张文藻墓）		拱券两侧侍者图 门额"三老对弈图"					挑灯启门侍女图	奉茶侍女图	侍者图		大安九年（1093）	《河北宣化辽张文藻壁画墓发掘简报》
19	宣化 M9							散乐图		门吏图		第四期	《宣化辽墓 1974—1993 年考古发掘报告》

续表

序号	名称	墓门	墓道南道	与服饰相关的壁画内容									时期	资料出处
				耳室	前室	通道	主室							
							北壁	西壁	东壁	南壁	顶			
20	宣化M4（韩师训墓）				南壁卷门吏图、东壁散乐图、西壁出行图、北壁门神图		门吏和妇人掩门图	西北壁荐献图、西南壁宴乐图	东北壁备经图、东南壁备茶图	南壁拱门吏、门东侧持杖门吏		天庆元年（1111）	《宣化辽墓——1974—1993年考古发掘报告》

续表

序号	名称	墓门	墓道甬道	耳室	前室	通道	主室					时期	资料出处
							北壁	西壁	东壁	南壁	顶		
21	宣化I区M1(张世卿墓)				南壁持杖文官门吏图,西壁出行图,东壁散乐图,北壁持杖门吏图		门吏图	妇人启门图,备茶图待者图	备茶图启门图备经图待女图	宴饮图男侍图备酒图		天庆六年(1116)	《宣化辽墓——1974—1993年考古发掘报告》
22	宣化I区M2(张恭诱墓)								南壁门吏图,东南壁妇人启门图			天庆七年(1117)	《宣化辽墓——1974—1993年考古发掘报告》

与服饰相关的壁画内容

续表

序号	名称	墓门	墓道甬道	耳室	前室	与服饰相关的壁画内容						时期	资料出处
						通道	北壁	主室					
								西壁	东壁	南壁	顶		
23	宣化M5（张世古墓）				南壁拱门上部武士，拱门左侧妇人，拱门右侧老者，东壁散乐图，西壁出行图				东南壁进酒图	西南壁进茶图		辽天庆七年（1117）	《宣化辽墓1974—1993年考古发掘报告》
24	宣化M6		持鞭门吏左右各一		东壁碾茶图，西壁散乐图			妇人启门图，西南壁妇人挑灯图	妇人启门图，东南壁妇人捧睡盂图			第四期	《宣化辽墓1974—1993年考古发掘报告》

续表

序号	名称	墓门	墓道南道	耳室	前室	通道	与服饰相关的壁画内容		主室				时期	资料出处
							北壁	西壁	东壁	南壁	顶			
25	宣化M3（张世本墓）						执杖门吏图	挑灯侍女图	持盏侍女图	妇人启门图		大安九年(1093)	《宣化辽墓1974—1993年考古发掘报告》
26	宣化Ⅱ区M1						刘明达夹子图	散乐图	割股奉亲图	刘明达夹子图		第四期	《宣化下八里Ⅱ区辽壁画墓考古发掘报告》
27	宣化Ⅱ区M2						东侧出行图	备酒图	东南壁出行图，东壁南侧负箭持弓人物图，备酒图			第四期	《宣化下八里Ⅱ区辽壁画墓考古发掘报告》
28	蔚县东坡寨M1						墓主夫妇二人并坐像	西北壁侍女图，西南壁侍女者图	东南壁侍女及播鼓侍者图，东北壁侍女图	门吏图			《河北蔚县东坡寨辽代壁画墓发掘简报》
29	大兴区青云店M1						执巾托盏侍女图，侍女记账图	侍女琼布图	妇孺图，侍女图	执瓶侍女图，侍女燃灯图		第二期	《北京大兴区青云店辽墓》

续表

序号	名称	墓门	墓道甬道	耳室	前室	通道	主室 北壁	主室 西壁	主室 东壁	主室 南壁	主室 顶	时期	资料出处
30	大兴区青云店 M2						男童书写图、侍女执杖图	侍女燃灯图	女子宴饮图	人物漫漶不清			《北京大兴区青云店辽墓》
31	北京南郊赵德钧墓			左中室侍卫图	右前室侍女揉面及奉食图							辽天显十二(937)至应历八年(958)	《北京南郊赵德钧墓》
32	辽韩佚墓		官吏图				围屏侍女图	侍女图	持乐、持钵、持物侍女图		十二人物生肖图	第三期 辽统和十三年、二十九年	《辽韩佚墓发掘简报》
33	北京西郊百万庄辽墓 M1		守门侍卫图	武士图,侍女烹饪浣衣图								天庆三年(1113)	《北京西郊百万庄辽墓发掘简报》

续表

序号	名称	墓门	墓道南道	耳室	前室	通道	与服饰相关的壁画内容 主室 北壁	西壁	东壁	南壁	顶	时期	资料出处
34	丰台区云岗刘六符墓		东、西侧各绘侍卫图一幅	侍从图				侍从图	侍从图				《中国出土壁画全集·北京江苏卷》
35	丰台区云岗刘雨墓						妇人启门图	西南壁备宴图、西北壁侍女图	东北壁侍女图、东南壁设宴图				《中国出土壁画全集·北京江苏卷》
36	西樵子朗同辽墓									主人侍从图			《近年来北京发现的几座辽墓》
37	北宁龙岗M3		门吏图			侍女图							《辽宁考古文集》
38	阜新关山辽萧和墓(M4)		南侧汉人出行图、北侧契丹人出行图		天井:门神图							重熙十四年(1045),初葬时间1021年	《阜新辽萧和墓发掘简报》

续表

序号	名称	墓门	墓道甬道	耳室	前室	通道	主室					时期	资料出处
							北壁	西壁	东壁	南壁	顶		
40	辽宁朝阳木头城子辽代壁画墓	契丹男女侍从图	左侧牵驼侍从图、右侧打马球侍从图					庭院图、宴饮图	宴饮图、家居图			早于库伦 M1 (1080)	《辽宁朝阳木头城子辽代壁画墓》
41	北票季杖子辽墓			执骨朵仪卫图	叉手男侍卫图		仪卫侍从图					第三期	《北票季杖子辽代壁画墓》
42	朝阳市林四家子辽墓 M1			左耳室侍女图、右耳室南侧男侍图		东侧侍从图、西侧侍从图		侍童图	侍女图				《朝阳市林四家子辽墓》
43	法库叶茂台辽墓 (M7)							宴饮图				第二期	《法库叶茂台记略》
44	朝阳召都巴辽壁画墓		侍者图						宴饮图				《辽宁朝阳召都巴辽壁画墓》

续表

序号	名称	墓门	墓道甬道	耳室	前室	通道	北壁	西壁	东壁	南壁	顶	时期	资料出处
								主室					
45	平原公主墓（XM3）					东壁出行图，西壁归来图						重熙二十年（1051）	《辽宁阜新县辽代平原公主墓与梯子庙4号墓》
46	关山M3 萧知行墓		北壁天宫图									咸雍四年（1068）	《中国出土壁画全集·辽宁吉林黑龙江卷》
47	关山M4 萧和墓		鞍马图 仪卫图 驼车图 出行图									辽重熙十四年（1045）	《中国出土壁画全集·辽宁吉林黑龙江卷》
48	关山M8 萧德让墓		北壁侍从图									大康二年（1076）	《中国出土壁画全集·辽宁吉林黑龙江卷》

续表

序号	名称	与服饰相关的壁画内容										时期	资料出处
		墓门	墓道南道	耳室	前室	通道	北壁	西壁	主室		顶		
									东壁	南壁			
49	关山 M9 萧知微墓		北壁侍从图									辽乾统七年(1107)	《中国出土壁画全集·辽宁卷》林黑龙江卷
50	关山 M5		北壁门吏图									辽圣宗统和、开泰年间	《中国出土壁画全集·辽宁卷》林黑龙江卷
51	朝阳市建平县水泉 M1		北壁契丹侍从图、南壁汉人侍从图										《中国出土壁画全集·黑龙江卷》林龙江卷
52	朝阳市建平县水泉 M2		北壁侍从图、南壁侍从图										《中国出土壁画全集·辽宁卷》林黑龙江卷

续表

序号	名称	与服饰相关的壁画内容						主室				时期	资料出处
		墓门	墓道甬道	耳室	前室	通道	北壁	西壁	东壁	南壁	顶		
53	阜新市大平乡四家子村辽墓		西壁鞍马图、东壁牵驼图										《中国出土壁画全集·辽宁吉林黑龙江卷》
54	韩德让墓		东壁侍从图、西壁侍从引马图	东耳室契丹人、西耳室汉人								统和二十九年（1011）	《辽宁北镇市辽代韩德让墓的发掘》
55	朝阳市西三家辽墓		门吏图					男仆图	女仆图			第三期	《朝阳市西三家辽墓发掘简报》
56	罕大坝辽"回纥国国信使"壁画墓	侍从图							侍女侍从图（圆形墓室）			统和二十三年（1005）	《罕大坝辽"回纥国国信使"壁画墓的抢救性清理报告》

续表

序号	名称	与服饰相关的壁画内容					主室					时期	资料出处
		墓门	墓道南道	耳室	前室	通道	北壁	西壁	东壁	南壁	顶		
57	扎鲁特旗浩特花 M1	侍者图	执骨朵、持笏侍者图	西耳室南壁一驭者牵马图，北壁两驭者牵马图	南壁外层散乐图，里层杂戏图，东壁外层放牧图，内层牧童放牛图，西壁放牧图，北壁外层鹰犬侍者图	东壁侍者图，西壁外层侍者图，内层仅见一头像		侍者图	外层南侧侍者图、北侧庖厨图，内层庖厨图	外层侍者图，内层侍女图		第三期圣宗时期	《内蒙古扎鲁特旗浩特花辽代壁画墓》

续表

序号	名称	墓门	墓道甬道	耳室	前室	通道	北壁	西壁	东壁	南壁	顶	时期	资料出处
							主室						
58	巴林右旗床金沟 M4	西侧侍女图			侍者图、放牧图、出行图								《内蒙古巴林右旗床金沟 4 号辽墓发掘简报》
59	科右中旗代钦塔拉辽墓					天井南墙外壁门吏图、内壁侍卫图、东壁仪仗图、西壁出行图						第一期	《科右中旗代钦塔拉辽墓清理简报》
60	巴林右旗床金沟 M5		门神图									第二期、第一—第三期	《巴林右旗床金沟 5 号辽墓发掘简报》

表头注：与服饰相关的壁画内容

续表

与服饰相关的壁画内容

序号	名称	墓门	墓道南道	耳室	前室	通道	主室					时期	资料出处
							北壁	西壁	东壁	南壁	顶		
61	巴林左旗滴水壶辽代壁画墓		北壁引马出行图、南壁归来图				梳妆侍奉图	敬食图、膳房执事图		备饮图		第三期以后	《内蒙古巴林左旗滴水壶辽代壁画墓》
62	巴林左旗哈拉海场辽代壁画墓	卫士图				天井四壁均为侍仆图							《内蒙古巴林左旗哈拉海场辽代壁画墓清理简报》
63	宝山 M1			西侧室西壁侍仆图、东侧室东壁牵马图	南壁吏仆图		侍仆图（石房内部）	高逸图（石房内部）	降真图（石房内部）	南壁侍仆图（石房外壁）		天赞二年(923)	《内蒙古赤峰宝山辽壁画墓发掘简报》

续表

序号	名称	墓门	墓道甬道	耳室	前室	通道	主室 北壁	主室 西壁	主室 东壁	主室 南壁	主室 顶	时期	资料出处
64	宝山M2					东壁侍仆图、北壁侍仆图(右房外壁)	颂经图		侍仆图	寄锦图		第一期	《内蒙古赤峰宝山辽墓发掘简报》
65	翁牛特旗解放营子壁画墓						门神图	毡车出行图	侍女图、宴饮图			第四期	《辽宁昭乌达地区发现的辽墓绘画资料》
66	巴林左旗白音敖包辽墓			东耳室庖厨图									《辽宁昭乌达地区发现的辽墓绘画资料》
67	翁牛特旗山咀子M3			东耳室庖厨图									《辽宁昭乌达地区发现的辽墓绘画资料》

续表

序号	名称	墓门	墓道南道	耳室	前室	通道	主室 北壁	主室 西壁	主室 东壁	主室 南壁	主室 顶	时期	资料出处
68	库伦奈林稿勿力布格 M1	门神图	墓道北壁出行始发图，南壁出行归来图			天井北壁侍女图，南壁侍从图						第四期 道宗时期	《库伦辽代壁画墓》
69	库伦奈林稿勿力布格 M2	门吏图	墓道北壁侍女驭者图，南壁老者驼车图			天井北壁仆侍图，南壁侍者图						第四期	《库伦辽代壁画墓》
70	库伦奈林稿勿力布格 M3							侍者图					《库伦辽代壁画墓》
71	库伦奈林稿勿力布格 M4	侍者图	墓道南壁牵马图，北壁牵驼图									第三期 兴宗时期	《库伦辽代壁画墓》

续表

序号	名称	墓门	墓道甬道	耳室	前室	通道	主室 北壁	西壁	东壁	南壁	顶	时期	资料出处
72	库伦奈林稿勿力布格 M6	门额伎乐图	墓道东壁侍从图、牵驼图、牵马图，西壁驼车图、侍从图									第四期	《中国出土壁画全集·内蒙古卷》
73	库伦奈林稿勿力布格 M7	东壁侍吏图、西壁侍吏图	墓道西壁来归图、东壁归来图									第四期	《内蒙古库伦旗七、八号辽墓》
74	库伦奈林稿勿力布格 M8	拟人化迦陵频伽图、门神图	墓道南壁出行图、北壁归来图									第四期	《内蒙古库伦旗七、八号辽墓》
75	库伦旗奈林糒木头营子 M1		门卫图	侍女图		侍女图						第四期 道宗时期	《内蒙古文物资料》
76	陈国公主墓		牵马图		仪卫侍从图							1018年	《辽陈国公主墓》
77	巴林左旗福山地乡前进村辽墓		西壁仪卫图、东壁侍从图										《中国出土壁画全集·内蒙古卷》

续表

序号	名称	与服饰相关的壁画内容										时期	资料出处
		墓门	墓道甬道	耳室	前室	通道	主室						
							北壁	西壁	东壁	南壁	顶		
78	白音罕山辽代韩氏家族墓地M3（韩匡嗣墓）		东西壁均为侍者侍女图		东西壁均为侍者侍女图			进奉图	屏风童仆图	衣架侍女图		985—993年	《白音罕山辽代韩氏家族墓地发掘报告》
79	白音罕山辽代韩氏家族墓地M2		东西壁均为侍者侍女图			天井西壁出行图						第三期	《白音罕山辽代韩氏家族墓地发掘报告》
80	白音罕山辽代韩氏家族墓地M1				西壁侍者图，东壁侍从图	侍从图						第三期	《白音罕山辽代韩氏家族墓地发掘报告》
81	羲和仁寿皇太叔祖及宋魏国妃合葬墓			门吏图，备宴图								天祚帝乾统十年(1110)	《辽庆陵又有重要发现》

续表

序号	名称	墓门	墓道甬道	耳室	前室	通道	主室 北壁	主室 西壁	主室 东壁	主室 南壁	主室 顶	时期	资料出处
82	大辽赠秦魏国及大辽故国妃秦越国妃合葬墓		官吏图	门吏图、备宴图								辽道宗大安三年(1087)	《辽庆陵又有重要发现》
83	辽太叔祖墓	西侧侍卫图 东侧仆侍图										第四期	《辽太叔祖墓主室木椁壁画及相关问题》
84	庆陵东陵		官吏图	官吏图								第三期	《中国出土壁画全集·内蒙古卷》
85	吐尔基山辽墓		东壁侍从图									第一期	《中国出土壁画全集·内蒙古卷》

与服饰相关的壁画内容

续表

序号	名称	墓门	墓道甬道	耳室	前室	通道	主室					时期	资料出处
							北壁	西壁	东壁	南壁	顶		
86	羊山M1		侍者图墓道西壁出行图东壁出行图			天井西壁烹饪宴饮图，东壁及南壁东壁侧绘鼓乐图		契丹人奏乐图，茶道图	墓主人宴饮图，备饮图			第四期	《敖汉旗羊山1—3号辽墓清理简报》
87	羊山M2	门吏图	墓道东壁驼车出行图，西壁引马出行图			天井西壁烹饪图，南壁鼓乐图，东壁散乐图						寿昌五年（1099）	《敖汉旗羊山1—3号辽墓清理简报》

续表

与服饰相关的壁画内容

序号	名称	墓门	墓道南道	耳室	前室	通道	主室 北壁	主室 西壁	主室 东壁	主室 南壁	主室 顶	时期	资料出处
88	羊山M3	门吏图	引马出行图			天井西壁烹饪图，南壁散乐图，东壁备食图						第四期	《敖汉旗羊山1—3号辽墓清理简报》
89	敖汉旗下湾子M1						门启图	备饮图、屏风图、门神图	主人宴饮图、屏风图、门神图	妇人启门图、门神图		第三期—第四期	《敖汉旗下湾子辽墓清理简报》
90	敖汉旗下湾子M5	门吏图						进饮图	备饮图			第三期	《敖汉旗下湾子辽墓清理简报》
91	敖汉旗下湾子M2	仙人图											《敖汉旗下湾子辽墓清理简报》
92	七家M1						侍女图	马球图、侍奉图	庖厨图、侍奉图	屏风图	驭者乘马图	第三期	《敖汉七家辽墓》

续表

序号	名称	墓门	墓道 南道	耳室	前室	通道	北壁	西壁	东壁	南壁	顶	时期	资料 出处
								主室					
93	七家 M2							备饮图、侍者图	备饮图、侍者图			第三期	《敖汉旗七家辽墓》
94	七家 M5							备饮图	侍者图				《敖汉旗七家辽墓》
95	娘娘庙辽代壁画墓							驼车出行图	青牛图			第三期以前	《敖汉旗娘娘庙辽代壁画墓》
96	敖汉旗喇嘛沟辽墓					天井东壁契丹门吏图，西壁奏乐图		出猎图、备饮图	出行图、烹饪图			第四期	《敖汉旗喇嘛沟辽代壁画墓》
97	敖汉旗白塔子辽墓		东壁牛车马图，西壁驼车图									大康七年(1079)	《敖汉旗白塔子辽墓》
98	敖汉旗康营子壁画墓		东壁备酒图，西壁备食图					仪卫图	仪卫图				《辽宁昭乌达地区发现的辽画资料》

续表

序号	名称	与服饰相关的壁画内容										时期	资料出处
		墓门	墓道甬道	耳室	前室	通道	主室						
							北壁	西壁	东壁	南壁	顶		
99	喀喇沁旗娄子店 M1	门神图						放牧图					《辽宁昭乌达地区发现的辽墓绘画资料》
100	敖汉旗北三家 M1	门吏图	西壁侍从图	东耳室仆吏图，西耳室仆吏图		天井南壁汉人奏乐图，墓道东壁及西壁驭者引马图							《内蒙古昭乌达盟敖汉旗北三家辽墓》
101	敖汉旗北三家 M3		奏乐图			西壁驼车图，东壁六人一马图							《内蒙古昭乌达盟敖汉旗北三家辽墓》

续表

| 序号 | 名称 | 墓门 | 墓道南道 | 耳室 | 前室 | 通道 | 与服饰相关的壁画内容 | | | | | | 时期 | 资料出处 |
							北壁	西壁	东壁	南壁	顶	主室		
103	敖汉旗新惠韩家窝铺村M3		西壁出行图											《中国出土壁画全集·内蒙古卷》
104	小五家乡塔子山M2		东侧门吏图											《中国出土壁画全集·内蒙古卷》
105	皮匠沟M1							打马球图						《中国出土壁画全集·内蒙古卷》

附表二 墓葬壁画人物服饰表

一、辽上京地区

宝山M1辽墓壁画人物服饰表

序号	方位	性别	发式/巾帽	服装形制	襦/袍						裤/裙	鞋/靴
					领	衽	袖	腰饰	花色	其他		
1	前室南壁左侧侍者	男	幞头	长袍服	圆领	不详	窄袖	白色腰带	紫褐色团花	无	白色瘦腿裤	浅色靴
2	前室南壁右侧侍女	女	垂髻	长袍服	圆领	不详	窄袖	白色腰带	淡红色	无	黑色裤	黑靴
3	西侧室西壁左一	男	垂髻	长袍服	圆领	不详	窄袖	布带	米黄色	无	浅黄色裤	白靴
4	西侧室西壁左二	男	垂髻	长袍服	圆领	不详	窄袖	布带	淡蓝色	无	白裤	浅色靴
5	西侧室西壁左三	男	寸发	长袍服	圆领	不详	窄袖	革带	浅黄色	无	黑色裤	黑靴
6	西侧室西壁左四	男	垂髻	长袍服	圆领	不详	窄袖	布带	褐色	无	白裤	白靴

续表

序号	方位	性别	发式/巾帽	服装形制	领	衽	袖	襦/袍			裤/裙	鞋/靴
								腰饰	花色	其他		
7	西侧室西壁左五	男	垂髻	长袍服	圆领	不详	窄袖	遮挡	黑色	无	白裤	白靴
8	西侧室西壁左六	男	垂髻	长袍服	圆领	不详	窄袖	布带	浅黄色	无	黑色裤	黑靴
9	西侧室西壁左七	男	垂髻	长袍服	圆领	不详	窄袖	布带	白色	无	白裤	白靴
10	东侧室东壁驭者	男	垂髻	长袍服	圆领	不详	窄袖	布带	浅黄色	无	浅色裤	白靴
11	石门外南壁东侧	男	幞头	长袍服	圆领	不详	窄袖	白色腰带	黑色	无	浅色裤	白靴
12	石门外南壁西侧	女	齐耳短发	长袍服	圆领	不详	窄袖	黑色踝腰带	土黄色	无	黑色裤	黑靴
13	石室南壁东侧	男	交脚幞头	长袍服	圆领	不详	窄袖	红色锦带	黑色	内搭白色交领中单	吊敦	麻鞋
14	石室南壁西侧	女	披发	长袍服	交领	左衽	不详	红胸带	黑地红团花纹,饰红色花边	内搭白色圆领衫	不详	白靴

续表

序号	方位	性别	发式/巾帽	服装形制	襦/袍						裤/裙	鞋/靴
					领	衽	袖	腰饰	花色	其他		
15	石窟西壁僧人	男	秃头	长袍服	残	残	残	不详	灰色	无	不详	软鞋
16	石窟西壁僧人右侧侍女	女	单髻	短襦长裙	交领	不详	广袖	不详	淡黄色	外围浅色腰裙	黄色裙子	残
17	石窟西壁道者	男	黑色方巾	长袍服	交领	不详	残	不详	淡黄色	无	不详	布履
18	石窟西壁右下方背坐者	男	残	长袍服	不详	不详	窄袖	遮挡	浅黄色	肘部散披橘黄色袍	不详	便鞋
19	石窟西壁右下方背坐者旁侍女	女	双鬟髻	长袍服	不详	不详	残	残	黄色	无	浅色裤	便鞋
20	石窟西壁右下方背坐者	男	展脚幞头	长袍服	不详	不详	窄袖	玉带	浅黄色	无	不详	遮挡
21	石窟西壁左侧磐石坐者	男	黑色巾帻	长袍服	不详	不详	广袖	不详	黄色	无	不详	不详
22	石窟东壁下方坐者	男	束髻	长袍服	交领	残	广袖	不详	黑色	内搭白色交领中单	白色裤	不详

续表

序号	方位	性别	发式/巾帽	服装形制	襦/袍						裤/裙	鞋/靴
					领	衽	袖	腰饰	花色	其他		
23	石室东壁右侧左一	女	蝶形双鬟髻	短襦长裙	交领	右衽	广袖	蓝色胸带，垂蝶结丝带	红色	白色云肩、围粉淡抱肚	红裙	不详
24	石室东壁右侧左二	女	蝶形双鬟髻	短襦长裙	交领	残	广袖	红色胸带，垂蝶结丝带	浅红色	围红色抱肚	红裙	不详
25	石室东壁右侧左三	女	蝶形双鬟髻	短襦长裙	交领	右衽	广袖	残	浅红色	内搭白色交领中单	蓝裙	不详
26	石室东壁右侧左四	女	蝶形双鬟髻	短襦长裙	交领	不详	广袖	垂蝶结丝带	浅红色	围蓝色抱肚、黑红色披帛	红裙	不详

宝山M2辽墓壁画人物服饰表

序号	方位	性别	发式/巾帽	服装形制	襦/袍						裤/裙	鞋/靴
					领	衽	袖	腰饰	花色	其他		
1	石门外东壁南侧	男	垂髻	长袍服	圆领	不详	窄袖	腰系带	白色	无	淡红色裤	便靴
2	石门外东壁北侧	男	黄色幞头	长袍服	圆领	不详	窄袖	腰系带	浅褐色	无	不详	黑靴
3	石门外北壁侍女	女	披发	长袍服	交领	右衽	不详	红色腰带		内搭浅色中单	不详	黑色靴

续表

序号	方位	性别	发式/巾帽	服装形制	襦/袍						裤/裙	鞋/靴
					领	衽	袖	腰饰	花色	其他		
4	石室东壁北侧	女	披发垂髻	长袍服	交领	右衽	窄袖	红条纹绸带	浅黄色	内搭红色中单	不详	黑靴
5	石室东壁南侧	女	披发	长袍服	交领	右衽	窄袖	白色腰带	深褐色	内搭红色中单	不详	黄靴
6	石室南壁左一	男	束发带巾	短袍裤	交领	左衽	广袖	白色腰带	淡红色黑边	内搭白色交领中单	白色裤系结	麻鞋
7	石室南壁左二	女	蝶形双囊髻	短襦长裙	交领	左衽	窄袖	红色长绦带	红色	蓝锦抱肚	蓝色曳地长裙	不详
8	石室南壁左三	女	蝶形双囊髻	短襦长裙	交领	对衽	窄袖	红色胸带，垂蝶结丝带		锦绣半袖，围蓝蓝色抱肚，绣花披帛	红色曳地长裙	不详
9	石室南壁左四	女	蝶形双囊髻	短襦长裙	交领	右衽	窄袖	黄色胸带，垂蝶结丝带	红色	围蓝色抱肚	蓝色曳地长裙	不详
10	石室南壁左五	女	蝶形双囊髻	短襦长裙	交领	不详	窄袖	红色胸带，垂蝶结丝带	黑地红花	围黄地红花抱肚	淡红色曳地长裙	不详
11	石室南壁左六	女	蝶形双囊髻	短襦长裙	交领	左衽	窄袖	红色胸带，垂蝶结丝带	白地红花	围黑地红花抱肚，内搭白色交领中单	蓝色曳地长裙	不详

续表

序号	方位	性别	发式/巾帽	服装形制	襦/袍						裤/裙	鞋/靴
					领	衽	袖	腰饰	花色	其他		
12	石室南壁左七	女	蝶形双鬟髻	短襦长裙	交领	右衽	窄袖	红色胸带，垂蝶结丝带	黑色	围黄色绣花抱肚，内搭白色交领中单	黑地红花曳地长裙	不详
13	石室北壁左组左三	男	展脚幞头	长袍服	残	残	窄袖	不详	红色	无	不详	残
14	石室北壁左组左二	男	展脚幞头	长袍服	残	残	窄袖	不详	深褐色	无	不详	残
15	石室北壁左组左三	女	云鬟抱面，插发梳佩金钗	长襦长裙	开襟	不详	广袖	不详	浅黄色	无	红色曳地长裙	不详
16	石室北壁左组左四	女	云鬟抱面，插发梳佩金钗	长襦长裙	开襟	不详	广袖	不详	红色	内搭红色抹胸	蓝色曳地长裙	不详
17	石室北壁诵经者	女	云鬟抱面，插发梳佩金钗	长襦长裙	开襟	不详	广袖	不详	红色	内搭红色抹胸，外罩红地毯路纹褙子	蓝色曳地长裙	不详
18	石室北壁右组左一	女	双髻	长襦长裙	开襟	不详	广袖	不详	蓝色	内搭红色抹胸	遮挡	不详

续表

序号	方位	性别	发式/巾帽	服装形制	襦/袍 领	襦/袍 衽	襦/袍 袖	襦/袍 腰饰	襦/袍 花色	襦/袍 其他	裤/裙	鞋/靴
19	石室北壁右组左二	女	云鬟抱面，插发梳佩金钗	长襦长裙	开襟	不详	广袖	不详	蓝色	内搭红色抹胸	红色曳地长裙	不详

吐尔基山辽墓壁画人物服饰表

序号	方位	性别	发式/巾帽	服装形制	襦/袍 领	襦/袍 衽	襦/袍 袖	襦/袍 腰饰	襦/袍 花色	襦/袍 其他	裤/裙	鞋/靴
1	墓室甬道东壁左一	男	披发	长袍服	圆领	不详	窄袖	不详	白色	无	吊敦	不详
2	墓室甬道东壁左二	男	披发	长袍服	圆领	不详	窄袖	不详	红色	无	不详	黑靴
3	墓室甬道东壁左三	男	披发	长袍服	圆领	不详	窄袖	不详	白色	无	吊敦	不详
4	墓室甬道东壁左四	男	披发	长袍服	圆领	不详	窄袖	不详	白色	无	吊敦	不详
5	墓室甬道东壁左五	男	残	长袍服	残	残	窄袖	残	赭色	无	残	残

床金沟M5辽墓壁画人物服饰表

序号	方位	性别	发式/巾帽	服装形制	领	衽	袖	襦/袍			裤/裙	鞋/靴
								腰饰	花色	其他		
1	天井南墙外壁西侧	男	垂髻	长袍服	圆领	不详	窄袖	绿色腰带	淡棕色	无	土黄色吊敦	不详
2	天井南墙外壁东侧	男	垂髻	长袍服	圆领	不详	窄袖	蓝色腰带	棕色	无	土黄色吊敦	不详
3	天井南壁东侧左侧侍者	男	垂髻	长袍服	圆领	不详	窄袖	革带	绿色	无	土黄色吊敦	不详
4	天井南壁东侧中间侍者	男	垂髻	长袍服	圆领	不详	窄袖	革带	红色	无	土黄色吊敦	不详
5	天井南壁东侧右侧侍者	男	垂髻	长袍服	圆领	不详	窄袖	棕色腰带	蓝色	无	土黄色吊敦	不详
6	天井南壁西侧左侧侍者	男	垂髻	长袍服	圆领	不详	窄袖	蓝色腰带	蓝色	无	土黄色吊敦	不详
7	天井南壁西侧中间侍者	男	垂髻	长袍服	圆领	不详	窄袖	革带	红色	无	土黄色吊敦	不详
8	天井南壁西侧右侧侍者	男	垂髻	长袍服	圆领	不详	窄袖	革带	绿色	无	土黄色吊敦	不详
9	天井西壁左组左一	男	交脚幞头	长袍服	圆领	不详	窄袖	遮挡	棕红色	内搭黄色中单	土黄色吊敦	麻鞋
10	天井西壁左组左二	男	交脚幞头	长袍服	圆领	不详	窄袖	遮挡	橘红色	内搭白色中单	土黄色吊敦	麻鞋

续表

序号	方位	性别	发式/巾帽	服装形制	襦/袍						裤/裙	鞋/靴
					领	衽	袖	腰饰	花色	其他		
11	天井西壁左组左三	男	交脚幞头	长袍服	圆领	不详	窄袖	遮挡	棕红色	内搭黄色中单	土黄色吊敦	麻鞋
12	天井西壁左组左四	男	交脚幞头	长袍服	圆领	不详	窄袖	黑色腰带	橘红色	内搭黄色中单	土黄色吊敦	麻鞋
13	天井西壁右组左一	男	垂髻	长袍服	圆领	不详	窄袖	遮挡	橘红色	内搭黄色中单	土黄色吊敦	不详
14	天井西壁右组左二	男	垂髻	长袍服	圆领	不详	窄袖	遮挡	棕红色	无	土黄色吊敦	不详
15	天井西壁右组左三	男	垂髻	长袍服	圆领	不详	窄袖	黑色腰带	橘红色	内搭黄色中单	土黄色吊敦	不详
16	天井西壁右组左四	男	垂髻	长袍服	圆领	不详	窄袖	遮挡	棕红色	内搭白色中单	土黄色吊敦	不详
17	天井西壁右组左五	男	垂髻	长袍服	圆领	不详	窄袖	黑色腰带	橘红色	内搭黄色中单	土黄色吊敦	不详
18	天井西壁右组左六	男	垂髻	长袍服	圆领	不详	窄袖	遮挡	橘红色	内搭白色中单	土黄色吊敦	不详
19	天井东壁左组左一	男	垂髻	长袍服	圆领	不详	窄袖	绿色腰带	棕红色	内搭黄色中单	土黄色吊敦	不详
20	天井东壁左组左二	男	垂髻	长袍服	圆领	遮挡	遮挡	遮挡	绿色	内搭黄色中单	遮挡	遮挡

续表

序号	方位	性别	发式/巾帽	服装形制	襦/袍						裤/裙	鞋/靴
					领	衽	袖	腰饰	花色	其他		
21	天井东壁左组左三	男	垂髻	长袍服	圆领	不详	窄袖	黑色腰带	橘黄色	内搭黄色中单	土黄色吊敦	不详
22	天井东壁左组左四	男	垂髻	长袍服	圆领	不详	遮挡	遮挡	绿色	内搭黄色中单	遮挡	遮挡
23	天井东壁左组左五	男	垂髻	长袍服	圆领	不详	遮挡	遮挡	棕红色	内搭黄色中单	遮挡	遮挡
24	天井东壁左组左六	男	垂髻	长袍服	圆领	不详	窄袖	遮挡	橘黄色	内搭黄色中单	土黄色吊敦	不详
25	天井东壁左组左七	男	垂髻	长袍服	圆领	不详	窄袖	遮挡	绿色	内搭黄色中单	土黄色吊敦	不详
26	天井东壁左组左八	男	垂髻	长袍服	圆领	不详	窄袖	不详	橘黄色	内搭黄色中单	土黄色吊敦	不详
27	天井东壁右组右一	男	垂髻	长袍服	圆领	不详	窄袖	绿色腰带	橘黄色	内搭黄色中单	土黄色吊敦	不详
28	天井东壁右组右二	男	垂髻	长袍服	圆领	不详	窄袖	橘色腰带	棕红色	内搭白色中单	土黄色吊敦	不详
29	天井东壁右组右三	男	垂髻	长袍服	圆领	不详	窄袖	白色腰带	土黄色	内搭黄色中单	土黄色吊敦	不详
30	天井东壁右组右四	男	垂髻	长袍服	圆领	不详	窄袖	黄色腰带	橘黄色	内搭白色中单	土黄色吊敦	不详
31	天井东壁右组右五	男	垂髻	长袍服	圆领	不详	窄袖	红色腰带	棕红色	内搭黄色中单	土黄色吊敦	不详

韩匡嗣辽墓壁画人物服饰表

| 序号 | 方位 | 性别 | 发式/巾帽 | 服装形制 | 襦/袍 | | | | | | 裤/裙 | 鞋/靴 |
					领	衽	袖	腰饰	花色	其他		
1	甬道西壁壁龛北一		貂皮锦帽	不详	不详	不详	不详	不详	不详	不详	不详	不详
2	甬道西壁壁龛北二	女	双螺髻红色发带	上襦下裙	直领	不详	不详	淡黄色双带	不详	白色右衽直领中单红色圆裙开叉长衫	白色长裙	布帛浅帮翘尖鞋
3	甬道西壁壁龛北三	女	双高髻红色发带	上襦下裙	直领	右衽	不详	双垂绿色带	浅黄色	无	红色长裙	布帛尖头鞋
4	甬道东壁一	女	高髻	团衫	直领	右衽	窄袖	布帛带	不详	无	不详	凤嘴尖头鞋
5	甬道东壁二	女	黑巾包髻	团衫	直领	右衽	窄袖	双带	不详	直领中单	不详	不详
6	前室前壁一	男	不详	不详	不详		窄袖	不详	不详	无	不详	不详
7	前室前壁二	男	髡发	长袍服	圆领		窄袖	布帛带	不详	无	不详	不详
8	前室西壁一	男	髡发	长袍服	圆领	左衽	窄袖	布帛带双环同心结	不详	无	不详	不详
9	西耳室门北壁一	男	髡发	长袍服	圆领	不详	窄袖	不详	不详	不详	不详	不详

续表

序号	方位	性别	发式/巾帽	服装形制	襦/袍						裤/裙	鞋/靴
					领	衽	袖	腰饰	花色	其他		
10	西耳室至门北壁一	男	髡发	长袍服	圆领	右衽	窄袖	布帛带双环同心轴扣	不详	不详	不详	不详
11	前室后壁后室门西侧一	女	刘海小髻宽发带	上衣下裙	直领	不详	窄袖	不详	不详	内着抹胸	长裙	不详
12	前室后壁后室门西侧二	女	粗鬈盘于头上额上有蝶形结	上衣下裙	直领	不详	窄袖	帛带	不详	内着抹胸	长裙	不详
13	前室后壁后室门东侧一	女	不详	上衣下裙	直领	不详	窄袖	不详	不详	内着抹胸	长裙	不详
14	前室后壁后室门东侧二	女	不详	不详	不详	不详	不详	不详	不详	不详	不详	不详
15	前室东壁东耳室门北	男	逍遥巾	长袍服	圆领	左衽	窄袖	不详	不详	不详	不详	不详
16	前室东壁东耳室门南	男	四角巾	长袍服	圆领	左衽	窄袖	不详	不详	不详	不详	不详

罕大坝辽墓壁画人物服饰表

序号	方位	性别	发式/巾帽	服装形制	襦/袍						裤/裙	鞋/靴
					领	衽	袖	腰饰	花色	其他		
1	墓门左侧一	男	髡发	长袍服	圆领	不详	窄袖	布带	不详	长度至腿肚	瘦腿裤	毡鞋
2	墓门左侧二	男	黑帽	长袍服	圆领	不详	窄袖	皮革带	不详	长度至腿，袍襟错落不齐	遮挡	黑靴
3	墓门左侧三	女	高髻	襦裙	交领	遮挡	中袖	长布帛带	不详	短襦两侧开叉	团花长裙	勾脸鞋
4	墓门左侧四	女	双丫髻	长袍服	交领	遮挡	窄袖	长布帛带	不详	团花布帛带垂落	遮挡	勾脸鞋
5	墓门右侧一	男	黑帽	短袍服	圆领	不详	窄袖	布带	不详	长度至腿肚	瘦腿裤	布鞋
6	墓门右侧二	男	髡发	短袍服	圆领	不详	窄袖	布带	不详	长度至腿肚	瘦腿裤	毡鞋
7	墓门右侧三	女	髻发	长袍服	交领	右衽	窄袖	长布带	不详	素面布帛带垂落	遮挡	勾脸鞋
8	墓门右侧四	女	残破	长袍服	残破	残破	不详	长布带	不详	袍身为团花图案	遮挡	勾脸鞋

陈国公主辽墓壁画人物服饰表

序号	方位	性别	发式/巾帽	服装形制	襦/袍						裤/裙	鞋/靴
					领	衽	袖	腰饰	花色	其他		
1	墓道西壁侍者	男	髡发	短袍裤	圆领	不详	窄袖	黄带	蓝青色	无	白色瘦腿裤	白鞋

续表

序号	方位	性别	发式/巾帽	服装形制	襦/袍						裤/裙	鞋/靴
					领	衽	袖	腰饰	花色	其他		
2	墓道东壁侍者	男	髡发	短袍裤	圆领	不详	窄袖	白色腰带	淡蓝色	无	淡蓝色瘦腿裤	白鞋
3	前室东壁北侧侍女	女	双丫髻	长袍服	交领	右衽	窄袖	黄色长带	淡黄色	内搭白色中单	不详	勾脸鞋
4	前室东壁北侧侍者	男	髡发	长袍服	圆领	不详	窄袖	红色腰带	蓝色	内搭白色中单	不详	黑色勾脸鞋
5	前室西壁北侧左侧侍者	男	髡发	短袍服	圆领	不详	窄袖	革带	蓝色	内搭白色中单	黑色瘦腿裤	黑靴
6	前室西壁北侧右侧侍者	男	髡发	短袍服	圆领	不详	窄袖	革带	蓝色	内搭白色中单	黑色瘦腿裤	黑靴

浩特花 M1 辽墓壁画人物服饰表

序号	方位	性别	发式/巾帽	服装形制	襦/袍						裤/裙	鞋/靴
					领	衽	袖	腰饰	花色	其他		
1	墓门外层东侧侍者	男	卷檐黑色冠	长袍服	圆领	不详	窄袖	白色腰带	黑地白团花	无	浅灰色裤	浅色靴
2	墓门外层西侧侍者	男	卷檐黑色冠	长袍服	圆领	不详	窄袖	白色腰带	黑地白团花	无	浅灰色裤	浅色靴
3	墓门内层东侧侍者	男	卷檐黑色冠	长袍服	圆领	不详	窄袖	白色腰带	黑地白团花	无	浅灰色裤	浅色靴

续表

序号	方位	性别	发式/巾帽	服装形制	襦/袍						裤/裙	鞋/靴
					领	衽	袖	腰饰	花色	其他		
4	墓门内层西侧侍者	男	卷檐黑色冠	长袍服	圆领	不详	窄袖	白色腰带	黑地白团花	无	浅灰色裤	浅灰色靴
5	前甬道东壁侍者	男	残	长袍服	圆领	不详	窄袖	腰系带	不详	无	不详	便靴
6	前甬道西壁侍者	男	四瓣瓜棱系结帽	长袍服	圆领	不详	窄袖	腰系带	不详	无	不详	便靴
7	前室南壁外层左一	男	软脚幞头	长袍服	遮挡	不详	广袖	不详	红褐色	无	不详	黑靴
8	前室南壁外层左二	男	软脚幞头	长袍服	圆领	不详	窄袖	不详	不详	无	不详	黑靴
9	前室南壁外层左三	男	翘脚幞头	长袍服	圆领	不详	窄袖	不详	不详	无	不详	黑靴
10	前室南壁外层左四	男	翘脚幞头	长袍服	圆领	不详	窄袖	不详	蓝色	无	不详	黑靴
11	前室南壁外层左五	男	翘脚幞头	长袍服	圆领	不详	窄袖	不详	红褐色	无	不详	残
12	前室南壁里层左侧人物	男	幞头	紧身衣	残	残	窄袖	残	白色	无	白色紧身裤	便靴
13	前室南壁里层右侧人物	男	幞头	紧身衣	残	残	窄袖	残	白色	无	白色紧身裤	便靴

续表

序号	方位	性别	发式/巾帽	服装形制	襦/袍						裤/裙	鞋/靴
					领	衽	袖	腰饰	花色	其他		
14	前室东壁外层门洞北侧侍者	男	硬胸襆头	长袍服	残	残	残	残	浅褐色	无	不详	残
15	前室东壁外层门洞南侧侍者	男	不详	长袍服	圆领	不详	不详	不详	不详	无	不详	便鞋
16	前室门洞上部左侧者	男	额前无发,长鬃角	长袍服	圆领	不详	窄袖	残	不详	无	残	残
17	前室东壁外层门洞上部中间者	男	额前无发,长鬃角	长袍服	圆领	不详	窄袖	腰系带	不详	无	遮挡	不详
18	前室东壁外层门洞上部右侧者	男	额前无发,长鬃角	短袍服	圆领	不详	窄袖	不详	不详	无	长裤	不详
19	前室西壁外层门洞南侧侍者	男	便帽	长袍服	圆领	不详	窄袖	不详	白色	无	不详	残
20	前室西壁外层门洞北侧侍者	男	翘胸襆头	长袍服	圆领	不详	窄袖	不详	红褐色	无	不详	残
21	前室北壁外层门洞南侧侍者	男	软脚襆头	长袍服	圆领	不详	窄袖	不详	不详	无	不详	不详
22	前室北壁外层门洞北侧侍者	男	软脚襆头	长袍服	圆领	不详	窄袖	不详	不详	无	不详	不详

续表

序号	方位	性别	发式/巾帽	服装形制	襦/袍						裤/裙	鞋/靴
					领	衽	袖	腰饰	花色	其他		
23	西耳室过洞南壁男驭者	男	翘脚幞头	短袍服	圆领	不详	窄袖	不详	白色	无	白色瘦腿裤	便靴
24	西耳室过洞北壁女驭者	女	二垂髻	长袍服	开襟	不详	残	遮挡	白色	内搭圆领衫	残	残
25	西耳室过洞北壁男驭者	男	翘脚幞头	短袍服	圆领	不详	窄袖	不详	浅黄色	无	白色瘦腿裤	残
26	后甬道东壁外层左一	男	额前短发,长鬓角	长袍服	圆领	不详	窄袖	腰带挂鹅形饰	浅褐色	无	长裤	不详
27	后甬道东壁外层左二	男	额前短发,长鬓角	长袍服	圆领	不详	窄袖	不详	不详	无	长裤	不详
28	后甬道东壁外层左三	男	额前短发,长鬓角	长袍服	圆领	不详	窄袖	腰系带	不详	无	红褐色长裤	不详
29	后甬道东壁外层左四	男	额前短发,长鬓角	长袍服	圆领	不详	窄袖	不详	不详	无	长裤	不详
30	后甬道东壁外层左五	男	额前短发,长鬓角	长袍服	圆领	不详	窄袖	腰系带	红褐色	无	长裤	便靴

续表

序号	方位	性别	发式/巾帽	服装形制	襦/袍						裤/裙	鞋/靴
					领	衽	袖	腰饰	花色	其他		
31	后甬道西壁外层左一	男	残	长袍服	圆领	不详	窄袖	不详	不详	双手戴手套	不详	残
32	后甬道西壁外层左二	男	残	长袍服	圆领	不详	窄袖	腰系带	红褐色	无	长裤	残
33	后甬道西壁外层左三	男	额前短发，长鬓角	长袍服	圆领	不详	窄袖	腰系带	不详	无	不详	残
34	后甬道西壁外层左四	男	额前短发，长鬓角	长袍服	圆领	不详	窄袖	腰系带	不详	无	不详	残
35	后甬道西壁外层左五	男	额前短发，长鬓角	长袍服	圆领	不详	窄袖	腰系带	不详	无	不详	残
36	后室南壁外层甬道西侧左侧侍者	女	软巾	长袍服	立领对襟	不详	长广袖	不详	白地黑方格	无	不详	残
37	后室南壁外层甬道西侧中间侍者	女	爪拉帽	长袍服	立领对襟	不详	长广袖	不详	黑地白团花	无	不详	残
38	后室南壁外层甬道西侧右侧侍者	女	爪拉帽	长袍服	圆领	不详	长广袖	不详	白地团花	无	不详	残

续表

序号	方位	性别	发式/巾帽	服装形制	襦/袍 领	衽	袖	腰饰	花色	其他	裤/裙	鞋/靴
39	后室南壁里层甬道东侧侍者	女	不详	长袍服	对襟	不详	不详	不详	不详	内搭圆领衫	长裤	不详
40	后室南壁里层甬道西侧侍者	女	不详	长袍服	不详	不详	不详	不详	不详	内搭圆领衫	不详	不详
41	后室南壁里层甬道西侧左侧侍者	男	软脚幞头	长袍服	圆领	不详	窄袖	不详	黑色	无	不详	不详
42	后室南壁里层甬道西侧中间侍者	男	黑色巾	长袍服	圆领	不详	窄袖	腰系带	不详	无	不详	不详
43	后室南壁里层甬道西侧右侧侍者	男	残	长袍服	圆领	不详	窄袖	残	浅灰色	无	不详	不详
44	后室东壁外层南侧左侧侍者			长袍服	对襟	不详	窄袖	不详	不详	内搭圆领衫	不详	不详
45	后室东壁外层南侧右侧侍者	不详	不详	长袍服	对襟	不详	窄袖	不详	黑色	内搭圆领衫	不详	不详
46	后室东壁外层北侧左一	男	不详	短袍服	圆领	不详	窄袖	不详	不详	无	长裤	便鞋

续表

序号	方位	性别	发式/巾帽	服装形制	襦/袍 领	襟	袖	腰饰	花色	其他	裤/裙	鞋/靴
47	后室东壁外层北侧左二	男	不详	长袍服	圆领	不详	不详	腰系带	不详	无	长裤	不详
48	后室东壁外层北侧左三	男	不详	长衫	圆领	不详	窄袖	不详	不详	无	长裤	不详
49	后室东壁里层左一	不详	额前短发	长袍服	圆领	不详	窄袖	不详	不详	无	不详	不详
50	后室东壁里层左二	不详	不详	不详	不详	不详	不详	不详	不详	无	不详	不详
51	后室东壁里层左三	不详	爪拉帽	长袍服	对襟	不详	不详	不详	不详	内搭圆领衫	不详	不详
52	后室西壁里层左一	不详	不详	长袍服	圆领	不详	不详	不详	不详	无	不详	不详
53	后室西壁里层左二	不详	不详	长袍服	圆领	不详	不详	不详	红色	无	不详	不详

滴水壶辽墓壁画人物服饰表

序号	方位	性别	发式/巾帽	服装形制	襦/袍 领	襟	袖	腰饰	花色	其他	裤/裙	鞋/靴
1	墓室西北壁左侧侍者	男	髡发	长袍服	圆领	不详	窄袖	黑色革带	白地团窠松鹿纹	内搭褐色交领中单	不详	黄靴

Page 288

辽代服饰研究

续表

序号	方位	性别	发式/巾帽	服装形制	襦/袍 领	衽	袖	腰饰	花色	其他	裤/裙	鞋/靴
2	墓室西北壁中间侍者	男	髡发	长袍服	圆领	不详	窄袖	遮挡	白色	内搭褐色交领中单	不详	棕红靴
3	墓室西北壁右侧侍者	男	髡发	长袍服	圆领	不详	窄袖	黑色革带、挂红色鱼袋	白地团窠松鹿纹	内搭褐色交领中单	不详	黄靴
4	墓室北壁后立侍女	女	红巾，缠紫色丝带	长袍服	交领	左衽	窄袖	白色腰带	青蓝色地团窠松鹿纹	内搭黑色交领中单	不详	遮挡
5	墓室北壁左侧侍女	女	黑巾，缠绿色丝带	长袍服	不详	不详	窄袖	白色腰带	黄褐色地团窠松鹿纹	内搭白色中单	不详	黑鞋
6	墓室北壁躬身侍女	女	红色巾带系椎髻	长袍服	交领	不详	窄袖	红色腰带	白地团窠松鹿纹	无	不详	不详
7	墓室南壁左侧侍者	男	黑巾	长袍服	不详	不详	残	残	白色	无	不详	黑靴
8	墓室南壁中间侍者	男	黑巾	长袍服	圆领	不详	窄袖	浅褐色腰带	黄色地团窠松鹿纹	内搭褐色交领中单	不详	黄色长靴
9	墓室南壁右侧侍者	男	黑巾	长袍服	圆领	不详	窄袖	革带、悬佩短刀	黄褐色地团窠松鹿纹	内搭褐色交领中单	不详	褐色长靴

续表

序号	方位	性别	发式/巾帽	服装形制	襦/袍						裤/裙	鞋/靴
					领	衽	袖	腰饰	花色	其他		
10	墓室西南壁左侧侍者	男	髡发	长袍服	残	残	窄袖	遮挡	红色	无	不详	黄色长靴
11	墓室西南壁中间侍者	男	黑巾	长袍服	圆领	不详	窄袖	黑色腰带	赭色	内搭白色交领中单	不详	褐色长靴
12	墓室西南壁右侧侍者	男	髡发	长袍服	圆领	不详	窄袖	黑色革带饰带	白地团窠纹	内搭白色交领中单	不详	黄色长靴
13	甬道北壁驭者	男	幞头	长袍服	圆领	不详	窄袖	黑色双轮尾革带	橘黄色	内搭白色中单	残	麻鞋
14	甬道北壁举伞侍吏	男	高筒帽	残	残	残	窄袖	不详	褐色	无	不详	不详
15	甬道北壁马尾部侍者	男	髡发	长袍服	残	残	窄袖	革带饰圆形带	褐色	无	不详	褐色长靴
16	甬道南壁左一	男	髡发	长袍服	圆领	不详	窄袖	不详	青蓝色	无	不详	红色长勒靴
17	甬道南壁左二	男	黑巾	短袍服	交领	左衽	窄袖	不详	青色	棕红色抱肚	长裤	麻鞋
18	甬道南壁左三	男	交脚幞头	长袍服	圆领	不详	窄袖	遮挡	青蓝色	内搭交领中单	长裤	麻鞋
19	甬道南壁左四	男	交脚幞头	短袍服	圆领	不详	窄袖	红绿色丝带	青蓝色	内搭交领中单	长裤	麻鞋

库伦 M1 辽墓壁画人物服饰表

序号	方位	性别	发式/巾帽	服装形制	襦/袍						裤/裙	鞋/靴
					领	衽	袖	腰饰	花色	其他		
1	墓门北壁内侧侍女	女	残	残	残	残	残	彩带垂结	不详	无	长裙	不详
2	墓门南壁内侧侍者	男	残	长袍服	残	残	残	残	不详	无		不详
3	天井北壁左一	女	黑色圆顶帽	长衫	交领	不详	窄袖	浅粉色腰带	赭黄色	无	不详	不详
4	天井北壁左二	女	黑色竖格帽	长衫	不详	不详	不详	不详	绿色	无	不详	不详
5	天井北壁左三	女	黑色圆顶帽	长衫	不详	不详	不详	不详	绿色	无	不详	不详
6	天井北壁左四	女	不详	长衫	不详	不详	不详	黄色腰带	红色	无	不详	不详
7	天井南壁左一	男	黑帽	长袍服	圆领	不详	窄袖	绿色腰带	赭黄色	内搭绿色交领中单	不详	长靴
8	天井南壁左二	男	髡发	长袍服	不详	不详	不详	黄色腰带	绿色	无	不详	红色靴
9	天井南壁左三	男	不详	不详	不详	不详	不详	不详	不详	无	不详	不详
10	天井南壁左四	男	髡发	长袍服	不详	不详	不详	红色腰带	蓝色	无	不详	长靴
11	墓道北壁第一组左一	男	髡发	长袍服	不详	不详	不详	不详	绿色	内搭黄色交领中单	不详	不详
12	墓道北壁第一组左二	男	髡发	长袍服	圆领	不详	窄袖	浅色革带	红色	内搭蓝色交领中单	不详	黑色靴

续表

序号	方位	性别	发式/巾帽	服装形制	领	衽	袖	腰饰	花色	其他	裤/裙	鞋/靴
							襦/袍					
13	墓道北壁第一组左三	男	髡发	长袍服	遮挡	遮挡	窄袖	不详	土红色	无	不详	黄靴
14	墓道北壁第一组左四	男	髡发	长袍服	不详	不详	窄袖	不详	黄色	无	不详	黑靴
15	墓道北壁第一组左五	男	髡发	长袍服	圆领	不详	窄袖	遮挡	土红色	无	不详	不详
16	墓道北壁驭者	男	髡发	长袍服	圆领	不详	窄袖	黑色革带	红色	内搭浅绿色交领文中单	不详	黑靴
17	墓道北壁驭者左侧侍者	男	髡发	长袍服	圆领	不详	窄袖	黑色革带	黄色	无	不详	黄靴
18	墓道北壁第一组左侧女子	女	绿顶黑皮帽扎带	长衫	不详	不详	不详	浅红色腰带	绿色	无	不详	不详
19	墓道北壁第一组右侧女子	女	黑色瓜皮帽扎带	长衫	不详	不详	不详	红色腰带	浅绿色	无	不详	不详
20	墓道北壁第一组左侧侍者	男	髡发	长袍服	圆领	不详	窄袖	不详	黄色	无	不详	不详
21	墓道北壁第一组车前侍者	男	髡发	长袍服	圆领	不详	窄袖	红色腰带	绿色	无	不详	黑靴

续表

序号	方位	性别	发式/巾帽	服装形制	襦/袍						裤/裙	鞋/靴
					领	衽	袖	腰饰	花色	其他		
22	墓道北壁第一组车右侧侍者	男	髡发	长袍服	圆领	不详	窄袖	不详	红色	无	不详	不详
23	墓道北壁第二组前排左一	男	交脚幞头	长袍服	圆领	不详	宽袖	不详	浅绿色	内搭中单	长裤	麻鞋
24	墓道北壁第二组前排左二	男	交脚幞头	长袍服	圆领	不详	宽袖	双重黑色革带	浅红色	内搭中单	长裤	麻鞋
25	墓道北壁第二组前排左三	男	交脚幞头	长袍服	圆领	不详	宽袖	双重黑色革带	浅红色	内搭中单	长裤	麻鞋
26	墓道北壁第二组后排左一	男	交脚幞头	长袍服	圆领	不详	宽袖	不详	浅红色	内搭中单	长裤	麻鞋
27	墓道北壁第二组后排左二	男	交脚幞头	长袍服	圆领	不详	宽袖	不详	浅绿色	无	长裤	麻鞋
28	墓道北壁第二组右侧侍者	男	髡发	长袍服	不详	不详	窄袖	不详	浅绿色	无	不详	黄靴
29	墓道北壁第二组前立左一	男	交脚幞头	长袍服	圆领	不详	宽袖	双重黑色革带	绿色	内搭中单	长裤	麻鞋
30	墓道北壁第二组前立左二	男	交脚幞头	长袍服	圆领	不详	宽袖	双重黑色革带	红色	内搭中单	长裤	麻鞋
31	墓道北壁第二组前立左三	男	交脚幞头	长袍服	圆领	不详	宽袖	双重黑色革带	蓝色	内搭中单，右肩披红色长巾	长裤	麻鞋

续表

序号	方位	性别	发式/巾帽	服装形制	襦/袍						裤/裙	鞋/靴
					领	衽	袖	腰饰	花色	其他		
32	墓道北壁第二组前立左四	男	交脚幞头	长袍服	圆领	不详	宽袖	双重黑色革带	绿色	内搭中单	长裤	麻鞋
33	墓道北壁第二组前立左五	男	交脚幞头	长袍服	圆领	不详	宽袖	双重黑色革带	红色	内搭中单	长裤	麻鞋
34	墓道北壁第二组前立左六	男	交脚幞头	长袍服	圆领	不详	宽袖	双重黑色革带	红色	内搭中单	长裤	麻鞋
35	墓道北壁第三组舞乐者	男	黑色方帽	长袍服	圆领	不详	窄袖	黑色蹀躞带	不详	无	不详	黄靴
36	墓道北壁第三组左侧盘坐者	男	不详	不详	不详	不详	不详	不详	不详	无	不详	黑靴
37	墓道北壁第三组右侧盘坐者	男	不详	不详	不详	不详	不详	不详	红色	无	不详	不详
38	墓道南壁第一组近天井处左侧侍者	男	髡发	长袍服	不详	不详	不详	不详	不详	无	不详	不详
39	墓道南壁第一组近天井处右侧侍者	男	髡发	长袍服	圆领	不详	窄袖	红色革带	绿色	内搭红色中单	白色裤	黄靴
40	墓道南壁第一组路驼前老者	男	短发	长袍服	不详	不详	不详	红色腰带	黄色	无	不详	黄靴
41	墓道南壁第一组老者后侍者	男	短发	长袍服	不详	不详	不详	红色腰带	绿色	无	不详	黑靴

续表

序号	方位	性别	发式/巾帽	服装形制	襦/袍						裤/裙	鞋/靴
					领	衽	袖	腰饰	花色	其他		
42	墓道南壁第一组车左侧左一侍女	女	高髻	长袍服	交领	左衽	窄袖	红色长飘带	绿色	无	不详	不详
43	墓道南壁第一组车左侧左二侍女	女	黑色小帽	长袍服	不详	不详	不详	红色腰带	绿色	无	不详	不详
44	墓道南壁第一组车右侧左一侍女	女	黑色小帽	长袍服	交领	右衽	窄袖	绿色长飘带	不详	无	不详	黑色勾脸鞋
45	墓道南壁第一组车右侧左二侍女	女	髡发	长袍服	不详	不详	不详	不详	红色	无	残	黑色勾脸鞋
46	墓道南壁第一组车辕左侧侍者	男	髡发	长袍服	不详	不详	不详	不详	绿色	无	不详	黑靴
47	墓道南壁第一组车辕右侧侍者	男	髡发	长袍服	不详	不详	不详	红色腰带	绿色	无	不详	黑靴
48	墓道南壁第二组右一	男	交脚幞头	长袍服	不详	不详	不详	双重黑革带	红色	无	长裤	麻鞋
49	墓道南壁第二组右二	男	交脚幞头	长袍服	不详	不详	不详	双重黑革带	红色	无	长裤	麻鞋

续表

序号	方位	性别	发式/巾帽	服装形制	襦/袍						裤/裙	鞋/靴
					领	衽	袖	腰饰	花色	其他		
50	墓道南壁第二组右三	男	交胸幞头	长袍服	不详	不详	不详	不详	绿色	右肩披红色长巾	不详	不详
51	墓道南壁第二组右四	男	残	不详	残	残	残	残	绿色	无	不详	
52	墓道南壁第二组右五	男	交胸幞头	不详	不详	不详	不详	不详	不详	无	不详	麻鞋
53	墓道南壁第二组右六	男	交胸幞头	不详	不详	不详	不详	不详	不详	无	不详	麻鞋
54	墓道南壁第三组右一	男	残	长袍服	不详	不详	窄袖	不详	红色	无	不详	黑靴
55	墓道南壁第三组右二	男	残	长袍服	不详	不详	不详	红色腰带	绿色	无	不详	黄靴
56	墓道北壁里层第三组左一	男	不详	长袍服	不详	不详	不详	不详	绿色	无	不详	不详
57	墓道北壁里层第三组左二	男	不详	长袍服	不详	不详	窄袖	红色蹀躞带	蓝灰色	无	不详	不详
58	墓道南壁里层第二组右一	男	交胸幞头	长袍服	圆领	不详	宽袖	不详	红色	无	不详	不详
59	墓道南壁里层第二组右二	男	交胸幞头	长袍服	圆领	不详	不详	不详	红色	无	不详	不详

续表

序号	方位	性别	发式/巾帽	服装形制	襦/袍						裤/裙	鞋/靴
					领	衽	袖	腰饰	花色	其他		
60	墓道南壁里层第二组右三	男	交脚幞头	长袍服	圆领	不详	宽袖	不详	红色	无	不详	不详
61	墓道南壁里层第三组右四	男	黑色平顶小方帽	长袍服	交领	右衽	窄袖	宽幅红色腰围	绿色	内搭红色交领中单，肘部系黄巾	不详	不详
62	墓道南壁里层第三组右三驭者	男	不详	长袍服	不详	不详	不详	红色镶蹀躞带	绿色	无	白裤	黑靴
63	墓道南壁里层第三组右二马头右侧侍者	男	髡发	长袍服	圆领	不详	窄袖	不详	蓝色	无	不详	土黄色长靴
64	墓道南壁里层第三组右一	男	黑色小帽	长袍服	圆领	不详	窄袖	黄色蹀躞带	土黄色	无	不详	不详

库伦M2辽墓壁画人物服饰表

序号	方位	性别	发式/巾帽	服装形制	襦/袍						裤/裙	鞋/靴
					领	衽	袖	腰饰	花色	其他		
1	墓门门洞南侧	男	髡发	长袍服	圆领	不详	窄袖	细革带嵌带	浅红色	内搭白色交领中单	不详	黑色长靴

续表

序号	方位	性别	发式/巾帽	服装形制	襦/袍						裤/裙	鞋/靴
					领	衽	袖	腰饰	花色	其他		
2	天井北壁男侍	男	髻发	长袍服	圆领	不详	窄袖	革带	浅红色	无	白色瘦腿裤	黑色勾脸鞋
3	天井北壁女侍	女	黑色圆顶帽	长袍服	交领	右衽	窄袖	彩带系花结	浅绛色	无	不详	浅色鞋
4	天井南侧壁前立者	男	短发	长袍服	圆领	不详	窄袖	宽革带	红色	无	残	残
5	天井南侧壁后立者	男	黑帽	长袍服	圆领	不详	窄袖	残	黄色	无	不详	黑靴
6	墓道北壁左组左一侍女	女	黑色圆顶帽	长衫	交领	右衽	窄袖	浅粉色腰带系花结	绛色	内搭白色交领中单	不详	不详
7	墓道北壁左组左二侍女	女	黑色圆顶帽	长衫	交领	左衽	窄袖	浅粉色腰带系花结	绛色	内搭白色交领中单	不详	不详
8	墓道北壁驭者	男	髻发	长袍服	圆领	不详	窄袖	不详	黄色	内搭白色交领中单	白色瘦腿裤	高靴
9	墓道北壁右组左一	男	髻发	长袍服	圆领	不详	窄袖	红色腰带	浅黄色	内搭红色交领中单	不详	深黄色长靴
10	墓道北壁右组左二	男	髻发	长袍服	圆领	不详	窄袖	黑色腰带	红色	内搭黄色交领中单	不详	浅黄色长靴

续表

序号	方位	性别	发式/巾帽	服装形制	襦/袍						裤/裙	鞋/靴
					领	衽	袖	腰饰	花色	其他		
11	墓道南壁右组左一	男	黑色襆头	短袍服	圆领	不详	窄袖	腰系带	黑色	无	裹腿	麻鞋
12	墓道南壁右组左二	男	髡发	长袍服	圆领	不详	窄袖	革带	不详	无	不详	长靴
13	墓道南壁车前驭者	男	髡发	长袍服	翻领	左衽	中袖	腰系带	红色	内搭白色交领中单	白色瘦腿裤	棕靴
14	墓道南壁车后立者	男	黑色平顶帽	长袍服	圆领	不详	窄袖	黄色软带	浅绛色	不详	不详	黄色皮靴
15	墓道北壁里层	女	黑色黄边圆顶黑帽	长衫	交领	左衽	窄袖	彩带	白色	无	残	残

库伦 M4 辽墓壁画人物服饰表

序号	方位	性别	发式/巾帽	服装形制	襦/袍						裤/裙	鞋/靴
					领	衽	袖	腰饰	花色	其他		
1	墓道南壁	男	髡发	长袍服	圆领	不详	窄袖	革带	黄色	无	不详	黄靴
2	墓道北壁	男	髡发	长袍服	圆领	不详	窄袖	不详	不详	无		长筒靴
3	墓门南侧侍者	男	黑色方帽	长袍服	圆领	不详	残	浅黄色革带	不详	无	残	残
4	墓门北侧侍者	男	髡发	残	圆领	不详	窄袖	不详	不详	无	残	残

库伦 M7 辽墓壁画人物服饰表

序号	方位	性别	发式/巾帽	服装形制	襦/袍						裤/裙	鞋/靴
					领	衽	袖	腰饰	花色	其他		
1	墓道西壁左一	男	黑巾	长袍服	圆领	不详	窄袖	不详	淡蓝色	内搭浅红色交领中单	网状裹腿	麻鞋
2	墓道西壁左二	男	黑巾	长袍服	交领	左衽	窄袖	不详	淡蓝色	内搭蓝色交领中单、蓝色半臂，围袍肚	裹腿	麻鞋
3	墓道西壁左三	男	髡发	长袍服	圆领	不详	窄袖	白色腰带	淡蓝色	内搭浅红色交领中单	不详	红靴
4	墓道西壁左四	男	黑色噗头	长袍服	圆领	不详	窄袖	蓝色腰带	白色	内搭淡蓝色交领中单	不详	黑靴
5	墓道西壁左五	男	髡发	长袍服	圆领	不详	窄袖	白色腰带	淡蓝色	内搭白色交领中单	不详	红靴
6	墓道西壁左六	男	髡发	长袍服	圆领	不详	窄袖	浅色腰带	淡蓝色	内搭红色交领中单	不详	黑靴
7	墓道东壁左一	男	髡发	长袍服	圆领	不详	窄袖	白色腰带	红色	内搭黄色交领中单	不详	黑靴
8	墓道东壁左二	男	髡发	长袍服	圆领	不详	窄袖	白色腰带	白色	内搭红色交领中单	不详	黑靴
9	墓道东壁左三	男	髡发	长袍服	圆领	不详	窄袖	白色腰带	红色	内搭白色交领中单	不详	黑靴
10	墓道东壁左四	男	黑巾	长袍服	交领	右衽	窄袖	不详	蓝色	内搭中单、蓝色半臂，围袍肚	网状裹腿	麻鞋

续表

序号	方位	性别	发式/巾帽	服装形制	襦/袍						裤/裙	鞋/靴
					领	衽	袖	腰饰	花色	其他		
11	墓道东壁左五	男	黑巾	长袍服	交领	右衽	窄袖	不详	蓝色	内搭中单，白色半臂，围抱肚	裹腿	麻鞋
12	墓门过洞西壁左侧侍者	男	残	长袍服	残	残	窄袖	绿色腰带	蓝色	无	不详	黑靴
13	墓门过洞西壁右侧侍者	男	黑色幞头	长袍服	圆领	不详	窄袖	蓝色腰带	红色	无	不详	黑靴
14	墓门过洞东壁左侧侍者	男	残	长袍服	残	残	窄袖	黄色腰带	蓝色	无	不详	黑靴
15	墓门过洞东壁右侧侍者	男	残	长袍服	残	残	窄袖	黄色腰带	蓝色	无	不详	黑靴

耶律弘世辽墓壁画人物服饰表

序号	方位	性别	发式/巾帽	服装形制	襦/袍						裤/裙	鞋/靴
					领	衽	袖	腰饰	花色	其他		
1	墓道东壁左侧侍者	男	髡发	长袍服	圆领	不详	窄袖	金属红皮带	白色	内搭红色交领中单	不详	不详
2	墓道东壁中间侍者	男	髡发	长袍服	圆领	不详	窄袖	金属红皮带	黑色	内搭红色交领中单	不详	不详

续表

序号	方位	性别	发式／巾帽	服装形制	襦／袍						裤／裙	鞋／靴
					领	衽	袖	腰饰	花色	其他		
3	墓道东壁右侧侍者	男	髡发	长袍服	圆领	不详	窄袖	金属红皮带	褐色	内搭红色交领中单	不详	不详
4	西耳室甬道南侧	男	黑巾	长袍服	圆领	不详	窄袖	红色綟带	皂色	内搭红色交领中单	不详	不详
5	西耳室甬道北侧	男	黑巾	长袍服	圆领	不详	窄袖	浅红色腰带	红色	内搭浅褐色交领中单	不详	黑靴
6	东耳室甬道南侧	男	髡发	长袍服	圆领	不详	窄袖	褐色綟带	红色	内搭褐色交领中单	不详	黑靴
7	东耳室甬道北侧	男	髡发	长袍服	圆领	不详	窄袖	褐色綟带	淡黄色	内搭褐色交领中单	不详	红靴

大辽故皇弟秦越国妃合葬墓壁画人物服饰表

序号	方位	性别	发式／巾帽	服装形制	襦／袍						裤／裙	鞋／靴
					领	衽	袖	腰饰	花色	其他		
1	墓道东侧一	男	髡发	长袍服	不详	不详	不详	不详	不详	不详	不详	不详
2	墓道东侧二	男	髡发	长袍服	不详	不详	不详	不详	不详	不详	不详	不详
3	墓道东侧三	男	髡发	长袍服	不详	不详	不详	不详	不详	不详	不详	不详
4	墓道东侧四	男	髡发	长袍服	不详	不详	不详	不详	不详	不详	不详	不详
5	墓道西侧一	男	乌纱帽	官袍	不详	不详	不详	革带	不详	不详	不详	长靴

续表

序号	方位	性别	发式/巾帽	服装形制	襦/袍						裤/裙	鞋/靴
					领	衽	袖	腰饰	花色	其他		
6	墓道西侧二	男	乌纱帽	官袍	不详	不详	不详	革带	不详	不详	不详	长靴
7	墓道西侧三	男	乌纱帽	官袍	不详	不详	不详	革带	不详	不详	不详	长靴
8	墓道西侧四	男	乌纱帽	官袍	不详	不详	不详	革带	不详	不详	不详	长靴
9	门道两侧一	男	髡发	长袍服	不详	不详	不详	革带	不详	耳环	不详	长筒毡靴
10	门道两侧二	男	髡发	长袍服	不详	不详	不详	革带	不详	耳环	不详	长筒毡靴
11	门道两侧三	男	髡发	长袍服	不详	不详	不详	革带	不详	耳环	不详	长筒毡靴

羲和仁寿皇叔祖及宋魏国妃合葬墓壁画人物服饰表

序号	方位	性别	发式/巾帽	服装形制	襦/袍						裤/裙	鞋/靴
					领	衽	袖	腰饰	花色	其他		
1	墓门西侧一	男	髡发	长袍服	圆领	不详	紧袖	革带，带上有圆形饰物	白色；团花	灰色中单	不详	黑靴
2	墓门西侧二	男	头戴软帽	长袍服	圆领	不详	不详	革带	蓝色；团花	不详	不详	白靴

续表

序号	方位	性别	发式/巾帽	服装形制	襦/袍						裤/裙	鞋/靴
					领	衽	袖	腰饰	花色	其他		
3	墓门西侧三	男	髡发	长袍服	圆领	不详	紧袖	白色革带	淡紫色	淡蓝色中单	不详	黑靴
4	墓门西侧四	男	髡发	长袍服	圆领	不详	紧袖	较宽平的白色革带	白色	淡蓝色中单	不详	不详
5	墓门西侧五	男	髡发	长袍服	圆领	不详	紧袖	白色革带	黑色	蓝灰色中单	不详	白靴
6	墓门西侧六	男	髡发	长袍服	圆领	不详	紧袖	白色革带	白色	黑色中单	不详	黑靴
7	墓门西侧七	男	黑色冠巾	长袍服	圆领	不详	紧袖	白色革带	绿色	蓝灰色中单	不详	黑靴
8	墓门西侧八	男	黑巾	长袍服	圆领	不详	紧袖	革带	淡蓝色	灰色中单	不详	白色靴
9	墓门西侧九	男	黑巾	长袍服	不详	不详	紧袖	革带	绿地团花	不详	不详	棕色靴
10	墓门西侧十	男	黑巾	长袍服	圆领	不详	紧袖	革带	白色	不详	不详	棕色靴
11	墓门西侧十一	男	黑巾	长袍服	圆领	不详	紧袖	革带	蓝色	白色中单	不详	青灰色靴
12	墓门西侧十二	男	黑巾	长袍服	圆领	不详	紧袖	黑色革带	白色	灰色中单	不详	黑色靴

续表

序号	方位	性别	发式/巾帽	服装形制	领	衽	袖	襦/袍 腰饰	花色	其他	裤/裙	鞋/靴
13	墓门西侧十三	男	黑巾	长袍服	圆领	不详	紧袖	革带	白色	不详	不详	不详
14	墓门东侧一	男	鬓发	长袍服	圆领	不详	紧袖	腰带	白色	蓝色中单	不详	白靴
15	墓门东侧二	男	黑巾	长袍服	圆领	不详	紧袖	红色软带;耳环	白色	不详	不详	浅棕色靴
16	墓门东侧三	女	不详	上衣下裙	直领	左衽	不详	宽大的白色团花腰带	黑色	淡蓝色中单	及地长裙	白色翘头鞋
17	墓门东侧四	女	云髻	上衣下裙	直领	左衽	不详	不详	白色	白色中单	淡黄色长裙	不详
18	墓门东侧五	女	平展云髻	上衣下裙	直领	左衽	紧袖	绿色裙带配绿色飘带	白色	红色中单	及地白色长裙	不详
19	墓门东侧六	女	黑巾	上衣下裙	直领	左衽	不详	淡黄色带	白色	灰色中单	遮挡	不详
20	墓门东侧七	女	云髻	上衣下裙	直领	左衽	紧袖	浅黄色裙带,配淡黄色飘带	天蓝色	淡粉色中单	天蓝色长裙	不详

续表

序号	方位	性别	发式/巾帽	服装形制	襦/袍					裤/裙	鞋/靴
					领	衽	袖	腰饰	花色	其他		
21	墓门东侧八	女	云髻高绾	上衣下裙	直领	不详	紧袖	耳上似有坠饰白色裙带，配橘黄色飘带	白色	红色中单	白色垂地长裙	不详
22	墓门东侧九	女	黑色头巾	上衣下裙	直领	左衽	不详	遮挡	灰色	不详	遮挡	不详
23	墓门东侧十	女	高耸的云髻	上衣下裙	直领	左衽	紧袖	黄色团花裙带，配橘黄色飘带长	黑色	红色中单	黑色长裙	不详
24	墓门东侧十一	女	高髻发	上衣下裙	直领	左衽	紧袖	白色裙带，配白地红花飘带	白色	过膝中衣	淡蓝色垂地长裙	黑色尖头鞋
25	墓门东侧十二	女	黑色官帽	长袍服	直领	左衽	紧袖	不详	绿色	过膝中衣，红色中单	灰色垂地长裙	黑色尖头鞋
26	墓门东侧十三	女	乌纱帽	上衣下裙	直领	左衽	紧袖	黑色裙带，配黑地白花飘带	白色	红色中单	灰色及地长裙	黑色尖头鞋

白音罕山辽代韩氏家族墓地 M2 壁画人物服饰表

序号	方位	性别	发式/巾帽	服装形制	襦/袍							裤/裙	鞋/靴
					领	衽	袖	腰饰	花色	其他			
1	天井西壁出行图左一	男	黑帽	袍服	圆领	不详	窄袖	白色布带	白色	袍至膝盖	白色瘦腿裤	黑色布鞋
2	天井西壁出行图左二	男	黑帽	袍服	圆领	不详	窄袖	白色布带	橙色	袍至膝盖	白色瘦腿裤	黑色布鞋
3	天井西壁出行图左三	男	黑帽	袍服	圆领	不详	窄袖	黑色布带	白色	袍至膝盖	白色瘦腿裤	黑色布鞋
4	天井西壁出行图左四	男	黑帽	袍服	圆领	不详	窄袖	黑色布带	橙色	袍至膝盖	白色瘦腿裤	黑色布鞋

巴林左旗白音敖包辽墓壁画人物服饰表

序号	方位	性别	发式/巾帽	服装形制	襦/袍						裤/裙	鞋/靴
					领	衽	袖	腰饰	花色	其他		
1	东耳室	男	髡发	长袍服	圆领	不详	窄袖	不详	红色	不详	不详	不详

翁牛特旗山咀子 M3 辽墓壁画人物服饰表

序号	方位	性别	发式/巾帽	服装形制	襦/袍						裤/裙	鞋/靴
					领	衽	袖	腰饰	花色	其他		
1	东耳室	男	髡发	短衣	圆领	不详	不详	不详	不详	不详	不详	不详

翁牛特旗解放营子壁画墓壁画人物服饰表

序号	方位	性别	发式/巾帽	服装形制	襦/袍						裤/裙	鞋/靴
					领	衽	袖	腰饰	花色	其他		
1	东北向右半壁一	女	高发髻	长衫	直领	不详	窄袖	腰系红带	蓝色	不详	绛地裙	靴子
2	东北向右半壁二	女	双丫髻	长衫	不详	不详	不详	不详	黄色	中单米黄	灰蓝地裙	尖头鞋
3	东南向右半壁一	男	髡发	长袍服	不详	不详	窄袖	腰系红带	黄色	不详	不详	黑长靴
4	东南向右半壁二	男	髡发	长袍服	残	残	残	残	残	残	残	靴子
5	东南向右半壁三		毡冠	长袍服	不详	不详	窄袖	腰系带	红色	不详	不详	不详
6	东南向右半壁四	男	不详	长袍服	圆领	不详	紧袖	腰系红带	红色	不详	不详	靴子
7	东南向右半壁五	男	幞头	长袍服	不详	不详	不详	不详	蓝色	不详	不详	不详
8	东南向右半壁六	男	黄巾帻	短衣	不详	不详	不详	不详	黄色	不详	不详	不详
9	东南向右半壁七	男	幞头	短衣	圆领	不详	紧袖	腰带	灰白色	不详	长裤	麻鞋

续表

| 序号 | 方位 | 性别 | 发式/巾帽 | 服装形制 | 襦/袍 | | | | | | 裤/裙 | 鞋/靴 |
					领	衽	袖	腰饰	花色	其他		
10	东南向右半壁八	男	幞头	短衣	圆领	不详	紧袖	腰带	灰白色	不详	长裤	麻鞋
11	东南向右半壁九	男	幞头	短衣	圆领	不详	紧袖	腰带	灰白色	不详	长裤	麻鞋
12	东南向右半壁十	男	幞头	短衣	圆领	不详	紧袖	腰带	灰白色	不详	长裤	麻鞋
13	东南向右半壁十一	男	幞头	长衣	圆领	不详	紧袖	腰带	灰白色	不详	不详	麻鞋
14	东南向右半壁十二	男	幞头	长衣	圆领	不详	紧袖	腰带	灰白色	不详	不详	麻鞋
15	东南向右半壁十三	男	幞头	长衣	圆领	不详	紧袖	腰带	灰白色	不详	不详	麻鞋
16	东南向右半壁十四	男	幞头	短衣	圆领	不详	紧袖	腰带	灰白色	不详	长裤	麻鞋
17	东壁面第一组一	男	毡笠武帽	长袍服	圆领	不详	紧袖	腰带	红色	不详	不详	黑长靴
18	东壁面第一组二	女	双丫髻	长衫	直领	不详	宽袖	不详	不详	不详	不详	不详
19	东壁面第一组三	女	双丫髻	长衫	直领	不详	宽袖	不详	不详	不详	不详	不详

续表

序号	方位	性别	发式/巾帽	服装形制	襦/袍 领	襦/袍 衽	襦/袍 袖	襦/袍 腰饰	襦/袍 花色	襦/袍 其他	裤/裙	鞋/靴
20	东壁面第一组四	男	髡发	长袍服	圆领	不详	紧袖	腰带	浅绿色	不详	不详	靴子
21	东壁面第二组一	男	髡发	长袍服	圆领	不详	窄袖	不详	不详	不详	不详	不详
22	东壁面第二组二	男	髡发	长袍服	圆领	不详	窄袖	不详	不详	不详	不详	不详
23	东壁面第二组三	男	短发	长袍服	圆领	不详	窄袖	不详	不详	不详	不详	不详
24	东壁面第二组四	男	幞头	长袍服	不详	不详	不详	腰带	黄色,上饰红、蓝色花	不详	不详	平口尖头鞋
25	东壁面第三组一	男	髡发	长袍服	红圆领	不详	紧袖	红带	浅绿色	不详	不详	黑靴
26	东壁面第三组二	男	髡发	长袍服	圆领	不详	紧袖	腰带	红色	腹前饰黄花	紫地裙	不详
27	东壁面第三组二	男	高髻	不详	圆领	不详	窄袖	腰带	不详	不详	紧口裤	尖头鞋
28	东壁面第三组三	男	高髻	不详	圆领	不详	窄袖	腰带	不详	不详	紧口裤	尖头鞋

续表

序号	方位	性别	发式/巾帽	服装形制	领	衽	袖	襦/袍			裤/裙	鞋/靴
								腰饰	花色	其他		
29	东壁面第三组四	男	高髻	不详	圆领	不详	窄袖	腰带	不详	不详	紧口裤	尖头鞋
30	东壁面第三组五	男	高髻	不详	圆领	不详	窄袖	腰带	不详	不详	紧口裤	尖头鞋
31	东南向壁面	男	不详	甲胄	不详	不详	不详	腰带	不详	披肩，护心镜	不详	不详
32	西南向壁面	男	不详	甲胄	不详	不详	不详	腰带	不详	披肩，护心镜	不详	不详

二、辽中京地区

娘娘庙辽墓壁画人物服饰表

序号	方位	性别	发式/巾帽	服装形制	领	衽	袖	襦/袍			裤/裙	鞋/靴
								腰饰	花色	其他		
1	墓室西壁一	男	髡发	长袍服	圆领	不详	窄袖	不详	蓝色	白色中单	不详	不详

续表

序号	方位	性别	发式/巾帽	服装形制	襦/袍						裤/裙	鞋/靴
					领	衽	袖	腰饰	花色	其他		
2	墓室西壁二	男	光头	长袍服	圆领	不详	窄袖	束腰	红色	无	不详	不详
3	墓室东壁	女	头顶束髻	长袍服	圆领	不详	不详	不详	蓝色	白色中单	不详	不详

北票季杖子村辽墓壁画人物服饰表

序号	方位	性别	发式/巾帽	服装形制	襦/袍						裤/裙	鞋/靴
					领	衽	袖	腰饰	花色	其他		
1	墓门内侧右一	男	髡发	长袍服	圆领	左衽	窄袖	腰带	满饰"太极图"花纹	无	不详	靴子
2	墓门内侧左一	男	髡发	长袍服	圆领	左衽	窄袖	腰带	满饰"太极图"花纹	无	不详	靴子
3	西耳室券门右侧	男	髡发	长袍服	圆领	左衽	窄袖	腰带	满饰"太极图"花纹	无	不详	靴子
4	东耳室券门左侧	男	髡发	长袍服	圆领	左衽	窄袖	腰带	满饰"太极图"花纹	无	不详	靴子
5	西耳室券门左侧	男	髡发	长袍服	圆领	左衽	窄袖	腰带	满饰"太极图"花纹	无	不详	靴子
6	东耳室券门右侧	男	髡发	长袍服	圆领	左衽	窄袖	腰带	满饰"太极图"花纹	无	不详	靴子

续表

序号	方位	性别	发式/巾帽	服装形制	襦/袍						裤/裙	鞋/靴
					领	衽	袖	腰饰	花色	其他		
7	主室甬道西壁前左四	男	髡发	长袍服	圆领	左衽	窄袖	腰带	满饰"太极图"花纹	无	不详	靴子
8	主室甬道东壁前右四	男	髡发	长袍服	圆领	左衽	窄袖	腰带	满饰"太极图"花纹	无	不详	靴子
9	主室甬道西壁后部左五	女	高发髻珠带扎缠带头飘	长衫	直领	左衽	窄袖	飘带	不详	无	长裙	不详
10	主室甬道东壁后部右五	女	高发髻珠带扎缠带头飘	长衫	直领	左衽	窄袖	飘带	不详	无	长裙	不详

耿延毅辽墓壁画人物服饰表

序号	方位	性别	发式/巾帽	服装形制	襦/袍						裤/裙	鞋/靴
					领	衽	袖	腰饰	花色	其他		
1	墓门左侧	男	髡发	长袍服	不详	不详	不详	不详	不详	无	不详	黑靴
2	墓门右侧	男	髡发	长袍服	不详	不详	不详	缘带	不详	无	不详	黑靴
3	甬道西壁	男	髡发	长袍服	不详	不详	不详	缘带	不详	无	不详	不详

七家 M1 辽墓壁画人物服饰表

序号	方位	性别	发式/巾帽	服装形制	襦/袍						裤/裙	鞋/靴
					领	衽	袖	腰饰	花色	其他		
1	墓室东南壁左侧女侍	女	残	长袍服	交领	不详	窄袖	不详	黑色	裸露右臂及胸乳	白色瘦腿裤	遮挡
2	墓室东南壁中间女侍	女	全发，耳后下垂一辫	长袍服	不详	不详	窄袖	红色腰带	浅蓝色	无	不详	麻鞋
3	墓室东南壁右侧女侍	女	残	长袍服	交领	左衽	窄袖	红色布带	浅蓝色	内搭白色交领中单	吊敦	白靴
4	墓室东北壁左一	女	残	长袍服	残	残	窄袖	白色长飘带	红色	不详	不详	残
5	墓室东北壁左二	女	残	长袍服	交领	左衽	窄袖	长飘带	白色	内搭红色交领中单	不详	残
6	墓室东北壁左三	男	残	长袍服	残	残	窄袖	红色腰带	黄色	无	不详	白靴
7	墓室东北壁左四	男	髡发	长袍服	圆领	不详	窄袖	红色布带	深蓝色	内搭白色交领中单	不详	白靴
8	墓室西北壁左一	不详	残	长袍服	交领	残	残	残	红色	无	残	残

续表

| 序号 | 方位 | 性别 | 发式/巾帽 | 服装形制 | 襦/袍 | | | | | | 裤/裙 | 鞋/靴 |
					领	衽	袖	腰饰	花色	其他		
9	墓室西北壁左二	男	软脚幞帽	长袍服	圆领	不详	窄袖	红色缘带	淡黄色	无	不详	黑靴
10	墓室西北壁左三	男	平顶软脚幞巾	长袍服	圆领	不详	窄袖	残	蓝地黑花	无	不详	白靴
11	墓室北壁西侧侍女	女	高髻	长袍服	交领	残	窄袖	残	黄色	无	不详	不详
12	墓室西南壁右下骑马者	男	黑色圆顶帽	长袍服	圆领	不详	窄袖	腰系带	淡黄色	无	不详	残
13	墓室西南壁近右骑球门骑马者	男	黑色平顶帽	长袍服	圆领	不详	窄袖	白色腰带	淡黄色	内搭白色交领中单	不详	灰筒靴
14	墓室西南壁近左骑球门骑马者	男	残	长袍服	残	残	窄袖	腰系带	灰色	无	不详	残
15	墓室西南壁左侧球门上排左一	男	残	长袍服	残	残	窄袖	布带	浅绿色	无	不详	黑色乌皮靴
16	墓室西南壁左侧球门左上排左二	男	残	长袍服	残	残	窄袖	蓝色腰带	皂色	无	不详	黑色乌皮靴

七家 M2 辽墓壁画人物服饰表

序号	方位	性别	发式/巾帽	服装形制	襦/袍						裤/裙	鞋/靴
					领	衽	袖	腰饰	花色	其他		
1	墓室东北壁侍者	男	圆顶黑帽	长袍服	圆领	不详	窄袖	蓝色三角纹带	橘黄色	不详	不详	白靴
2	东南壁左一	女	圆顶软脚巾	长袍服	交领	左衽	宽袖	腰系带	浅蓝色	内搭红色交领中单	不详	黑履
3	东南壁左二	男	髭发	长袍服	圆领	不详	遮挡	腰系带	黄色	不详	遮挡	遮挡
4	东南壁左三	女	深蓝色软脚巾	长袍服	交领	残	宽袖	深蓝色带	黄色	内搭红色交领中单	不详	黑靴
5	东南壁左四	不详	残	长袍服	残	残	残	残	蓝色	无	残	残
6	东南壁左五	不详	残	长袍服	残	残	残	残	酱色	无	残	残
7	西南壁左一	不详	残	长袍服	残	残	残	红色腰带	绿色	无	残	残
8	西南壁左二	不详	残	长袍服	残	残	残	残	深蓝色	无	残	残
9	西南壁左三	不详	残	长袍服	残	残	残	残	浅粉色	无	残	黑靴
10	西南壁左四	男	髭发	长袍服	圆领	不详	窄袖	橘红色腰带	绿色	内搭红色交领中单	不详	黑靴

下湾子 M1 辽墓壁画人物服饰表

序号	方位	性别	发式/巾帽	服装形制	领	衽	袖	襦袍 腰饰	襦袍 花色	襦袍 其他	裤/裙	鞋/靴
1	墓室北壁左侧侍女	女	残	长袍服	交领	不详	窄袖	不详	浅黄色地黑团花纹	两侧高开衩，浅蓝色内袍，内搭红色交领中单	不详	尖口鞋
2	墓室北壁中间侍女	女	残	长袍服	交领	不详	窄袖	不详	浅蓝色	两侧高开衩，内搭红色交领中单	不详	尖口黑鞋
3	墓室北壁右侧侍者	男	红蓝长巾	长袍服	圆领	不详	窄袖	黑色腰带	红色	内搭白色交领中单	不详	尖口白鞋
4	墓室西北壁屏风左侧侍女	女	残	长袍服	交领	右衽	窄袖	不详	深蓝色	黄色长内袍，内搭红色交领中单	不详	尖口黑鞋
5	墓室东北壁屏风右侧侍女	女	高髻	长袍服	交领	残	广袖	不详	紫色地黑花	深蓝色长内袍，内搭白色交领中单	不详	尖口黑鞋
6	墓室东壁立侍女	女	残	长袍服	交领	不详	窄袖	不详	黑色	红色内袍，内搭红色交领中单	不详	尖口黑鞋
7	墓室东壁端坐者	男	软脚幞头	长袍服	圆领	不详	窄袖	遮挡	紫色	内搭白色交领中单	不详	白靴
8	墓室东壁右侧侍女	女	残	长袍服	交领	左衽	窄袖	不详	红色	黑色内袍，内搭蓝色交领中单	不详	尖口黑鞋
9	墓室西壁左侧侍者	男	残	长袍服	交领	左衽	窄袖	不详	浅蓝色	内搭红色交领中单	不详	遮挡

续表

序号	方位	性别	发式/巾帽	服装形制	襦/袍 领	襦/袍 衽	襦/袍 袖	襦/袍 腰饰	襦/袍 花色	襦/袍 其他	裤/裙	鞋/靴
10	墓室西壁中间侍者	男	束发	长袍服	不详	不详	窄袖	不详	米黄色	白地小黑团花内袍，内搭红色交领中单	不详	黑履
11	墓室西壁右侧侍女	女	残	长袍服	交领	不详	窄袖	残	黑色	白地黑团花内袍，内搭红色交领中单	不详	残

下湾子 M5 辽墓壁画人物服饰表

序号	方位	性别	发式/巾帽	服装形制	襦/袍 领	襦/袍 衽	襦/袍 袖	襦/袍 腰饰	襦/袍 花色	襦/袍 其他	裤/裙	鞋/靴
1	墓室东南壁左一	男	交脚幞头	长袍服	圆领	不详	窄袖	红色布带	白色	蓝色内袍，内搭黄色交领中单	白色瘦腿裤	麻鞋
2	墓室东南壁左二	男	交脚幞头	长袍服	圆领	不详	窄袖	遮挡	浅蓝色	内搭红色交领中单	不详	遮挡
3	墓室东南壁左三	男	交脚幞头	长袍服	圆领	不详	窄袖	红色腰带	白色	内搭蓝色交领中单	不详	遮挡
4	墓室东南壁左四	男	交脚幞头	长袍服	圆领	不详	窄袖	红色腰带	白色	内搭黄色交领中单	不详	遮挡
5	墓室西南壁左一	男	髡发，扎立辫	长袍服	圆领	不详	窄袖	蓝色绿带	白色	内搭红色交领中单	不详	遮挡

续表

序号	方位	性别	发式/巾帽	服装形制	襦/袍						裤/裙	鞋/靴
					领	衽	袖	腰饰	花色	其他		
6	墓室西南壁左二	男	交脚幞头	长袍服	圆领	不详	窄袖	红色腰带	蓝色	无	不详	白靴
7	墓室西南壁左三	男	交脚幞头	长袍服	圆领	不详	窄袖	红色腰带	浅蓝色	内搭橘红色交领中单	不详	遮挡
8	墓室西南壁左四	男	交脚幞头	长袍服	圆领	不详	窄袖	红色腰带	白色	内搭黄色交领中单	不详	白靴
9	墓门外东壁门吏	男	交脚幞头插花	长袍服	圆领	不详	宽袖	绿色绦带	浅蓝色	内搭绿色交领中单	不详	残
10	墓门外西壁门吏	男	交脚幞头插花	长袍服	圆领	不详	宽袖	红色绦带	蓝色	内搭橘红色交领中单	不详	白靴

宁城县鸽子洞辽墓壁画人物服饰表

序号	方位	性别	发式/巾帽	服装形制	襦/袍						裤/裙	鞋/靴
					领	衽	袖	腰饰	花色	其他		
1	墓道南壁车前侍者	男	黑巾	长袍服	圆领	不详	窄袖	黄色革带	青色	内搭白色交领中单	不详	不详
2	墓道南壁女侍	女	黑巾束发	长袍服	高领	不详	宽袖	丝带	黄色	无	不详	不详

续表

序号	方位	性别	发式/巾帽	服装形制	襦/袍						裤/裙	鞋/靴
					领	衽	袖	腰饰	花色	其他		
3	墓道北壁前列左一	男	残	长袍服	圆领	不详	窄袖	黄色革带	棕色	内搭白色交领中单	不详	黑靴
4	墓道北壁前列左二	男	黑巾	长袍服	圆领	不详	窄袖	黄色革带	青色	内搭白色交领中单	不详	黑靴
5	墓道北壁左一	男	残	长袍服	圆领	不详	窄袖	黄色革带	青色	无	不详	白靴
6	墓道北壁中列左二	男	髡发	长袍服	残	残	残	黄色革带	青色	无	不详	白靴
7	墓道北壁中列左三	男	髡发	长袍服	圆领	不详	残	残	黄色	内搭黄色交领中单	不详	白靴
8	墓道北壁中列左四	男	髡发	长袍服	圆领	不详	窄袖	黄色革带	棕色	内搭浅红色交领中单	不详	黑靴
9	墓道北壁中列左五	男	黑巾	长袍服	圆领	不详	窄袖	黄色革带	青色	内搭青色交领中单	不详	白靴
10	墓道北壁后列侍者	男	残	长袍服	残	残	残	红色缘带	青色	无	不详	遮挡

白塔子辽墓壁画人物服饰表

序号	方位	性别	发式/巾帽	服装形制	襦/袍							裤/裙	鞋/靴
					领	衽	袖	腰饰	花色	其他			
1	甬道东壁牵驭者	男	残	袍服	圆领	不详	不详	不详	红色	无	白色瘦腿裤	白履
2	甬道东壁马后站立者	男	黑方帽	长袍服	不详	不详	窄袖	不详	白色	不详	白色瘦腿裤	白履
3	甬道西壁	男	黑帽	长袍服	不详	不详	窄袖	赭色腰带	白色	内搭橘黄色中单	白色瘦腿裤	黑靴
4	天井东壁门吏	男	髡发	长袍服	圆领	不详	窄袖	黑色蹀躞带，垂挂环	绛棕色	内搭交领中单	不详	黑靴
5	天井西壁门吏	男	黑巾	长袍服	圆领	不详	窄袖	橘黄色腰带	淡绿色	内搭红色交领中单	不详	黑靴

羊山 M1 辽墓壁画人物服饰表

序号	方位	性别	发式/巾帽	服装形制	襦/袍						裤/裙	鞋/靴
					领	衽	袖	腰饰	花色	其他		
1	墓室西壁左侧盘坐者	男	髡发	长袍服	圆领	不详	窄袖	白色腰带	白色	内搭白色交领中单	不详	不详
2	墓室西壁右侧盘坐者	男	髡发	长袍服	圆领	不详	窄袖	红色缘带	白色	无	不详	不详

续表

序号	方位	性别	发式/巾帽	服装形制	襦/袍						裤/裙	鞋/靴
					领	衽	袖	腰饰	花色	其他		
3	墓室西壁站立者	男	卷檐黑帽	长袍服	圆领	不详	窄袖	红色腰带	白色	无	不详	黑色乌皮靴
4	墓室西南壁桌后左一	男	卷檐黑帽	长袍服	圆领	不详	窄袖	遮挡	白色	内搭红色交领中单	遮挡	遮挡
5	墓室西南壁桌后左二	男	卷檐黑帽	长袍服	圆领	不详	窄袖	遮挡	白色	内搭白色交领中单	遮挡	遮挡
6	墓室西南壁桌后左三	男	交脚幞头	长袍服	圆领	不详	窄袖	遮挡	白色	内搭红色交领中单	遮挡	遮挡
7	墓室西南壁左侧侍者	男	黑色毡帽，黑髡发	长袍服	圆领	不详	窄袖	白色腰带	白色	无	不详	黑色乌皮靴
8	墓室西南壁桌右侧侍者	男	髡发	长袍服	圆领	不详	窄袖	红色腰带	白色	无	不详	遮挡
9	墓室西南壁桌前男童	男	髡发	袍服	不详	不详	宽袖	遮挡	白色	无	遮挡	遮挡
10	墓室西南壁桌前女童	女	双髻	不详	遮挡	不详	遮挡	遮挡	不详	无	遮挡	遮挡
11	墓室东壁左侧侍者	男	髡发	长袍服	圆领	不详	窄袖	白色腰带	白色	内搭白色交领中单	不详	红靴
12	墓室东壁端坐者	男	幞头	长袍服	圆领	不详	窄袖	金属红革带	红色	内搭白色交领中单	不详	红靴

续表

序号	方位	性别	发式/巾帽	服装形制	襦/袍						裤/裙	鞋/靴
					领	衽	袖	腰饰	花色	其他		
13	墓室东壁右侧躬身侍者	男	交脚幞头	长袍服	圆领	不详	窄袖	金属白革带	白色	内搭白色交领中单	不详	白靴
14	墓室东壁右侧站立侍者	男	卷檐黑毡帽，髡发	长袍服	圆领	不详	窄袖	白色腰带	白色	内搭白色交领中单	不详	遮挡
15	墓室东南壁左侧侍者	男	交脚幞头	长袍服	圆领	不详	窄袖	遮挡	白色	无	不详	遮挡
16	墓室东南壁中间侍者	男	卷檐黑毡帽	长袍服	圆领	不详	窄袖	腰系带	白色	无	不详	遮挡
17	墓室东南壁右侧侍者	男	交脚幞头	长袍服	圆领	不详	窄袖	遮挡	白色	无	不详	遮挡
18	甬道西侧门吏	男	残	短袍服	圆领	不详	窄袖	红色腰带	白色	无	白色瘦腿裤	白履
19	甬道东侧门吏	男	残	长袍服	圆领	不详	窄袖	红色腰带	黄色	内搭红色交领中单	不详	红靴
20	天井西壁上组左一	男	髡发	长袍服	圆领	不详	窄袖	腰系带	白色	无	不详	黑色乌皮靴
21	天井西壁上组左二	男	髡发	长袍服	圆领	不详	窄袖	遮挡	白色	无	不详	残
22	天井西壁上组左三	男	残	长袍服	残	残	残	残	白色	无	不详	黑色乌皮靴

续表

序号	方位	性别	发式/巾帽	服装形制	襦/袍						裤/裙	鞋/靴
					领	衽	袖	腰饰	花色	其他		
23	天井西壁下组鼎后站立者	男	髡发	长袍服	交领	右衽	窄袖	腰系带	白色	无	不详	遮挡
24	天井西壁下组坐者	男	交脚幞头	长袍服	圆领	不详	窄袖	不详	白色	内搭白色交领中单	不详	黑色乌皮靴
25	天井东壁下组蹲坐者	男	方角巾	长袍服	交领	右衽	窄袖	不详	白色	无	不详	遮挡
26	天井西壁下组躬立者	男	髡发	长袍服	圆领	不详	窄袖	腰系带	白色	无	不详	遮挡
27	天井东壁前排左一	男	展脚幞头	长袍服	圆领	不详	窄袖	腰系带	白色	内搭白色交领中单	不详	黑色乌皮靴
28	天井东壁前排左二	男	展脚幞头	长袍服	圆领	不详	窄袖	遮挡	白色	内搭白色交领中单	白色瘦腿裤	黑色乌皮靴
29	天井东壁后排左一	男	展脚幞头	长袍服	圆领	不详	窄袖	遮挡	白色	内搭白色交领中单	不详	黑色乌皮靴
30	天井东壁后排左二	男	展脚幞头	长袍服	圆领	不详	窄袖	大带	白色	内搭白色交领中单	不详	黑色乌皮靴
31	天井东壁后排左三	男	展脚幞头	长袍服	圆领	不详	窄袖	腰系带	白色	内搭白色交领中单	不详	黑色乌皮靴
32	天井东壁后排左四	男	展脚幞头	长袍服	圆领	不详	窄袖	腰系带	白色	内搭白色交领中单	不详	黑色乌皮靴

续表

序号	方位	性别	发式/巾帽	服装形制	襦/袍						裤/裙	鞋/靴
					领	衽	袖	腰饰	花色	其他		
33	天井南壁东侧	男	展脚幞头	长袍服	圆领	不详	窄袖	腰系带	白色	内搭白色交领中单	不详	黑色乌皮靴
34	墓道西壁左一	男	残	短袍服	残	残	残	不详	白色	无	白色瘦腿裤	麻鞋
35	墓道西壁左二	男	残	短袍服	残	残	残	不详	白色	无	白色瘦腿裤	麻鞋
36	墓道西壁左三	男	残	短袍服	残	残	残	不详	白色	无	白色瘦腿裤	麻鞋
37	墓道西壁左四	男	残	长袍服	残	残	广袖	不详	白色	袖下垂边打花结	白色瘦腿裤	麻鞋
38	墓道东壁左一	男	交脚幞头	长袍服	圆领	不详	广袖	黑色腰带	不详	袖下垂边打花结	不详	麻鞋
39	墓道东壁左二	男	交脚幞头	长袍服	圆领	不详	广袖	黑色腰带	不详	袖下垂边打花结	不详	麻鞋
40	墓道东壁左三	男	交脚幞头	长袍服	圆领	不详	广袖	黑色腰带	不详	袖下垂边打花结	不详	麻鞋
41	墓道东壁左四	男	黑巾	长袍服	圆领	不详	广袖	腰系大带	不详	无	不详	麻鞋

续表

序号	方位	性别	发式/巾帽	服装形制	襦/袍						裤/裙	鞋/靴
					领	衽	袖	腰饰	花色	其他		
42	墓道东壁左五	男	残	长袍服	圆领	不详	广袖	不详	不详	无	不详	麻鞋
43	墓道东壁左六	男	残	铠甲	残	残	残	不详	不详	无	不详	黑色乌皮靴
44	墓道东壁左七	男	残	铠甲	残	残	残	不详	不详	无	不详	黑色乌皮靴
45	墓道东壁左八	男	残	长袍服	残	残	窄袖	腰系带	不详	无	不详	麻鞋

羊山 M2 辽墓壁画人物服饰表

序号	方位	性别	发式/巾帽	服装形制	襦/袍						裤/裙	鞋/靴
					领	衽	袖	腰饰	花色	其他		
1	墓门左侧门吏	男	髡发	长袍服	圆领	不详	窄袖	布带	红色	内搭黑色交领中单	不详	黑色乌皮靴
2	墓门右侧门吏	男	髡发	长袍服	圆领	不详	窄袖	布带	红色	内搭黑色交领中单	不详	黑色乌皮靴
3	天井西壁端坐者	男	幞头	长袍服	残	残	残	残	淡红色	无	不详	遮挡
4	天井西壁躬身者	男	残	长袍服	圆领	不详	窄袖	不详	白色	无	残	残

续表

序号	方位	性别	发式/巾帽	服装形制	襦/袍						裤/裙	鞋/靴
					领	衽	袖	腰饰	花色	其他		
5	天井西壁蹲坐者	男	髡发	长袍服	圆领	不详	窄袖	不详	深红色	无	不详	黑色乌皮靴
6	天井南壁西侧左一	男	残	长袍服	残	残	残	腰束带	白色	无	不详	红靴
7	天井南壁西侧左二	男	残	长袍服	残	残	残	腰束带	红色	无	不详	黑色乌皮靴
8	天井南壁西侧左三	男	残	长袍服	残	残	残	腰束带	白色	无	不详	黑色乌皮靴
9	天井南壁东侧左一	男	残	长袍服	残	残	窄袖	腰束带	白色	无	不详	黑色乌皮靴
10	天井南壁东侧左二	男	残	长袍服	残	残	残	腰束带	淡黄色	无	不详	残
11	天井南壁东侧左三	男	残	长袍服	圆领	不详	窄袖	腰束带	不详	无	不详	白靴
12	墓道东壁左一	男	残	残	残	残	残	残	不详	无	残	白靴
13	墓道东壁左二	男	髡发	长袍服	圆领	不详	窄袖	不详	红色	无	蓝色瘦腿裤	红靴
14	墓道东壁左三	男	残	长袍服	圆领	不详	窄袖	残	红色	白色内袍	不详	红靴
15	墓道东壁左四	男	髡发	短袍服	残	残	窄袖	残	白色	无	不详	白筒靴
16	墓道西壁左一	男	残	长袍服	圆领	不详	窄袖	腰束带	白色	无	不详	白靴

续表

序号	方位	性别	发式/巾帽	服装形制	襦/袍						裤/裙	鞋/靴
					领	衽	袖	腰饰	花色	其他		
17	墓道西壁左二	男	黑色毡帽	长袍服	不详	不详	残	残	浅绿色	无	白色瘦腿裤	红鞋
18	墓道西壁左三	男	髡发	长袍服	残	残	残	残	蓝色	无	不详	白靴

羊山 M3 辽墓壁画人物服饰表

序号	方位	性别	发式/巾帽	服装形制	襦/袍						裤/裙	鞋/靴
					领	衽	袖	腰饰	花色	其他		
1	墓门左侧门吏	男	髡发	长袍服	圆领	不详	窄袖	黄色腰带	蓝色	内搭黄色交领中单	不详	黑色乌皮靴
2	墓门右侧门吏	男	髡发	长袍服	圆领	不详	窄袖	黄色腰带	蓝色	内搭黄色交领中单	不详	黑色乌皮靴
3	天井西壁端坐者	男	黑色毡帽	长袍服	圆领	不详	窄袖	蓝色腰带	黑色	无	不详	黑色乌皮靴
4	天井西壁左一侍者	男	髡发	长袍服	交领	右衽	窄袖	不详	浅蓝色	内搭褚红色方角中单	瘦腿裤	白履
5	天井西壁左二侍者	男	髡发	长袍服	圆领	不详	窄袖	布带	绿色	无	不详	遮挡
6	天井西壁蹲坐者	男	髡发	长袍服	交领	左衽	窄袖	不详	白色	内搭蓝色交领中单	橘黄色瘦腿裤	黑色乌皮靴

续表

序号	方位	性别	发式/巾帽	服装形制	襦/袍						裤/裙	鞋/靴
					领	衽	袖	腰饰	花色	其他		
7	天井南壁东侧左侧乐师	男	展脚幞头	长袍服	圆领	不详	窄袖	白色腰带	绿色	绛红色内衫，内搭绿色交领中单	白色瘦腿裤	白布鞋
8	天井南壁东侧右侧乐师	男	折脚幞头	长袍服	圆领	不详	窄袖	遮挡	白色	内搭绿色交领中单	不详	遮挡
9	天井南壁西侧左侧乐师	男	翘脚幞头	长袍服	圆领	不详	窄袖	红色革带	白色	内搭绿色交领中单	不详	黑色乌皮靴
10	天井南壁西侧右侧乐师	男	翘脚幞头	长袍服	圆领	不详	窄袖	红色革带	绿色	内搭白色交领中单	不详	黑色乌皮靴
11	天井东壁左侧侍女	女	包髻	短襦长裙	交领	不详	窄袖	长飘带	蓝色	内搭蓝色交领中单	粉红色长裙	黑履
12	天井东壁右侧侍女	女	包髻	不详	交领	不详	窄袖	不详	白色	内搭白色交领中单	不详	遮挡
13	天井东壁端坐者	男	黑色圆帽	长袍服	圆领	不详	窄袖	蓝色腰带	黑色	内搭白色交领中单	不详	黑色乌皮靴

韩家窝铺 M2 辽墓壁画人物服饰表

序号	方位	性别	发式/巾帽	服装形制	襦/袍						裤/裙	鞋/靴
					领	衽	袖	腰饰	花色	其他		
1	墓道西壁引马出行图左一	男	黑帽	袍服	圆领	不详	中袖	腰带	白色	袍至膝盖	白色瘦腿裤	麻鞋

续表

序号	方位	性别	发式/巾帽	服装形制	襦/袍								裤/裙	鞋/靴
					领	衽	袖	腰饰	花色	其他			
2	墓道西壁引马出行图左二	男	黑帽	长袍服	圆领	不详	中袖	腰带	白色	袍至腿肚	白色直筒裤	布鞋
3	墓道西壁引马出行图左三	男	黑帽	袍服	圆领	不详	中袖	蓝色宽腰带	淡绿色	袍至膝盖	白色瘦腿裤	麻鞋
4	墓道东壁引马出行图左一	男	黑帽	袍服	圆领	不详	中袖	红色布带	灰白色	袍至膝盖两侧开气	白色裤	麻鞋
5	墓道东壁引马出行图左二	男	黑帽	袍服	圆领	不详	窄袖	白色布带	灰白色	袍至脚踝	被袍遮挡	黑色靴
6	墓道东壁引马出行图左三	男	黑帽	袍服	圆领	不详	中袖	白色布带	青色	袍至膝盖	白色瘦腿裤	麻鞋
7	天井西壁左侧侍卫	男	黑帽	袍服	圆领	不详	中袖	遮挡	青白色	袍至膝盖	白色瘦腿裤	黑色靴
8	天井西壁右侧侍卫	男	黑帽	袍服	圆领	不详	中袖	遮挡	青白色	袍至膝盖	白色瘦腿裤	黑色靴

韩家窝铺 M3 辽墓壁画人物服饰表

序号	方位	性别	发式/巾帽	服装形制	襦/袍					裤/裙	鞋/靴
					领	衽	袖	腰饰	花色	其他		
1	墓道西壁驼车图左一侍卫	男	髡发	袍服	圆领	不详	窄袖	布带	淡黄色	无	白色裤	黑色靴

序号	方位	性别	发式/巾帽	服装形制	领	衽	袖	腰饰	花色	其他	裤/裙	鞋/靴
2	墓道西壁驼车图左二侍女	女	髻发	襦裙	交领	残	中袖	无	淡红色	无	褶裙	翘头鞋
3	墓道西壁驼车图右一侍卫	男	黑色骨朵帽	袍服	残	不详	窄袖	布带	淡黄色	无	白色裤	麻鞋

韩家窝铺 M6 辽墓壁画人物服饰表

序号	方位	性别	发式/巾帽	服装形制	领	衽	袖	腰饰	花色	其他	裤/裙	鞋/靴
1	牵马出行图左一	男	黑色骨朵帽	袍服	圆领	不详	中袖	布带	灰白色	袍至膝盖两侧开气	白色裤	麻鞋
2	牵马出行图左二	男	黑帽	袍服	圆领	不详	中袖	布带	灰白色	袍至膝盖	遮挡	遮挡
3	牵马出行图左三	男	幞头	袍服	圆领	不详	中袖	布带	灰白色	袍至膝盖两侧开气	白色裤	麻鞋
4	牵马出行图左四	男	幞头	袍服	圆领	不详	中袖	布带	灰白色	袍至膝盖两侧开气	白色裤	麻鞋
5	牵马出行图左五	男	髡发	袍服	圆领	不详	中袖	布带	灰白色	袍至膝盖	灰色裤	黑色靴

敖汉旗喇嘛沟辽墓壁画人物服饰表

序号	方位	性别	发式/巾帽	服装形制	襦/袍						裤/裙	鞋/靴
					领	衽	袖	腰饰	花色	其他		
1	墓室西壁前排左一	男	髡发	长袍服	圆领	不详	窄袖	蓝色腰带	红色	内搭白色交领中单	不详	白靴
2	墓室西壁前排左二	男	髡发	长袍服	圆领	不详	窄袖	黄色腰带	浅黄色	内搭白色交领中单	不详	不详
3	墓室西壁前排左三	男	髡发	长袍服	圆领	不详	窄袖	红色腰带	蓝色	内搭白色交领中单	不详	残
4	墓室西壁后排左二	男	黑巾	长袍服	圆领	不详	窄袖	深蓝色腰带	蓝色	内搭黄色交领中单	不详	白靴
5	墓室西壁后排左一	男	束髻	长袍服	圆领	不详	窄袖	黄色腰带	绿色	内搭黄色交领中单	不详	白靴
6	墓室西南壁左侧侍者	男	黑巾	长袍服	圆领	不详	窄袖	黄色腰带	蓝色	内搭黄色交领中单	不详	残
7	墓室西南壁中间侍者	男	黑巾	长袍服	圆领	不详	窄袖	蓝色腰带	红色	无	不详	白靴
8	墓室西南壁右侧侍者	男	深蓝色巾	长袍服	圆领	不详	窄袖	遮挡	蓝色	无	不详	白靴
9	墓室东壁内组前排左一	女	高髻	长袍服	交领	左衽	窄袖	黄色腰带	淡红色	内搭白色交领中单	深蓝色内裙	不详
10	墓室东壁内组前排左二	女	髡发	长袍服	交领	左衽	窄袖	红色腰带	浅蓝色	内搭黄色交领中单	黄色内裙	不详

续表

序号	方位	性别	发式/巾帽	服装形制	襦/袍						裤/裙	鞋/靴
					领	衽	袖	腰饰	花色	其他		
11	墓室东壁内组后排左一	女	蓝色条巾	长袍服	交领	左衽	窄袖	不详	黄色	无	不详	不详
12	墓室东壁内组后排左二	女	高髻,蓝色条巾	长袍服	交领	左衽	窄袖	遮挡	深蓝色	无	浅蓝色内裙	不详
13	墓室东壁外组左一	男	墨蓝色软脚巾	长袍服	圆领	不详	窄袖	腰系带	深蓝色	内搭黄色交领中单	深蓝色瘦腿裤	残
14	墓室东壁外组左二	男	鬃发	长袍服	圆领	不详	窄袖	蓝色腰带	白色	内搭白色交领中单	深蓝色瘦腿裤	残
15	墓室东南壁左侧侍者	男	残	长袍服	残	残	残	残	红色	不详	不详	遮挡
16	墓室东南壁中间侍者	男	鬃发	长袍服	圆领	不详	窄袖	黄色腰带	红色	无	遮挡	遮挡
17	墓室东南壁右侧侍者	男	鬃发	长袍服	圆领	不详	掩袖	不详	白色	无	残	残

皮匠沟 M1 辽墓壁画人物服饰表

序号	方位	性别	发式/巾帽	服装形制	襦/袍						裤/裙	鞋/靴
					领	衽	袖	腰饰	花色	其他		
1	墓室西壁左一	男	绿色斗笠式毡帽	长袍服	交领	右衽	窄袖	白色腰带	红色	无	不详	

续表

序号	方位	性别	发式/巾帽	服装形制	襦/袍						裤/裙	鞋/靴
					领	衽	袖	腰饰	花色	其他		
2	墓室西壁左二	男	白色斗笠式毡帽	长袍服	不详	不详	窄袖	白色腰带	白色	无	不详	黑靴
3	墓室西壁左三	男	白色黑棱斗笠式毡帽	长袍服	不详	不详	窄袖	红色腰带	白色	无	不详	
4	墓室西壁左四	男	白色斗笠式毡帽	长袍服	不详	不详	窄袖	红地黑条腰带	白色	无	不详	白靴
5	墓室西壁左五	男	残	长袍服	不详	不详	窄袖	白色腰带	白色	无	不详	黑靴

北三家 M1 辽墓壁画人物服饰表

序号	方位	性别	发式/巾帽	服装形制	襦/袍						裤/裙	鞋/靴
					领	衽	袖	腰饰	花色	其他		
1	甬道西壁南侧女侍	女	三髻	短袍裤	不详	不详	不详	残	白色	不详	蓝色裤	残
2	甬道西壁北侧侍者	男	不详	长袍服	不详	不详	不详	白色腰带、红色垂佩	淡绿色	内搭红色中单	不详	白靴
3	甬道东壁南侧	女	三髻	不详	不详	不详	不详	不详	红色	内搭白色中单	不详	不详

续表

序号	方位	性别	发式/巾帽	服装形制	襦/袍					其他	裤/裙	鞋/靴
					领	衽	袖	腰饰	花色			
4	甬道东壁北侧	女	不详	不详	不详	不详	不详	蓝色宽带、白飘带系结	不详	无	白色长裙	不详
5	东耳室东南壁左一	男	不详	襦	不详	不详	不详	不详	绿色	无	白色裤	不详
6	东耳室东南壁左二	男	髡发		不详	不详	不详	不详	淡红色	无	淡绿色裤	不详
7	东耳室东南壁左三	男	髡发	不详	不详	不详	不详	不详	绿色	无	白色裤	
8	东耳室东南壁跪姿女仆	女	不详	不详	不详	不详	不详	不详	蓝色	无	白色裤	
9	东耳室东北壁	男	不详	不详	不详	不详	不详	不详	绿色	内搭白色中单	不详	残
10	东耳室西北壁左一	男	髡发	不详	不详	不详	不详	不详	白色	不详	不详	不详
11	东耳室西北壁左二	男	不详	不详	圆领	不详	不详	不详	浅绿色	内搭白色中单	不详	不详
12	西耳室北壁	男	草笠	不详	不详	不详	不详	不详	白色	无	白色裤	麻鞋
13	墓门西侧门吏	男	髡发	长袍服	圆领	不详	窄袖	不详	不详	无	不详	黑靴
14	墓门东侧门吏	男	残	袍服	残	残	残	残	浅绿色	无	残	白靴

续表

序号	方位	性别	发式/巾帽	服装形制	襦/袍						裤/裙	鞋/靴
					领	衽	袖	腰饰	花色	其他		
15	天井南壁东侧	男	展脚幞头	长袍服	圆领	不详	广袖	黄色腰带	淡蓝色	内搭红色中单	不详	不详
16	天井南壁西侧	男	卷脚幞头	长袍服	圆领	不详	广袖	黄色腰带	淡蓝色	内搭白色中单	不详	黑靴
17	天井南壁东侧	男	残	长袍服	残	残	残	残	绿色	无	不详	黑靴
18	墓道东壁击鼓者	男	卷脚幞头	长袍服	圆领	不详	窄袖	不详	浅绿色	无	不详	白靴
19	墓道东壁马首处站立者	男	黑色巾	袍服	交领	不详	窄袖	橘黄色腰带	土黄色	无	白色裤	麻鞋
20	墓道西壁击鼓者	男	卷脚幞头	长袍服	圆领	不详	窄袖	不详	浅绿色	无	不详	白靴
21	墓道西壁马首处站立者	男	髻发	长袍服	圆领	不详	窄袖	白色腰带	浅绿色	内搭白色中单	不详	黑靴

北三家 M3 辽墓壁画人物服饰表

序号	方位	性别	发式/巾帽	服装形制	襦/袍					裤/裙	鞋/靴
					领	衽	袖	腰饰	花色	其他		
1	甬道东壁左一	男	不详	长袍服	不详	不详	不详	不详	浅黄色	无	不详	黑靴
2	甬道东壁左二	男	不详	长袍服	不详	不详	不详	不详	黄色	无	不详	黑靴
3	甬道东壁左三	男	不详	长袍服	不详	不详	宽袖	蓝色腰带	红色	无	不详	黑靴

续表

序号	方位	性别	发式/巾帽	服装形制	襦/袍						裤/裙	鞋/靴
					领	衽	袖	腰饰	花色	其他		
4	甬道东壁左四	男	不详	长袍服	不详	不详	不详	不详	黄色	无	不详	黑靴
5	甬道东壁左五	男	不详	长袍服	不详	不详	不详	不详	浅黄色	无	不详	黑靴
6	甬道西壁左一	男	残	长袍服	残	残	残	残	黄色	无	不详	黑靴
7	甬道西壁左二	男	残	长袍服	残	残	残	残	浅蓝色	无	不详	白履
8	甬道西壁左三	男	残	长袍服	残	残	残	残	黄色	无	不详	黑靴
9	甬道西壁左四	男	残	长袍服	残	残	残	残	红色	无	不详	不详
10	甬道西壁左五	男	残	长袍服	残	残	残	残	黄色	内搭红色红中单	不详	黑靴
11	墓道西壁左一	男	髡发	长袍服	圆领	不详	窄袖	红色腰带	黄色	无	白色连靴裤	白靴
12	墓道西壁左二	男	黑色帽	长袍服	圆领	不详	窄袖	不详	浅绿色	无	不详	黑靴
13	墓道西壁左三	男	交脚幞头	短袍服	交领	右衽	卷袖	浅蓝色腰围,蓝色腰带	黄地黑花	无	白色裤	残
14	墓道西壁左四	男	交脚幞头	短袍服	直领	不详	卷袖	黄色腰带	蓝地黑花	无	白色裤	白靴
15	墓道东壁左一	男	残	短袍服	方领	不详	窄袖	不详	不详	无	白色裤	麻鞋
16	墓道东壁左二	男	鸭尾式方巾	短袍服	圆领	不详	窄袖	不详	白色	无	白色裤	麻鞋

续表

序号	方位	性别	发式/巾帽	服装形制	襦/袍						裤/裙	鞋/靴
					领	衽	袖	腰饰	花色	其他		
17	墓道东壁左三	男	白巾	短袍服	直领	不详	窄袖	不详	土黄色	无	白色裤	麻鞋
18	墓道东壁左四	男	幞头	短袍服	直领	不详	广袖	不详	浅蓝地黑花	无	白色裤	麻鞋
19	墓道东壁左五	男	交脚幞头	短袍服	直领	不详	广袖	绿色腰围、垂带	红地黑花	无	不详	残
20	墓道东壁左六	男	交脚幞头	短袍服	直领	不详	广袖	腰佩环和红色囊	浅蓝地黑花	内搭白色中单	白色裤	麻鞋

水泉 M1 辽墓壁画人物服饰表

序号	方位	性别	发式/巾帽	服装形制	襦/袍						裤/裙	鞋/靴
					领	衽	袖	腰饰	花色	其他		
1	甬道北壁西起第一组左侧侍者	男	髡发	长袍服	圆领	不详	窄袖	红色腰带	灰绿色	内搭黄色交领中单	不详	灰绿色长靴
2	甬道北壁西起第一组右侧侍者	男	髡发	长袍服	圆领	不详	窄袖	丹色腰带	赭色	内搭黄色交领中单	不详	黑色长靴
3	甬道北壁西起第二组左侧侍者	男	髡发	长袍服	圆领	不详	窄袖	黑色革带	黄地白牡丹团花纹	内搭黄色交领中单	不详	残

| 序号 | 方位 | 性别 | 发式/巾帽 | 服装形制 | 襦/袍 | | | | | | 裤/裙 | 鞋/靴 |
					领	衽	袖	腰饰	花色	其他		
4	甬道北壁西起第二组右侧侍者	男	髡发	长袍服	圆领	不详	窄袖	红色腰带	绿地墨线牡丹团花纹	内搭浅棕色交领中单	不详	残
5	甬道北壁西起第三组侍者	男	髡发	长袍服	残	残	残	残	淡黄色	无	残	残
6	甬道北壁西起第四组左侧侍者	男	髡发	长袍服	圆领	不详	窄袖	白色腰带	灰白色	内搭白色交领中单	不详	黑色长靴
7	甬道北壁西起第四组右侧侍者	男	髡发	长袍服	圆领	不详	窄袖	丹色革带	黄色	内搭黄色交领中单	灰绿色吊敦	不详
8	甬道南壁东起第一组左侧侍者	男	交脚幞头	长袍服	圆领	不详	窄袖	白色革带	赭色地墨线忍冬草纹	内搭黄色交领中单	不详	皂靴
9	甬道南壁东起第一组右侧侍者	男	交脚幞头	长袍服	圆领	不详	窄袖	丹色革带	白色	内搭白色交领中单	不详	皂靴
10	甬道南壁东起第二组左侧侍者	男	前路式无脚幞头	长袍服	圆领	不详	窄袖	丹色束带	章丹色	内搭黄色交领中单	不详	残
11	甬道南壁东起第二组右侧侍者	男	软脚幞头	长袍服	圆领	不详	窄袖	红色束带	青色地墨线牡丹团窠纹	内搭青色交领中单	不详	黑鞋

续表

序号	方位	性别	发式/巾帽	服装形制	领	衽	袖	腰饰	花色	其他	裤/裙	鞋/靴
								襦/袍				
12	甬道南壁靠主室起第三组侍者	男	前踇式无脚幞头	长袍服	圆领	不详	窄袖	红色束带	皂青色	内搭青色交领中单	不详	不详
13	甬道南壁起第四主室起第四组左侧侍者	男	软脚幞头	长袍服	圆领	不详	窄袖	黄色束带	黄色	内搭黄色交领中单	不详	黑色麻鞋
14	甬道南壁靠主室起第四组右侧侍者	男	软脚幞头	长袍服	圆领	不详	窄袖	黄色束带	黄色	内搭黄色交领中单	不详	黑靴

水泉 M2 辽墓壁画人物服饰表

序号	方位	性别	发式/巾帽	服装形制	领	衽	袖	腰饰	花色	其他	裤/裙	鞋/靴
								襦/袍				
1	甬道北壁西起第一组左侧侍者	男	髡发	长袍服	圆领	不详	窄袖	黑色革带	土黄色	内搭黄色交领中单	不详	棕色长靴
2	甬道北壁西起第一组右侧侍者	男	髡发	长袍服	残	残	窄袖	丹色束带	蓝色	无	不详	深蓝色长靴
3	甬道北壁西起第二组左侧侍者	男	交脚幞头	长袍服	圆领	不详	窄袖	红色腰带	蓝色	内搭浅红色交领单	不详	褐色麻鞋

续表

序号	方位	性别	发式/巾帽	服装形制	襦/袍						裤/裙	鞋/靴
					领	衽	袖	腰饰	花色	其他		
4	甬道北壁西起第二组右侧侍者	男	交脚幞头	长袍服	圆领	不详	窄袖	粉色腰带	红色	内搭浅红色交领中单	不详	黑鞋
5	甬道北壁西起第三组侍者	男	髡发	长袍服	圆领	不详	窄袖	丹色革带	青色地粉色四瓣团窠花纹	无	不详	黑色长靴
6	甬道南壁西起第一组左侧侍者	男	髡发	长袍服	残	残	残	残	深黄色	无	残	深蓝色靴
7	甬道南壁西起第一组右侧侍者	男	髡发	长袍服	不详	不详	不详	丹色革带	灰绿色	无	不详	灰绿色长靴
8	甬道南壁西起第二组左侧侍者	男	交脚幞头	长袍服	圆领	不详	窄袖	粉色腰带	红色	内搭粉色交领中单	不详	褐色麻鞋
9	甬道南壁西起第二组右侧侍者	男	黑巾	长袍服	圆领	不详	窄袖	黑色腰带	黄色	内搭粉色交领中单	不详	黑色长靴
10	甬道南壁西起第三组侍者	男	髡发	长袍服	圆领	不详	窄袖	革带	青色地粉红色四瓣团花纹	无	不详	黑色长靴

召都巴镇辽墓壁画人物服饰表

序号	方位	性别	发式/巾帽	服装形制	襦/袍							裤/裙	鞋/靴
					领	衽	袖	腰饰	花色	其他		
1	墓室前部左侧桌左侍者	男	黑色幞头	长袍服	圆领	不详	窄袖	黑色腰带	红色	两侧高开衩	不详	不详
2	墓室前部左侧桌右侍者	男	黑色幞头	长袍服	圆领	不详	窄袖	残	绿色	两侧高开衩	不详	不详
3	墓室前部右侧桌左侍者	男	黑色幞头	长袍服	圆领	不详	窄袖	黑色腰带	绿色	两侧高开衩	不详	不详
4	墓室前部右侧桌右侍者	男	黑色幞头	长袍服	圆领	不详	窄袖	黄色腰带	黄色	两侧高开衩	不详	不详
5	甬道东壁侍者	男	黑色幞头	长袍服	圆领	不详	窄袖	残	黄色	无	残	残
6	甬道西壁侍者	男	黑色幞头	长袍服	圆领	不详	窄袖	残	红色	无	残	残

木头城子辽墓壁画人物服饰表

序号	方位	性别	发式/巾帽	服装形制	襦/袍							裤/裙	鞋/靴
					领	衽	袖	腰饰	花色	其他		
1	甬道左壁	男	髡发	不详	不详	不详	不详	不详	不详	无	不详	不详
2	甬道右壁	男	幞巾	不详	不详	不详	不详	不详	不详	无	不详	不详
3	墓门左侧	男	不详	长袍服	不详	不详	不详	不详	橘红色	无	不详	不详
4	墓门右侧	女	不详	不详	不详	不详	不详	不详	不详	无	不详	不详

赤峰市元宝山区塔子山 M2 辽墓壁画人物服饰表

序号	方位	性别	发式/巾帽	服装形制	襦/袍						裤/裙	鞋/靴
					领	衽	袖	腰饰	花色	其他		
1	甬道东壁侍者	男	髡发	长袍服	圆领	不详	窄袖	革带	红色	内搭白色交领中单	不详	黑靴
2	甬道西壁左侧侍者	男	黑巾	长袍服	残	残	窄袖	红色腰带	白色	无	袒露白色蔽膝，白色瘦腿裤	麻鞋
3	甬道西壁右侧侍者	男	残	长袍服	残	残	残	残	白色	无	袒露白色蔽膝，白色瘦腿裤	麻鞋

阜新四家子村辽墓壁画人物服饰表

序号	方位	性别	发式/巾帽	服装形制	襦/袍						裤/裙	鞋/靴
					领	衽	袖	腰饰	花色	其他		
1	墓门西侧前面马童	男	髡发	长袍服	圆领	不详	窄袖	绦带	白色	无	白色裤	皂靴
2	墓门西侧后面马童	男	髡发	长袍服	圆领	不详	窄袖	遮挡	白色	无	遮挡	红靴
3	墓门东侧驭者	男	方巾	长袍服	圆领	不详	窄袖	绦带	白色	内搭白色交领中单	不详	红靴

朝阳市西三家辽墓壁画人物服饰表

序号	方位	性别	发式/巾帽	服装形制	襦/袍						裤/裙	鞋/靴
					领	衽	袖	腰饰	花色	其他		
1	甬道北端东壁	男	尖顶圆帽	长袍服	团领	不详	不详	不详	缀花	不详	不详	软靴
2	甬道北端西壁	男	尖顶圆帽	长袍服	团领	不详	不详	不详	缀花	不详	不详	软靴
3	主室第一幅一	男	幞头	长袍服	团领	不详	窄袖	腰系长带	不详	不详	不详	软靴
4	主室第一幅二	男	羊形冠	长袍服	团领	不详	宽袖	不详	不详	不详	不详	不详
5	主室第一幅三	男	残	长袍服	残	残	残	残	残	残	残	残
6	主室第二幅一	男	蛇冠	长袍服	交领	不详	宽袖	不详	腰系长带	不详	不详	靴子
7	主室第二幅二	男	龙冠	长袍服	交领	不详	宽袖	不详	腰系长带	不详	不详	靴子
8	主室第二幅三	男	残	长袍服	交领	不详	宽袖	不详	腰系长带	不详	不详	靴子
9	主室第二幅四	男	残	长袍服	交领	不详	宽袖	不详	腰系长带	不详	不详	靴子
10	主室第二幅五	男	残	长袍服	交领	不详	宽袖	不详	腰系长带	不详	不详	靴子
11	主室第六幅一	男	生肖冠	吏服	不详	不详	不详	不详	腰间束带	不详	不详	软靴

续表

序号	方位	性别	发式/巾帽	服装形制	领	衽	袖	襦/袍			裤/裙	鞋/靴
								腰饰	花色	其他		
12	主室第六幅二	男	生肖冠	吏服	不详	不详	不详	不详	腰间束带	不详	不详	软靴
13	主室第六幅三	男	生肖冠	吏服	不详	不详	不详	不详	腰间束带	不详	不详	软靴
14	主室第六幅四	男	生肖冠	吏服	不详	不详	不详	不详	腰间束带	不详	不详	软靴
15	主室第七幅一	女	双髻	长袍服	交领	不详	窄袖	不详	不详	不详	不详	靴子
16	主室第七幅二	男	兔形生肖冠	长袍服	交领	不详	不详	不详	不详	不详	不详	不详

敖汉旗康营子辽墓壁画人物服饰表

序号	方位	性别	发式/巾帽	服装形制	领	衽	袖	襦/袍			裤/裙	鞋/靴
								腰饰	花色	其他		
1	墓室左壁一	男	头部扎缠	长袍服	方领	不详	不详	白带	蓝色	不详	不详	尖头平口鞋
2	墓室左壁二	男	髡发	长袍服	不详	不详	不详	蓝带	紫色	不详	不详	白毡靴
3	墓室左壁三	男	髡发	长袍服	圆领	不详	不详	紫带	黄色	不详	不详	白毡靴

续表

序号	方位	性别	发式/巾帽	服装形制	襦/袍						裤/裙	鞋/靴
					领	衽	袖	腰饰	花色	其他		
4	墓室左壁四	男	髡发	长袍服	圆领	不详	不详	不详	蓝色	中单紫色	不详	黑靴
5	墓室左壁五	男	圆顶帽	长袍服	圆领	不详	不详	蓝色	红色	不详	不详	白靴
6	甬道东壁一	女	双丫髻	上衣下裙	不详	不详	不详	不详	深蓝色	开襟粉红	不详	尖头鞋
7	甬道东壁二	女	双丫髻	上衣下裙	不详	不详	不详	不详	深蓝色	开襟粉红	不详	尖头鞋

三、辽东京地区

关山M3萧知行辽墓壁画人物服饰表

序号	方位	性别	发式/巾帽	服装形制	襦/袍						裤/裙	鞋/靴
					领	衽	袖	腰饰	花色	其他		
1	北壁驼车前侍卫	男	残	长袍服	圆领	不详	窄袖	布帛带	不详	无	被袍遮挡	靴
2	北壁驼车后侍卫	男	残	长袍服	圆领	不详	窄袖	布帛带	不详	无	残	残

续表

序号	方位	性别	发式/巾帽	服装形制	襦/袍						裤/裙	鞋/靴
					领	衽	袖	腰饰	花色	其他		
3	墓门过洞南壁道士	男	髻发花形冠	袍裙装	交领	不详	广袖	布帛长带	不详	黑	拖地裙	被裙覆盖
4	墓门过洞北壁道士	男	髻发花形冠	袍裙装	交领	不详	广袖	布帛长带	不详	黑	拖地裙	被裙覆盖

关山M4萧和辽墓壁画人物服饰表

序号	方位	性别	发式/巾帽	服装形制	襦/袍						裤/裙	鞋/靴
					领	衽	袖	腰饰	花色	其他		
1	墓道南壁左组左一	男	直角幞头花饰	长袍服	圆领	不详	广袖	不详	不详	内搭黄色交领中单	吊敦	圆口祥带鞋
2	墓道南壁左组左二	男	直角幞头花饰	长袍服	圆领	不详	广袖	不详	不详	内搭黄色交领中单	吊敦	圆口祥带鞋
3	墓道南壁左组左三	男	直角幞头花饰	长袍服	圆领	不详	广袖	不详	不详	内搭黄色交领中单	吊敦	圆口祥带鞋
4	墓道南壁左组左四	男	直角幞头花饰	长袍服	圆领	不详	广袖	不详	不详	内搭黄色交领中单	吊敦	圆口祥带鞋
5	墓道南壁左组左五	男	直角幞头花饰	长袍服	圆领	不详	广袖	不详	不详	内搭黄色交领中单	吊敦	圆口祥带鞋
6	墓道南壁左组左六	男	直角幞头花饰	长袍服	圆领	不详	广袖	不详	不详	内搭黄色交领中单	吊敦	圆口祥带鞋

续表

序号	方位	性别	发式/巾帽	服装形制	襦/袍						裤/裙	鞋/靴
					领	衽	袖	腰饰	花色	其他		
7	墓道南壁中间组左一	男	直角幞头花幞头	长袍服	圆领	不详	广袖	白色腰带	皂色	两侧高开衩、内搭黄色交领中单	吊敦	圆口祥带鞋
8	墓道南壁中间组左二	男	直角幞头花幞头	长袍服	圆领	不详	广袖	黑色腰带	白色	内搭黄色交领中单	吊敦	圆口祥带鞋
9	墓道南壁中间组左三	男	直角幞头花幞头	长袍服	圆领	不详	广袖	黄色腰带	黄色	内搭黄色交领中单	吊敦	圆口祥带鞋
10	墓道南壁中间组左四	男	直角幞头花幞头	长袍服	圆领	不详	广袖	黑色腰带	白色	内搭黄色交领中单	吊敦	圆口祥带鞋
11	墓道南壁右组左一	男	直角幞头花幞头	长袍服	圆领	不详	广袖	黄色腰带	青色	内搭黄色交领中单	吊敦	圆口祥带鞋
12	墓道南壁右组左二	男	直角幞头花幞头	长袍服	圆领	不详	广袖	黑色腰带	白色	内搭黄色交领中单	吊敦	圆口祥带鞋
13	墓道南壁右组左三	男	直角幞头花幞头	长袍服	圆领	不详	广袖	遮挡	白色	内搭黄色交领中单	吊敦	圆口祥带鞋
14	墓道南壁右组左四	男	直角幞头花幞头	长袍服	圆领	不详	广袖	黄色腰带	青色	内搭黄色交领中单	吊敦	圆口祥带鞋
15	墓道北壁第一组右四	男	残	长袍服	残	残	残	残	白色	无	不详	不详
16	墓道北壁第二组右一	男	髡发	长袍服	圆领	不详	窄袖	不详	红色	内搭白色交领中单	不详	黄靴

续表

序号	方位	性别	发式/巾帽	服装形制	襦/袍						裤/裙	鞋/靴
					领	衽	袖	腰饰	花色	其他		
17	墓道北壁第二组右一	男	髡发	长袍服	圆领	不详	窄袖	不详	白色	内搭白色交领中单	不详	遮挡
18	墓道北壁第二组右二	男	髡发	长袍服	圆领	不详	窄袖	不详	黄色	内搭黄色交领中单	不详	遮挡
19	墓道北壁第二组右三	男	髡发	长袍服	圆领	不详	窄袖	红色腰带	白色	内搭黄色交领中单	不详	遮挡
20	墓道北壁第二组右四	男	髡发	长袍服	圆领	不详	窄袖	不详	白色	内搭黄色交领中单	不详	黑靴
21	墓道北壁第二组右五	男	髡发	长袍服	圆领	不详	窄袖	白色腰带	白色	无	不详	红靴
22	墓道北壁第三组右一	男	髡发	长袍服	圆领	不详	窄袖	白色腰带	白色	不详	不详	红靴
23	墓道北壁第四组右一	男	髡发	长袍服	圆领	不详	窄袖	不详	灰蓝色	内搭白色交领中单	土黄色长裤	黑靴
24	墓道北壁第四组右二	男	髡发	长袍服	圆领	不详	窄袖	遮挡	红色	内搭白色交领中单	不详	白靴
25	墓道北壁第四组右三	男	髡发	长袍服	圆领	不详	窄袖	红色腰带	青色	内搭白色交领中单	褐色长裤	黑靴

关山 M5 辽墓壁画人物服饰表

序号	方位	性别	发式/巾帽	服装形制	襦/袍						裤/裙	鞋/靴
					领	衽	袖	腰饰	花色	其他		
1	墓道北壁牵驼人	男	髡发	袍服	圆领	不详	窄袖	布带	不详	袍长至膝盖	裤	络缝靴
2	墓道北壁驼车后侍卫	男	髡发	袍服	圆领	不详	窄袖	布带	不详	袍长至膝盖	被袍遮挡	络缝靴
3	墓门过洞南壁侍卫	男	残	袍服	圆领	不详	窄袖	布带	不详	袍长至膝盖	被袍遮挡	络缝靴
4	墓门过洞北壁侍卫	男	髡发	袍服	圆领	不详	窄袖	布带	不详	袍长至膝盖	被袍遮挡	络缝靴
5	甬道北壁驾鹰侍卫	男	髡发	袍服	圆领	不详	窄袖	布带	不详	袍长至膝盖	被袍遮挡	络缝靴

关山 M8 萧德让辽墓壁画人物服饰表

序号	方位	性别	发式/巾帽	服装形制	襦/袍						裤/裙	鞋/靴
					领	衽	袖	腰饰	花色	其他		
1	墓道北壁左一	男	残	长袍服	残	残	窄袖	腰带	线图不详	袍至脚踝	被袍遮挡	络缝靴
2	墓道北壁左二	男	髡发	长袍服	圆领	不详	窄袖	红色腰带	黄色	内搭红色交领中单	红色裤	白色络缝靴
3	墓道北壁左三	男	髡发	长袍服	圆领	不详	窄袖	白色腰带	褚色	无	黄色裤	白色络缝靴

续表

序号	方位	性别	发式/巾帽	服装形制	襦/袍						裤/裙	鞋/靴
					领	衽	袖	腰饰	花色	其他		
4	墓道南壁牵驼人	男	髡发	长袍服	圆领	不详	窄袖	布带	不详	衣襟掖进腰带，露出蔽膝	吊敦	高勒络缝靴
5	墓道南壁牵马人	男	残	长袍服	残	残	残	残	不详	袍至脚踝	被袍遮挡	络缝靴

关山 M9 萧知微辽墓壁画人物服饰表

序号	方位	性别	发式/巾帽	服装形制	襦/袍						裤/裙	鞋/靴
					领	衽	袖	腰饰	花色	其他		
1	墓门正面南壁侍卫	男	髡发	长袍服	圆领	不详	窄袖	布带	不详	袍至腿肚	被袍遮挡	络缝靴
2	墓门正面南壁侍卫	男	残	长袍服	圆领	不详	赵秀	布带	不详	袍至腿肚	被袍遮挡	络缝靴

法库叶茂台 M16 萧（肖）义辽墓壁画人物服饰表

序号	方位	性别	发式/巾帽	服装形制	襦/袍						裤/裙	鞋/靴
					领	衽	袖	腰饰	花色	其他		
1	墓道西侧扩壁左组左侧徒步者	男	髡发	长袍服	圆领	不详	窄袖	腰系带	不详	无	不详	毡靴
2	墓道西侧扩壁左组右侧徒步者	男	黑帽	长袍服	圆领	不详	窄袖	腰系带	不详	无	不详	高林麻鞋
3	墓道西侧扩壁右组左侧驭者	男	髡发	长袍服	不详	不详	窄袖	腰系带	不详	无	不详	不详

续表

序号	方位	性别	发式/巾帽	服装形制	襦/袍						裤/裙	鞋/靴
					领	衽	袖	腰饰	花色	其他		
4	墓道西侧扩壁右组右侧驭者	男	圆顶凉帽	长袍服	圆领	不详	窄袖	腰系带	不详	无	不详	不详
5	墓道西侧扩壁镶驼左侧徒步者	男	黑帽	不详	不详	不详	不详	不详	不详	无	不详	麻鞋
6	墓道西侧扩壁镶驼右侧徒步者	男	黑帽	不详	不详	不详	不详	不详	不详	无	不详	麻鞋
7	墓道东侧扩壁左组左一驭者	男	髡发	长袍服	圆领	不详	窄袖	不详	不详	无	不详	不详
8	墓道东侧扩壁左组左二驭者	男	髡发	长袍服	圆领	不详	窄袖	不详	不详	无	不详	不详
9	墓道东侧扩壁右组左一	男	残	长袍服	残	残	残	不详	不详	无	瘦腿裤	麻鞋
10	墓道东侧扩壁右组左二	男	残	长袍服	残	残	残	不详	不详	无	瘦腿裤	麻鞋
11	墓道东侧扩壁右组左三	男	残	残	残	残	残	不详	不详	无	瘦腿裤	麻鞋
12	甬道西壁鼓左侧人物	男	髡发	长袍服	圆领	不详	窄袖	不详	不详	无	遮挡	遮挡
13	甬道西壁鼓右侧人物	男	髡发	长袍服	圆领	不详	窄袖	不详	不详	无	遮挡	遮挡

续表

序号	方位	性别	发式/巾帽	服装形制	领	衽	袖	襦/袍			裤/裙	鞋/靴
								腰饰	花色	其他		
14	甬道东壁鼓旁左侧人物	男	髡发	长袍服	圆领	不详	窄袖	腰系带	不详	无	不详	遮挡
15	甬道东壁鼓旁右侧人物	男		长袍服	圆领	不详	窄袖	腰系带	不详	无	遮挡	遮挡
16	墓门旁西侧壁左侧侍者	男	髡发	长袍服	圆领	不详	窄袖	绦带	不详	无	不详	不详
17	墓门旁西侧壁右侧侍者	男	黑帽	长袍服	圆领	不详	窄袖	绦带	不详	无	不详	不详
18	墓门东侧左侧侍者	男	黑帽	长袍服	圆领	不详	窄袖	腰系带	不详	无	不详	薄底靴
19	墓门东侧右侧侍者	男	髡发	长袍服	圆领	不详	窄袖	腰系带	不详	无	不详	薄底靴

北宁龙岗 M3 辽墓壁画人物服饰表

序号	方位	性别	发式/巾帽	服装形制	领	衽	袖	襦/袍			裤/裙	鞋/靴
								腰饰	花色	其他		
1	前室过道前壁券门左侧	男	幞头	长袍服	不详	不详	不详	蹀躞带	不详	不详	不详	不详
2	前室过道前壁券门右侧	男	幞头	长袍服	不详	不详	不详	蹀躞带	不详	不详	不详	不详

续表

序号	方位	性别	发式/巾帽	服装形制	襦/袍						裤/裙	鞋/靴
					领	衽	袖	腰饰	花色	其他		
3	前室后壁过道左侧一	女	不详	长袍服	不详	右衽	不详	腰带	不详	不详	不详	不详
4	前室后壁过道左侧二	女	不详	长袍服	不详	右衽	不详	腰带	不详	不详	不详	不详
5	前室后壁过道左侧三	女	不详	长袍服	不详	右衽	不详	腰带	不详	不详	不详	不详
6	前室后壁过道右侧一	女	高髻	不详	不详	不详	不详	不详	不详	不详	不详	不详
7	前室后壁过道右侧二	女	高髻	不详	不详	不详	不详	不详	不详	不详	不详	不详
8	前室后壁过道右侧三	女	高髻	不详	不详	不详	不详	不详	不详	不详	不详	不详
9	前室后壁过道右侧四	女	高髻	不详	不详	不详	不详	不详	不详	不详	不详	不详
10	主室过道左侧	男	巾	长袍服	不详	不详	不详	腰带	红地花	不详	不详	不详
11	主室过道右侧	男	巾	长袍服	不详	不详	不详	腰带	红地花	不详	不详	不详

四、辽西京地区

大同机车厂辽墓壁画人物服饰表

序号	方位	性别	发式/巾帽	服装形制	襦/袍						裤/裙	鞋/靴
					领	衽	袖	腰饰	花色	其他		
1	墓室西南壁左侧侍从	男	单髻	长袍服	圆领	不详	窄袖	不详	粉红色	无	瘦腿裤	布鞋
2	墓室西南壁右侧侍从	女	双髻	长袍服	圆领	不详	窄袖	橘色绦带系结	不详	内搭橘色交领中单	不详	残
3	墓室西北壁左侧侍从	男	单髻	长袍服	圆领	不详	宽袖	黄色绦带	灰色	内搭橘色交领中单	不详	不详
4	墓室西北壁右侧侍从	女	双髻	长袍服	圆领	不详	宽袖	长飘带	橘色	内搭白色交领中单	不详	不详
5	墓室东北壁左侧侍从	女	双辫	长袍服	圆领	不详	残	残	橘色	内搭白色交领中单	不详	残
6	墓室东北壁右侧侍从	男	髡发	长袍服	圆领	不详	窄袖	橘色绦带系结	灰色	内搭橘色交领中单	灰色瘦腿裤	布鞋
7	墓室东南壁左侧侍从	男	单髻	长袍服	不详	不详	广袖	橘色绦带系结	红色	袒露胸部，外穿红衫	不详	不详
8	墓室东南壁右侧侍从	女	双髻	长袍服	圆领	不详	不详	橘色绦带系结	白色	内搭橘色交领中单	不详	不详

五法村辽墓壁画人物服饰表

序号	方位	性别	发式/巾帽	服装形制	襦/袍						裤/裙	鞋/靴
					领	衽	袖	腰饰	花色	其他		
1	墓门西壁门吏	男	不详	长袍服	不详	不详	广袖	白带	土红色	无	不详	尖头靴
2	墓门西壁牵马人	男	不详	不详	圆领	不详	窄袖	不详	红色	不详	不详	皂靴

大同东风里辽墓壁画人物服饰表

序号	方位	性别	发式/巾帽	服装形制	襦/袍						裤/裙	鞋/靴
					领	衽	袖	腰饰	花色	其他		
1	墓室南壁墓门左侧侍卫	男	黑帽	长袍服	圆领	不详	窄袖	双重黑腰带	浅黄色	无	不详	黑靴
2	墓室南壁墓门右侧侍女	女	双髻	长襦长裙	交领	右衽	窄袖	长飘带	浅蓝色	橘色蔽膝，内搭白色交领中单	蓝色长裙	方头鞋
3	墓室西壁左上角妇女	女	包髻	短襦长裙	交领	不详	窄袖	不详	红色	无	浅灰长裙	黑履
4	墓室西壁驼车驭者	男	褐色毡帽	长袍服	圆领	不详	窄袖	不详	浅褐色	无	相露大腿	黑靴
5	墓室西壁马车驭者	男	黑色裹巾	短袍裤	圆领	不详	窄袖	白色软带	白色	内搭红色交领中单	裹腿，白色瘦腿裤	麻鞋

续表

序号	方位	性别	发式/巾帽	服装形制	襦/袍						裤/裙	鞋/靴
					领	衽	袖	腰饰	花色	其他		
6	墓室西壁马后侍者	男	黑色裹巾	短袍裤	圆领	不详	窄袖	白色软带	白色	内搭白色交领中单	裹腿、红色瘦腿裤	麻鞋
7	墓室北壁左组左一	女	橘红色巾包髻	长襦长裙	交领	左衽	窄袖	绿色长飘带系花结	蓝色	橘色蔽膝，内搭白色交领中单	黄色百褶裙	黑色勾脸鞋
8	墓室北壁左组左二	女	黄巾包髻	长襦长裙	交领	左衽	窄袖	橘黄色长飘带系花结	黄色	腰围绿色圆角围件	蓝色百褶裙	黑色勾脸鞋
9	墓室北壁左组左三	男	直脚幞头	长衫	交领	右衽	窄袖	不详	灰绿色	内搭红色交领中单	遮挡	遮挡
10	墓室北壁右组左一	女	曲脚花式幞头	长衫	交领	右衽	窄袖	不详	灰色	两侧高开衩、内搭灰色交领中单	不详	遮挡
11	墓室北壁右组左二	男	髡发	长袍服	圆领	不详	窄袖	软带	浅灰色	内搭土黄色交领中单	不详	黑靴
12	墓室北壁右组左三	男	髡发	长袍服	圆领	不详	窄袖	软带	浅灰色	内搭白色交领中单	不详	黑靴
13	墓室东壁前排左一	男	展脚幞头	长袍服	圆领	不详	窄袖	双重黑带	浅黄色	内搭绿色交领中单	不详	黑色乌皮靴

续表

序号	方位	性别	发式/巾帽	服装形制	襦/袍						裤/裙	鞋/靴
					领	衽	袖	腰饰	花色	其他		
14	墓室东壁前排左二	男	曲胸幞头	长袍服	圆领	不详	窄袖	黄色软带	浅黄色	内搭白色交领中单	不详	黑色乌皮靴
15	墓室东壁后排左一	男	曲胸幞头	长袍服	圆领	不详	窄袖	黑色带	浅绿色	内搭白色交领中单	不详	黑色乌皮靴
16	墓室东壁后排左二	男	曲胸幞头	长袍服	圆领	不详	窄袖	遮挡	红色	内搭白色交领中单	不详	遮挡
17	墓室东壁后排左三	男	曲胸幞头	长袍服	圆领	不详	窄袖	黄色软带	浅黄色	内搭绿色交领中单	白色瘦腿裤	黑色乌皮靴（补绘）

大同许从赟辽墓壁画人物服饰表

序号	方位	性别	发式/巾帽	服装形制	襦/袍						裤/裙	鞋/靴
					领	衽	袖	腰饰	花色	其他		
1	墓室西南壁侍女	女	高髻	短襦长裙	交领	对衽	广袖	红色飘带系花结	红色	内搭白色交领中单	白色曳地长裙	不详
2	墓门东侧左侧侍官	男	展脚幞头	长袍服	圆领	不详	广袖	布带	浅黄色	内搭浅黄色交领中单	白色瘦腿裤	黑履
3	墓门东侧右侧侍官	男	残	残	残	不详	残	残	不详	无	残	残
4	墓室东壁左侧侍者	女	高髻	短襦长裙	交领	遮挡	广袖	红色长飘带	红色	内搭白色交领中单	土黄色曳地长裙	不详
5	墓室东壁右侧侍者	男	残	长袍服	残	不详	残	布带	浓蓝色	无	白色瘦腿裤	麻鞋

续表

序号	方位	性别	发式/巾帽	服装形制	襦/袍						裤/裙	鞋/靴
					领	衽	袖	腰带	花色	其他		
6	墓室东北柱间壁左侧左一	女	高髻	短襦长裙	交领	遮挡	广袖	长飘带	青蓝色	内搭白色交领中单	土黄色曳地长裙	不详
7	墓室东北柱间壁左侧左二	女	高髻	短襦长裙	交领	遮挡	广袖	红色长飘带	土黄色	内搭浅红色中单	浅蓝色曳地长裙	不详
8	墓室东北柱间壁右侧左一	女	高髻	短襦长裙	交领	左衽	广袖	红色长飘带	淡蓝色	内搭白色交领中单	土黄色曳地长裙	不详
9	墓室东北柱间壁右侧左二	女	高髻	短襦长裙	交领	遮挡	广袖	白色长飘带	土黄色	内搭白色交领中单	橘黄色曳地长裙	不详
10	墓室北面柱间壁左侧门吏	男	软脚幞头	长袍服	圆领	不详	广袖	布带	红色	两侧高开衩，内搭白色交领中单	白色瘦腿裤	黑履
11	墓室北面柱间壁右侧门吏	男	展脚幞头	长袍服	圆领	不详	广袖	布带	土黄色	两侧高开衩，内搭土黄色交领中单	白色瘦腿裤	黑履
12	墓室西北角左侧侍女	女	黄巾高髻	短襦长裙	交领	遮挡	宽袖	浅蓝色长飘带	浅蓝色	内搭白色交领中单	橘黄色曳地长裙	不详
13	墓室西北角右侧侍女	女	黄巾高髻	短襦长裙	交领	遮挡	宽袖	长飘带	橘黄色	内搭白色交领中单	淡蓝色曳地长裙	残
14	墓室西壁左侧侍女	女	橘黄巾高髻	长袍服	交领	遮挡	广袖	长飘带	白色	内搭白色交领中单	橘黄色曳地长裙	不详
15	墓室西壁右侧侍女	女	残	长袍服	残	不详	广袖	不详	橘黄色	无	残	残

大同周家店辽墓壁画人物服饰表

序号	方位	性别	发式/巾帽	服装形制	襦/袍						裤/裙	鞋/靴
					领	衽	袖	腰饰	花色	其他		
1	墓门西侧桌后立者	男	硬脚幞头	长袍服	圆领	不详	宽袖	遮挡	浅蓝色	无	遮挡	遮挡
2	墓门西侧桌左立者	男	硬脚幞头	长袍服	圆领	不详	宽袖	黑色腰带	深蓝色	无	不详	不详
3	墓门东侧侍女	女	螺髻	短襦长裙	交领	对衽	宽袖	蓝色布带系结	褐色	无	蓝绿色曳地长裙	不详
4	墓室东壁左侧侍者	男	高髻	长袍服	圆领	不详	窄袖	遮挡	不详	无	不详	黑鞋
5	墓室东壁右侧侍者	女	双髻	长袍服	不详	不详	不详	不详	不详	无	不详	不详
6	墓室东北角左组左立侍女	女	螺髻	长袍服	交领	对衽	宽袖	不详	橘红色	外罩蓝绿色外袍	不详	残
7	墓室东北角左组坐姿侍女	女	螺髻	长袍服	交领	对衽	宽袖	不详	蓝绿色	外罩橘红色外袍	不详	不详
8	墓室东北角右组右侧侍女	女	螺髻	长袍服	交领	对衽	宽袖	残	蓝色	无	残	残
9	墓室东北角右组左侧侍女	女	螺髻	短襦长裙	交领	对衽	宽袖	黄色腰带	橘红色	无	蓝色曳地长裙	不详
10	墓室北壁正中门东侧侍者	男	软胸幞头	长袍服	圆领	不详	宽袖	黑色腰带	紫褐色	无	不详	黑靴

续表

序号	方位	性别	发式/巾帽	服装形制	襦/袍						裤/裙	鞋/靴
					领	衽	袖	腰饰	花色	其他		
11	墓室北壁正中门西侧侍者	男	软脚幞头	长袍服	圆领	不详	宽袖	黑色腰带	紫褐色	无	不详	黑靴
12	墓室北壁西北角某左侧	男	硬脚幞头	长袍服	圆领	不详	宽袖	黑色腰带	紫褐色	两侧高开衩	不详	黑靴
13	墓室北壁北角某右侧	男	硬脚幞头	长袍服	圆领	不详	宽袖	黑色腰带	土黄色	两侧高开衩	不详	黑靴
14	墓室西壁衣架左侧侍女	女	螺髻	不详	交领	对衽	宽袖	不详	不详	无	长裙	不详
15	墓室西壁衣架右侧侍女	女	螺髻	不详	交领	对衽	宽袖	不详	不详	无	长裙	不详

大同西环路 M1 辽墓壁画人物服饰表

序号	方位	性别	发式/巾帽	服装形制	襦/袍						裤/裙	鞋/靴
					领	衽	袖	腰饰	花色	其他		
1	墓室南壁券门东侧侍女	女	黑巾束髻	短襦长裙	交领	右衽	宽袖	残	青灰色	内搭红色交领中单	红色长裙	残
2	墓室南壁券门西侧侍者	男	黑帽	长袍服	圆领	不详	宽袖	双重黑带	青灰色	内搭浅红色交领中单	长裙	不详

续表

序号	方位	性别	发式/巾帽	服装形制	襦/袍						裤/裙	鞋/靴
					领	衽	袖	腰饰	花色	其他		
3	墓室西壁左侧侍女	女	圆髻,红带拴扎,装饰鬓牙	短襦长裙	交领	左衽	宽袖	不详	粉红色	内搭青灰色交领中单	青色长裙	残
4	墓室西壁衣架后侍童	女	瓜帽,装饰鬓牙	长袍服	交领	遮挡	宽袖	遮挡	青灰色	内搭红色交领中单	遮挡	遮挡
5	墓室东壁南侧侍童	男	髡发	长袍服	圆领	不详	窄袖	红色布带	灰色	内搭红色交领中单	残	残

大同新添堡 29 号辽墓壁画人物服饰表

序号	方位	性别	发式/巾帽	服装形制	襦/袍						裤/裙	鞋/靴
					领	衽	袖	腰饰	花色	其他		
1	墓门内西侧壁驾车者	男	不详	不详	不详	不详	不详	不详	不详	无	不详	不详
2	墓门内西侧壁车旁女侍	女	不详	不详	不详	不详	不详	不详	不详	无	不详	不详
3	墓门内西侧壁桌旁左侧女侍	女	高髻	短襦长裙	不详	不详	窄袖	不详	浅蓝色	无	不详	不详
4	墓门内西侧壁桌旁中间女侍	女	高髻	短襦长裙	不详	不详	窄袖	不详	浅蓝色	无	不详	不详

续表

序号	方位	性别	发式/巾帽	服装形制	襦/袍						裤/裙	鞋/靴
					领	衽	袖	腰饰	花色	其他		
5	墓门内西侧壁桌旁右侧女侍	女	高髻	短襦长裙	不详	不详	窄袖	不详	浅蓝色	无	不详	不详
6	墓门内东侧壁牵马人	男	残	长袍服	圆领	不详	窄袖	不详	不详	内搭交领中单	不详	不详
7	墓门内东侧壁桌旁左侧侍者	男	软脚幞头	长袍服	不详	不详	不详	不详	不详	无	不详	不详
8	墓门内东侧壁桌旁中间侍者	男	软脚幞头	长袍服	不详	不详	不详	不详	不详	无	不详	不详
9	墓门内东侧壁桌旁右侧侍者	男	软脚幞头	长袍服	不详	不详	不详	不详	不详	无	不详	不详

大同卧虎湾1号辽墓壁画人物服饰表

序号	方位	性别	发式/巾帽	服装形制	襦/袍						裤/裙	鞋/靴
					领	衽	袖	腰饰	花色	其他		
1	墓室西壁上组左侧侍者	男	展脚幞头	不详	不详	不详	不详	不详	浅蓝色	无	不详	不详
2	墓室西壁上组右侧侍者	男	展脚幞头	不详	不详	不详	不详	不详	橙黄色	无	不详	不详
3	墓室西壁下组左侧侍者	男	展脚幞头	不详	不详	不详	不详	不详	红色	无	不详	不详

续表

序号	方位	性别	发式/巾帽	服装形制	襦/袍						裤/裙	鞋/靴
					领	衽	袖	腰饰	花色	其他		
4	墓室西壁下组右侧侍者	男	展脚幞头	不详	不详	不详	不详	不详	黄色	无	不详	不详
5	墓室西壁桌旁立者			不详	不详	不详	不详	不详	蓝地黑花	无	不详	不详
6	墓室西壁左上角女侍	女	双髻	短襦长裙	不详	不详	不详	不详	蓝色	无	长裙	不详
7	墓室北壁围屏西侧女侍	女	高髻	短襦长裙	不详	不详	不详	不详	浅蓝色	无	黄地红花长裙	不详
8	墓室北壁围屏东侧童侍	男		不详	不详	不详	不详	不详	不详	无	不详	不详
9	墓门西侧门吏	男	扎巾	不详	不详	不详	不详	不详	浅蓝色	无	不详	不详

大同卧虎湾2号辽墓壁画人物服饰表

序号	方位	性别	发式/巾帽	服装形制	襦/袍						裤/裙	鞋/靴
					领	衽	袖	腰饰	花色	其他		
1	墓门东内侧壁	男	软巾	长袍服	圆领	不详	窄袖	橘黄色腰带	浅蓝色	无	瘦腿裤	麻鞋
2	墓门西内侧壁	男	软巾	长袍服	圆领	不详	窄袖	橘黄色腰带	浅蓝色	无	瘦腿裤	麻鞋
3	墓室西壁车前女侍	女	双髻	短襦长裙	不详	不详	不详	不详	黄色	无	黄地红底花长裙	不详

续表

序号	方位	性别	发式/巾帽	服装形制	襦/袍							裤/裙	鞋/靴
					领	衽	袖	腰饰	花色	其他			
4	墓室西壁牵马人	男	扎巾	长衫	不详	不详	不详	不详	蓝色	无	不详	不详
5	墓室西壁某左侧侍者	男	展脚幞头	长袍服	圆领	不详	窄袖	不详	蓝地黑花	无	不详	不详
6	墓室西壁某右侧侍者	男	展脚幞头	长袍服	圆领	不详	窄袖	不详	红白色	无	不详	不详
7	墓室东壁上部衣架后侍者	男	不详	不详	不详	不详	不详	不详	不详	无	不详	不详
8	墓室东壁上部衣架右侧侍者	女	双髻	短襦长裙	交领	对衽	宽袖	不详	浅蓝色	无	黄地红花长裙	不详
9	墓室东壁下部左一	男	展脚幞头	长袍服	圆领	不详	不详	不详	黄色	无	不详	不详
10	墓室东壁下部左二	男	展脚幞头	长袍服	圆领	不详	不详	不详	黄色	无	不详	不详
11	墓室东壁下部左三	男	展脚幞头	长袍服	圆领	不详	不详	不详	橘黄色	无	不详	不详
12	墓室东壁下部左四	男	展脚幞头	长袍服	圆领	不详	不详	不详	浅蓝色	无	不详	不详
13	墓室东壁下部左五	男	展脚幞头	长袍服	圆领	不详	不详	不详	橘黄色	无	不详	不详
14	墓室东壁下部左六	男	展脚幞头	长袍服	圆领	不详	不详	不详	蓝地黑花	无	不详	不详

续表

序号	方位	性别	发式/巾帽	服装形制	襦/袍						裤/裙	鞋/靴
					领	衽	袖	腰饰	花色	其他		
15	墓室东壁下部左七	男	展脚幞头	长袍服	圆领	不详	不详	不详	黑花	无	不详	不详
16	墓室东壁下部左八	男	展脚幞头	长袍服	圆领	不详	不详	不详	黄地黑花	无	不详	不详
17	墓室东壁下部左九	男	展脚幞头	长袍服	圆领	不详	不详	不详	红地黑花	无	不详	不详
18	墓室东壁下部左十	男	展脚幞头	长袍服	圆领	不详	不详	不详	红地黑花	无	不详	不详
19	墓室东壁下部左十一	男	展脚幞头	长袍服	圆领	不详	窄袖	不详	蓝色	无	不详	不详
20	墓室东壁下部左十二	男	东坡巾	长袍服	圆领	不详	宽袖	不详	红色	无	不详	不详
21	墓室北壁西侧女侍	女	双髻	短襦长裙	交领	对衽	窄袖	不详	黄色	无	橘黄地长褶裙	不详
22	墓室北壁东侧童侍	男	束发	长袍服	圆领	不详	不详	不详	浅蓝色	内搭交领中单	不详	不详

大同卧虎湾 4 号辽墓壁画人物服饰表

序号	方位	性别	发式／巾帽	服装形制	襦／袍						裤／裙	鞋／靴
					领	衽	袖	腰饰	花色	其他		
1	墓门西侧侍者	男	东坡巾	长袍服	圆领	不详	窄袖	残	黑色	无	不详	不详
2	墓门东侧侍者	男	双髻	长袍服	交领	左衽	不详	黑色腰带	浅蓝色	无	不详	不详
3	墓室北壁男侍	男	小发髻	长袍服	圆领	不详	窄袖	不详	浅蓝色	无	不详	不详
4	墓室北壁女侍	女	双髻	短襦长裙	不详	不详	不详	不详	浅蓝色	无	长裙	不详
5	墓室东壁宴饮图女侍	女	双髻	长袍服	圆领	不详	不详	不详	米色	不详	不详	不详

大同卧虎湾 5 号辽墓壁画人物服饰表

序号	方位	性别	发式／巾帽	服装形制	襦／袍						裤／裙	鞋／靴
					领	衽	袖	腰饰	花色	其他		
1	墓门内西侧门吏	男	小髻	长袍服	圆领	不详	窄袖	黑色腰带	黄色	无	不详	不详
2	墓门内东侧门吏	男	小髻	长袍服	交领	对衽	窄袖	黑色腰带	粉红色	无	不详	不详
3	墓室北壁围屏东侧女侍	女	平发	短襦长裙	交领	对衽	窄袖	不详	蓝色	无	黄色长裙	不详
4	墓室北壁围屏西侧女侍	女	小双髻	长袍服	圆领	不详	窄袖	黑色腰带	黄色	无	不详	不详
5	墓室东壁衣架左侧侍者	女	平发	长袍服	交领	对衽	窄袖	黄色腰带	蓝色	无	不详	黑鞋
6	墓室东壁衣架右侧侍者	女	双髻	短襦长裙	交领	对衽	窄袖	不详	粉色	无	黄色长裙	不详

续表

序号	方位	性别	发式/巾帽	服装形制	襦/袍						裤/裙	鞋/靴
					领	衽	袖	腰饰	花色	其他		
7	墓室东壁右下侍者	女	双髻	短襦长裙	交领	对衽	窄袖	黄色腰带	黄色	无	浅蓝色长裙	不详
8	墓室东壁左下老者	男	软巾	长袍服	圆领	不详	窄袖	黑色腰带	黄色	无	不详	黑鞋
9	墓室东壁门中侍者	女	双髻	短襦长裙	开领	不详	不详	不详	黑色	无	橙黄色花裙	不详

大同卧虎湾 6 号辽墓壁画人物服饰表

序号	方位	性别	发式/巾帽	服装形制	襦/袍						裤/裙	鞋/靴
					领	衽	袖	腰饰	花色	其他		
1	墓门内西侧门吏	男	小髻	长袍服	圆领	不详	窄袖	黑色腰带	黄色	无	不详	不详
2	墓门内东侧门吏	男	小髻	长袍服	交领	对衽	窄袖	黑色腰带	粉红色	无	不详	不详
3	墓室北壁围屏东侧女侍	女	平发	短襦长裙	交领	对衽	窄袖	不详	蓝色	无	黄色长裙	不详
4	墓室北壁围屏西侧女侍	女	小双髻	长袍服	圆领	不详	窄袖	黑色腰带	黄色	无	不详	不详
5	墓室东壁衣架左侧侍者	女	平发	长袍服	交领	对衽	窄袖	黄色腰带	蓝色	无	不详	黑鞋
6	墓室东壁衣架右侧侍者	女	双髻	短襦长裙	交领	对衽	窄袖	不详	粉色	无	黄色长裙	不详

续表

序号	方位	性别	发式/巾帽	服装形制	襦/袍 领	衽	袖	腰饰	花色	其他	裤/裙	鞋/靴
7	墓室东壁右下侍者	女	双髻	短襦长裙	交领	对衽	窄袖	黄色腰带	黄色	无	浅蓝色长裙	不详
8	墓室东壁左下老者	男	软巾	长袍服	圆领	不详	窄袖	黑色腰带	黄色	无	不详	黑鞋
9	墓室东壁门中侍者	女	双髻	短襦长裙	开领	不详	不详	不详	黑色	无	橙黄色花裙	不详

大同十里铺 27 号辽墓壁画人物服饰表

序号	方位	性别	发式/巾帽	服装形制	襦/袍 领	衽	袖	腰饰	花色	其他	裤/裙	鞋/靴
1	墓门东侧门吏	男	束髻	长袍服	圆领	不详	窄袖	红色腰带	浅蓝色	无	瘦腿裤	麻鞋
2	墓门西侧门吏	男	束髻	长袍服	圆领	不详	窄袖	红色腰带	浅蓝色	无	瘦腿裤	麻鞋
3	墓室北壁围屏东侧侍者	男	双髻	长袍服	圆领	不详	窄袖	腰系带	浅蓝色	无	不详	黑履
4	墓室北壁围屏西侧侍者	女	双髻	短襦长裙	交领	不详	窄袖	不详	浅蓝色	无	长褶裙	黑履
5	墓室东壁老翁	男	黑色软巾	长袍服	圆领	不详	窄袖	腰系带	黄色	无	不详	黑履
6	墓室西壁驭者	男	双髻	长袍服	圆领	不详	窄袖	腰系带	不详	无	瘦腿裤	麻鞋
7	墓室西壁车前女侍	女	双髻	短襦长裙	交领	不详	窄袖	不详	蓝色	无	百褶裙	黑履

大同十里铺 28 号辽墓壁画人物服饰表

序号	方位	性别	发式/巾帽	服装形制	襦/袍						裤/裙	鞋/靴
					领	衽	袖	腰饰	花色	其他		
1	墓门西侧侍卫	男	黑帽	短袍服	圆领	不详	窄袖	遮挡	不详	长度至腿肚	黑裤	麻鞋
2	东壁衣架图侍卫	男	黑帽	长袍服	圆领	不详	窄袖	革带	不详	长度至胸踝	遮挡	黑鞋
3	西壁车马出行图驭者	男	黑帽	短袍服	圆领	不详	窄袖	革带	不详	长度至腿肚	白色瘦腿裤	麻鞋
4	西壁车马出行图侍女	女	双丫髻	襦裙	直领	对衽	窄袖	无	不详	无	褶裙	黑色勾脸鞋
5	北壁围屏左侧	女	双丫髻	襦裙	直领	对衽	窄袖	无	不详	无	褶裙	黑色勾脸鞋
6	北壁围屏右侧	女	双丫髻	襦裙	直领	对衽	窄袖	无	不详	无	褶裙	黑色勾脸鞋

朔州市政府工地辽墓壁画人物服饰表

序号	方位	性别	发式/巾帽	服装形制	襦/袍						裤/裙	鞋/靴
					领	衽	袖	腰饰	花色	其他		
1	墓室东壁甬道北侧	男	黑幞头	长袍服	圆领	不详	广袖	不详	白色	无	不详	不详
2	墓室东壁甬道南侧	男	不详	不详	不详	不详	不详	不详	不详	无	不详	不详
3	墓室北壁左一	男	童子髻	长袍服	圆领	不详	不详	不详	浅红色	无	不详	不详

续表

| 序号 | 方位 | 性别 | 发式/巾帽 | 服装形制 | 襦/袍 | | | | | | 裤/裙 | 鞋/靴 |
					领	衽	袖	腰饰	花色	其他		
4	墓室北壁左二	男	童子髻	长袍服	圆领	不详	窄袖	黄带	蓝色	无	不详	黑鞋
5	墓室北壁左三	女	高髻	短襦长裙	尖领	不详	不详	不详	红色	肩披蓝色长带	浅黄色裙	不详
6	墓室北壁左四	女	高髻	短襦长裙	尖领	不详	不详	不详	绿色	肩披蓝带	红裙	不详
7	墓室北壁左五	男	黑幞头	长袍服	圆领	不详	不详	腰系带	不详	无	不详	黑鞋
8	墓室北壁左六	男	黑幞头	长袍服	圆领	不详	不详	不详	土黄色	无	不详	不详
9	墓室北壁右一	男	黑巾	长袍服	不详	不详	不详	黑带	蓝色	无	不详	不详
10	墓室北壁右二	男	黑巾	长袍服	圆领	不详	窄袖	不详	灰色	无	不详	不详
11	墓室北壁右三	男	黑幞头	长袍服	圆领	不详	不详	不详	不详	无	不详	不详
12	墓室北壁右四	男	黑色垂脚幞头	长袍服	圆领	不详	不详	系带	浅蓝色	无	不详	不详
13	墓室北壁右五	男	黑色垂脚幞头	长袍服	圆领	不详	不详	不详	浅绿色	无	不详	不详
14	墓室西壁（后壁）右一	男	黑幞头	长袍服	圆领	不详	窄袖	红带	绿色	无	不详	黑鞋
15	墓室西壁（后壁）右二	男	黑幞头	长袍服	圆领	不详	窄袖	不详	蓝色	无	不详	黑鞋
16	墓室西壁（后壁）左一	男	黑幞头	长袍服	不详	不详	窄袖	黄带	蓝色	无	不详	不详

续表

序号	方位	性别	发式/巾帽	服装形制	襦/袍						裤/裙	鞋/靴
					领	衽	袖	腰饰	花色	其他		
17	墓室西壁（后壁）左二	男	黑幞头	长袍服	不详	不详	不详	黄带	灰色	无	不详	不详
18	墓室南壁左一	男	不详	长衫	不详	不详	不详	不详	蓝色	无	白裤	黑鞋
19	墓室南壁左二	男	黑巾帻	长袍服	圆领	不详	不详	不详	绿色	无	不详	黑鞋
20	墓室南壁左三	女	包髻	短襦长裙	不详	不详	不详	蓝带	绿色	无	红裙	不详
21	墓室南壁左四	男	黑色垂脚幞头	长袍服	圆领	不详	不详	不详	红色	无	不详	不详
22	墓室南壁左五	男	黑色垂脚幞头	长袍服	圆领	不详	不详	不详	绿色	无	不详	不详
23	墓室南壁左六（橱柜前）	男	黑幞头	不详	圆领	不详	窄袖	黄带	蓝色	无	红裤	黑鞋
24	墓室南壁右一	女	环髻	长袍服	圆领	不详	窄袖	不详	绿色	无	不详	不详
25	墓室南壁右二	男	童子髻	长袍服	圆领	不详	窄袖	黄带	蓝色	无	不详	黑鞋
26	墓室南壁右三	女	高髻云鬟	短襦长裙	尖领	不详	不详	不详	蓝领红衫	无	粉裙	不详
27	墓室南壁右四	女	高髻云鬟	短襦长裙	尖领	不详	不详	不详	蓝色	无	红裙	不详

大同南关 M2 辽墓壁画人物服饰表

序号	方位	性别	发式/巾帽	服装形制	襦/袍						裤/裙	鞋/靴
					领	衽	袖	腰饰	花色	其他		
1	墓室东壁侍女	女	高髻	不详	不详	不详	广袖	不详	不详	无	曳地长裙	不详
2	甬道口东侧左侧侍女	女	双髻	长袍服	圆领	不详	窄袖	不详	青绿色	内搭交领中单	不详	尖头靴
3	甬道口东侧中间侍者	男	束发	长袍服	圆领	不详	窄袖	不详	黄色	无	不详	遮挡
4	甬道口东侧右侧侍者	男	束发	长袍服	交领	左衽	窄袖	青绿色腰带	紫色	无	不详	尖头靴
5	甬道口西侧左侧侍女	女	不详	短襦长裙	交领	右衽	广袖	不详	淡红色	无	青绿色曳地长裙	不详
6	甬道口西侧右侧侍女	女	高髻	短襦长裙	交领	不详	广袖	残	青绿色	无	淡黄色曳地长裙	不详

宣化 I 区 M1 辽墓壁画人物服饰表

序号	方位	性别	发式/巾帽	服装形制	襦/袍						裤/裙	鞋/靴
					领	衽	袖	腰饰	花色	其他		
1	前室西壁左一	男	交脚幞头	长袍服	圆领	不详	窄袖	黄色布带	赭红色地团花纹	内搭青蓝色交领中单	白色瘦腿裤	圆口祥带鞋
2	前室西壁左二	男	交脚幞头	长袍服	圆领	不详	窄袖	红色布带	白地团花纹	内搭深红色交领中单	白色瘦腿裤	圆口祥带鞋

续表

序号	方位	性别	发式/巾帽	服装形制	襦/袍						裤/裙	鞋/靴
					领	衽	袖	腰饰	花色	其他		
3	前室西壁左三	男	交脚幞头	长袍服	圆领	不详	窄袖	遮挡	赭红地团花纹	内搭深红色交领中单	白色瘦腿裤	圆口祥带鞋
4	前室西壁左四	男	交脚幞头	长袍服	圆领	不详	窄袖	遮挡	青蓝地团花纹	内搭白色交领中单	白色瘦腿裤	圆口祥带鞋
5	前室西壁左五	男	遮挡	长袍服	圆领	不详	窄袖	蓝色布带	赭红色	内搭青蓝色交领中单	白色瘦腿裤	圆口祥带鞋
6	前室东壁后排左一	男	交脚幞头	长袍服	圆领	不详	遮挡	金属红皮带	赭红色	内搭青蓝色交领中单	不详	白筒靴
7	前室东壁后排左二	男	交脚幞头	长袍服	圆领	不详	遮挡	遮挡	灰蓝色	两侧高开衩，内搭赭红色交领中单	不详	不详
8	前室东壁后排左三	男	交脚幞头	长袍服	圆领	不详	窄袖	金属红皮带	灰蓝色	两侧高开衩，内搭赭红色交领中单	不详	遮挡
9	前室东壁后排左四	男	交脚幞头	长袍服	圆领	不详	窄袖	遮挡	赭红色	内搭青蓝色交领中单	遮挡	遮挡
10	前室东壁后排左五	男	交脚幞头	长袍服	圆领	不详	窄袖	不详	赭红色	内搭青蓝色交领中单	遮挡	遮挡
11	前室东壁后排左六	男	交脚幞头	长袍服	圆领	不详	窄袖	遮挡	赭红色	两侧高开衩，内搭青蓝色交领中单	遮挡	遮挡

续表

序号	方位	性别	发式/巾帽	服装形制	襦/袍						裤/裙	鞋/靴
					领	衽	袖	腰饰	花色	其他		
12	前室东壁前排左一	男	交脚幞头	长袍服	圆领	不详	窄袖	金属红皮带	浅黄色	内搭青蓝色交领中单	白色瘦腿裤	黑色乌皮靴
13	前室东壁前排左二	男	交脚幞头	长袍服	圆领	不详	窄袖	金属红皮带	赭红色	内搭青蓝色交领中单	白色瘦腿裤	黑色乌皮靴
14	前室东壁前排左三	男	交脚幞头	长袍服	圆领	不详	窄袖	金属红皮带	浅黄色	内搭青蓝色交领中单	遮挡	黑色乌皮靴
15	前室东壁前排左四	男	交脚幞头	长袍服	圆领	不详	窄袖（内搭红色网纹臂）	不详	浅黄色	内搭赭红色交领中单	白色瘦腿裤	黑色乌皮靴
16	前室东壁前排左五	男	交脚幞头	长袍服	圆领	不详	窄袖（内搭红色网纹臂）	不详	灰蓝色	内搭青蓝色交领中单	白色瘦腿裤	黑色乌皮靴
17	前室东壁舞者	男	花脚幞头	长袍服	圆领	不详	窄袖	金属黄革带	赭红色	内搭青蓝色交领中单	白色瘦腿裤	白筒靴
18	前室南壁左侧门吏	男	交脚幞头	长袍服	圆领	不详	窄袖	蓝色布带	红色	内搭蓝色交领中单	白色瘦腿裤	圆口祥带鞋

续表

序号	方位	性别	发式/巾帽	服装形制	领	衽	襦/袍				裤/裙	鞋/靴
							袖	腰饰	花色	其他		
19	前室南壁右侧门吏	男	交脚幞头	长袍服	圆领	不详	窄袖	褐色布带	蓝色	内搭红色交领中单	白色瘦腿裤	圆口祥带鞋
20	前室北壁左侧门吏	男	交脚幞头	长袍服	圆领	不详	窄袖	布带	蓝地团花纹	内搭红色交领中单	白色瘦腿裤	圆口祥带鞋
21	前室北壁右侧门吏	男	交脚幞头	长袍服	圆领	不详	窄袖	蓝色布带	红色	内搭蓝色交领中单	白色瘦腿裤	圆口祥带鞋
22	后室东壁左一	女	高髻	短襦	交领	左衽	窄袖	遮挡	浅黄色	无	遮挡	遮挡
23	后室东壁左二	女	高髻	短襦长裙	交领	左衽	窄袖	遮挡	红色	无	蓝色百褶裙	不详
24	后室东壁左三	男	交脚幞头	长袍服	圆领	不详	窄袖	金属黄皮带	赭色	内搭黄色交领中单	不详	白筒靴
25	后室东壁左四	男	交脚幞头	长袍服	圆领	不详	窄袖	金属黄皮带	皂色	内搭红色交领中单	不详	白筒靴
26	后室东壁左五	男	交脚幞头	长袍服	圆领	不详	窄袖	金属红皮带	赭色	内搭赭色交领中单	不详	黑色乌皮靴
27	后室东壁左六	男	交脚幞头	长袍服	圆领	不详	窄袖	金属红皮带	青色	内搭红色交领中单	不详	白筒靴
28	后室东壁左七	男	交脚幞头	长袍服	圆领	不详	窄袖	金属红皮带	皂色	内搭红色交领中单	不详	白筒靴
29	后室南壁东侧左一	男	髡发	长袍服	圆领	不详	不详	遮挡	赭红色	内搭青蓝色交领中单	不详	白筒靴

续表

| 序号 | 方位 | 性别 | 发式/巾帽 | 服装形制 | 襦/袍 | | | | | | 裤/裙 | 鞋/靴 |
					领	衽	袖	腰饰	花色	其他		
30	后室南壁东侧左二	男	黑帽	短袍裤	圆领	不详	窄袖	布带	青蓝色	内搭赭色交领中单	白色瘦腿裤	圆口祥带鞋
31	后室南壁西侧左一	男	交脚幞头	长袍服	圆领	不详	窄袖	金属红皮带	深褐色	内搭白色交领中单	遮挡	遮挡
32	后室南壁西侧左二	男	交脚幞头	长袍服	圆领	不详	窄袖	金属红皮带	皂色	内搭红色交领中单	不详	白筒靴
33	后室西壁左一	女	三丫髻	短襦长裙	圆领	不详	窄袖	长飘带系花结	青色	无	黄色长裙	勾脸鞋
34	后室西壁左二	男	黑帽	长袍服	圆领	不详	窄袖	褐色布带	黄色	内搭红色交领中单	不详	黑色乌皮靴
35	后室西壁左三	男	白帽	长袍服	圆领	不详	窄袖	白色布带	褐色	内搭白色交领中单	不详	白筒靴
36	后室西壁左四	男	交脚幞头	长袍服	圆领	不详	窄袖	金属红皮带	皂色	内搭白色交领中单	不详	白筒靴
37	后室西壁左五	男	交脚幞头	长袍服	圆领	不详	窄袖	金属红皮带	棕色	内搭红色交领中单	不详	白筒靴
38	后室西壁左六	女	高髻	短襦	交领	右衽	窄袖	遮挡	白色	无	遮挡	遮挡
39	后室西壁左七	女	高髻	短襦长裙	交领	右衽	窄袖	不详	赭红色	无	黄色长裙	不详
40	后室北壁西侧门吏左一	男	东坡巾	长袍服	圆领	不详	窄袖	布带	淡赭色地团花纹	内搭黄色交领中单	白色瘦腿裤	圆口祥带鞋

续表

序号	方位	性别	发式/巾帽	服装形制	襦/袍						裤/裙	鞋/靴
					领	衽	袖	腰饰	花色	其他		
41	后室北壁西侧门吏左二	男	东坡巾	长袍服	圆领	不详	窄袖	布带	淡赭色地团花纹	内搭黄色交领中单	白色瘦腿裤	圆口祥带鞋
42	后室北壁东侧门吏左一	男	东坡巾	长袍服	圆领	不详	窄袖	布带	淡赭色地团花纹	内搭蓝色交领中单	白色瘦腿裤	圆口祥带鞋
43	后室北壁东侧门吏左二	男	东坡巾	长袍服	圆领	不详	窄袖	布带	淡赭色地团花纹	内搭黄色交领中单	白色瘦腿裤	圆口祥带鞋

宣化 I 区 M2 辽墓壁画人物服饰表

序号	方位	性别	发式/巾帽	服装形制	襦/袍						裤/裙	鞋/靴
					领	衽	袖	腰饰	花色	其他		
1	前室南壁东侧门吏	男	黑色帽	长袍服	圆领	不详	挽袖（内搭白色长袖）	革带	黑地白团花	内搭红色交领中单	白色瘦腿裤	圆口祥带鞋
2	前室南壁西侧门吏	男	黑色帽	长袍服	圆领	不详	挽袖（内搭白色长袖）	革带	黑地白团花	内搭红色交领中单	白色瘦腿裤	圆口祥带鞋
3	墓室顶十二生肖	男	束髻	长袍服	交领	左衽	广袖	遮挡	淡绿色	袍外红色条纹裹肚	不详	高头大履
4	前室东南壁左侧侍者	男	交脚幞头	长袍服	圆领	不详	广袖（袖口饰白边碎花）	遮挡	皂色	内搭红色交领中单	不详	不详
5	前室东南壁中间侍者	男	软脚幞头	长袍服	圆领	不详	窄袖	红色布带	蓝色	内搭红色交领中单	不详	白筒靴

续表

序号	方位	性别	发式/巾帽	服装形制	襦/袍						裤/裙	鞋/靴
					领	衽	袖	腰饰	花色	其他		
6	前室东南壁右侧侍女	女	头饰白花	短襦长裙	交领	右衽	广袖	长飘带系花结	褐色	肩垂蓝色披帛	白色曳地长裙	白色勾脸鞋
7	前室西南壁左侧侍童	男	双髻	长袍服	交领	左衽		红色布带	浅蓝色	两侧高开衩	袒露红色蔽膝、白色朴丁裤	麻鞋
8	前室西南壁中间侍女	女	髡发	短襦长裙	圆领	不详	窄袖	白色缘带	深褐色	内搭浅蓝色交领中单	褐色长裙	黑鞋
9	前室西南壁右侧侍者	男	交脚幞头	长袍服	圆领	不详	窄袖	金属红皮带	黄色	内搭红色交领中单	不详	白色勾脸鞋

宣化 M3 辽墓壁画人物服饰表

序号	方位	性别	发式/巾帽	服装形制	襦/袍						裤/裙	鞋/靴
					领	衽	袖	腰饰	花色	其他		
1	墓室南壁拱门东侧	男	黑帽	短袍服	不详	不详	窄袖	不详	黄褐色地饰黑花	胯侧高开衩,腰围红色巾	青色网状裹腿,袒露红色蔽膝、胯和大腿	白色蓝条麻鞋
2	墓室南壁拱门西侧	男	黑帽	短袍服	不详	不详	窄袖	不详	黄褐色地饰黑花	胯侧高开衩,腰围红色巾	青色网状裹腿,袒露红色蔽膝、胯和大腿	白色蓝条麻鞋

续表

序号	方位	性别	发式/巾帽	服装形制	襦/袍						裤/裙	鞋/靴
					领	衽	袖	腰饰	花色	其他		
3	墓室东壁妇人	女	螺髻	短襦长裙	交领	左衽	中袖	长飘带系结	蓝色	无	红条蓝花百褶裙	黑色勾脸鞋
4	墓室北壁妇人	女	螺髻	短襦	不详	不详	窄袖	长飘带系结	蓝色	无	红条纹短裙，白色裤	不详
5	墓室西壁妇人	女	螺髻	短襦长裙	交领	右衽	窄袖	长飘带系结	褐色	无	蓝色百褶裙	勾脸鞋

宣化M4辽墓壁画人物服饰表

序号	方位	性别	发式/巾帽	服装形制	襦/袍						裤/裙	鞋/靴
					领	衽	袖	腰饰	花色	其他		
1	前室南壁券门东侧门吏	男	髡发	长袍服	圆领	不详	窄袖	白色绦带	土黄色	内搭白色交领中单	不详	白筒靴
2	前室南壁券门西侧门吏	男	髡发	长袍服	圆领	不详	窄袖	遮挡	黄色	内搭白色交领中单	不详	黑色乌皮靴
3	前室西壁牵马驭者	男	白色扎巾	短袍服	圆领	不详	窄袖	布带	皂色	内搭白色交领中单	网状裹腿，袒露黄色蔽膝和大腿	麻鞋
4	前室西壁驼车驭者	男	髡发	短袍服裤	圆领	不详	窄袖	不详	黄色	内搭白色交领中单	袒露褐色蔽膝、白色瘦腿裤	麻鞋

续表

序号	方位	性别	发式/巾帽	服装形制	襦/袍						裤/裙	鞋/靴
					领	衽	袖	腰饰	花色	其他		
5	前室西壁车后侍者	男	软脚幞头	长袍服	圆领	不详	窄袖	褐色绦带	浅绿色	内搭褐色交领中单	不详	黑色乌皮靴
6	前室东壁左一	男	展脚幞头	长袍服	圆领	不详	广袖	双重黑色腰带	白色	内搭白色交领中单	不详	黑色乌皮靴
7	前室东壁左二	男	花脚幞头	长袍服	圆领	不详	窄袖	黑色腰带	白色	内搭白色交领中单	白色瘦腿裤	黑色乌皮靴
8	前室东壁左三	男	卷脚幞头	长袍服	圆领	不详	窄袖	白色绦带	浅灰蓝色	两侧高开衩，搭白色交领中单	白色瘦腿裤	黑色乌皮靴
9	前室东壁左四	男	卷脚幞头	长袍服	圆领	不详	窄袖	白色绦带系结	白色	两侧高开衩，内搭白色交领中单	白色瘦腿裤	黑色乌皮靴
10	前室东壁左五	男	卷脚幞头	长袍服	圆领	不详	窄袖	白色腰带	浅灰蓝色	两侧高开衩，内搭白色交领中单	不详	黑色乌皮靴
11	前室东壁左六	男	卷脚幞头	长袍服	圆领	不详	窄袖	白色腰带	浅灰蓝色	两侧高开衩，内搭白色交领中单	白色瘦腿裤	黑色乌皮靴
12	前室东壁左七	男	卷脚幞头	长袍服	圆领	不详	窄袖	黑色腰带	白色	两侧高开衩，内搭白色交领中单	不详	黑色乌皮靴
13	前室东壁左八	男	卷脚幞头	长袍服	圆领	不详	窄袖	玉带	浅灰蓝色	两侧高开衩，搭白色交领中单	白色瘦腿裤	黑色乌皮靴
14	前室东壁左九	男	卷脚幞头	长袍服	圆领	不详	窄袖	玉带	浅灰蓝色	两侧高开衩，内搭白色交领中单	白色瘦腿裤	黑色乌皮靴

续表

序号	方位	性别	发式/巾帽	服装形制	襦/袍						裤/裙	鞋/靴
					领	衽	袖	腰饰	花色	其他		
15	后室南壁拱门东侧持杖门吏	男	黄色软巾	短袍服	圆领	不详	窄袖	不详	黄色	内搭白色交领中单	褐色裹腿,袒露白色蔽膝和大腿	麻鞋
16	后室西南壁坐姿妇人	女	白巾包髻	短襦长裙	交领	左衽	宽袖	褐色长飘带	浅绿色	肩围浅绿色披帛	白色曳地长裙	黑色勾脸鞋
17	后室西南壁桌前左一	男	软脚幞头	长袍服	圆领	不详	窄袖	黄色绦带	黄色	内搭黄色交领中单	不详	黑色乌皮靴
18	后室西南壁桌前左二	男	髡发	长袍服	圆领	不详	窄袖	黄色绦带	黄色	内搭黄色交领中单	袒露黄色蔽膝,白色瘦腿裤	黑色乌皮靴
19	后室西壁桌旁左一	男	软脚幞头	长袍服	圆领	不详	窄袖	黄色绦带	黄色	内搭黄色交领中单	遮挡	遮挡
20	后室西壁桌旁左二	男	软脚幞头	长袍服	圆领	不详	窄袖	黄色绦带	黄色	内搭白色交领中单	不详	黑色乌皮靴
21	后室西北壁左组左一侍女	女	高髻	短襦长裙	不详	不详	窄袖	青色长飘带	黄地黑圈	无	褐色条纹长裙	勾脸鞋
22	后室西北壁左组左二侍女	女	包髻	短襦长裙	交领	左衽	窄袖	不详	浅绿地黑圈	无	黄色长裙	黑鞋

续表

序号	方位	性别	发式/巾帽	服装形制	襦/袍						裤/裙	鞋/靴
					领	衽	袖	腰饰	花色	其他		
23	后室西北壁右组左侧侍者	男	交脚幞头	长袍服	圆领	不详	窄袖	玉带	灰绿色	内搭白色中单	不详	白筒靴
24	后室西北壁右组右侧侍女	女	包髻	短襦长裙	不详	不详	宽袖	不详	浅绿色	无	黄地黑花长裙	勾脸鞋
25	后室北壁左侧门吏	男	软脚幞头	长袍服	圆领	不详	窄袖	绿色绦带	黄色	内搭浅绿色交领中单	不详	白筒靴
26	后室北壁右侧门吏	男	黑色软巾	长袍服	圆领	不详	残	残	绿色	无	不详	黑色乌皮靴
27	后室北壁启门妇人	女	残	短襦长裙	交领	右衽	残	残	黄色	无	残	残
28	后室东北壁左一	女	高髻	短襦长裙	交领	残	残	长飘带	绿色	肩围黄色披帛	长裙	红色勾脸鞋
29	后室东北壁左二	女	包髻	短襦长裙	交领	不详	窄袖	长飘带	绿色	肩围白色披帛	黄地黑花长裙	残
30	后室东北壁左三	女	包髻	短襦长裙	交领	不详	窄袖	长飘带	绿地黑花	肩围黄色披帛	杏黄色曳地长裙	白色勾脸鞋
31	后室东北壁左四	女	包髻	短襦长裙	不详	不详	窄袖	长飘带	黄地黑花	绿色披帛	黄地黑花长裙	白色勾脸鞋
32	后室东南壁左一	女	包髻	短襦长裙	残	残	宽袖	长飘带	黄绿色	无	白色长褶裙	不详

续表

序号	方位	性别	发式/巾帽	服装形制	襦/袍						裤/裙	鞋/靴
					领	衽	袖	腰饰	花色	其他		
33	后室东南壁左二	女	残	短襦长裙	交领	不详	窄袖	遮挡	青蓝色	无	黄色曳地长裙	黄色勾脸鞋
34	后室东南壁左三	女	包髻	短襦长裙	不详	不详	残	长飘带	青蓝色	无	黄地黑点长裙	黄色勾脸鞋
35	后室东南壁左四	女	残	短襦长裙	交领	左衽	广袖	长飘带	黄绿色	内搭白色交领中单	黄地黑点长裙	黄色勾脸鞋

宣化 M5 辽墓壁画人物服饰表

序号	方位	性别	发式/巾帽	服装形制	襦/袍						裤/裙	鞋/靴
					领	衽	袖	腰饰	花色	其他		
1	前室南壁拱门左侧	女	双丫髻	长襦长裙	交领	右衽	广袖	长飘带系花结	浅绿色	无	拖地长裙	白鞋
2	前室南壁拱门右侧	男	交脚幞头	长袍服	圆领	不详	窄袖	红色布带	白色	内搭红色交领中单	遮挡	白鞋
3	前室东壁前排左一	男	交脚幞头	短袍服	圆领	不详	窄袖	绿色布带	灰色	两侧高开衩、内搭红色交领中单	袒露红色蔽膝、白地赭色斜格纹裤	黑色勾皮靴
4	前室东壁前排左二	男	交脚幞头	长袍服	圆领	不详	窄袖	双重红色腰带	青蓝色	两侧高开衩、内搭红色交领中单	白地赭色斜格纹裤	黑色勾皮靴

续表

序号	方位	性别	发式/巾帽	服装形制	襦/袍						裤/裙	鞋/靴
					领	衽	袖	腰饰	花色	其他		
5	前室东壁前排左三	男	交脚幞头	长袍服	圆领	不详	挽袖（内搭红色长窄袖）	双重红色腰带	浅绿色	两侧高开衩，内搭红色交领中单	不详	不详
6	前室东壁后排左一	男	交脚幞头	长袍服	圆领	不详	窄袖	双重红色腰带	浅绿色	两侧高开衩，内搭红色交领中单	不详	黑色乌皮靴
7	前室东壁后排左二	男	交脚幞头	长袍服	圆领	不详	挽袖（内搭褐色长窄袖）	遮挡	青蓝色	两侧高开衩，内搭褐色交领中单	遮挡	遮挡
8	前室西壁左侧驭者	男	黑色扎巾	短袍服	圆领	不详	挽袖	褐色布带	深蓝色	内搭红色交领中单	白色瘦腿裤	圆口祥带鞋
9	前室西壁中间者	男	黑色扎巾	袍服	圆领	不详	窄袖	遮挡	浅绿色	内搭红色交领中单	白色瘦腿裤	圆口祥带鞋
10	前室西壁右侧者	男	黑色扎巾	短袍服	圆领	不详	窄袖	遮挡	赭红色	内搭皂色交领中单	白色瘦腿裤	麻鞋
11	后室东南壁左组左一	男	髡发	长袍服	圆领	不详	窄袖	遮挡	浅蓝色	内搭红色交领中单	不详	残
12	后室东南壁左组左二	男	交脚幞头	长袍服	圆领	不详	窄袖	红色布带	青色	内搭红色交领中单	不详	白筒靴

续表

序号	方位	性别	发式/巾帽	服装形制	襦/袍						裤/裙	鞋/靴
					领	衽	袖	腰饰	花色	其他		
13	后室东南壁右组左一	女	红色软冠	短襦长裙	交领	不详	窄袖	红色长飘带	浅蓝色	无	褐色百褶裙	白色勾脸鞋
14	后室东南壁右组左二	女	红色软冠	短襦长裙	交领	不详	窄袖	不详	蓝色	不详	褐色曳地长裙	白色勾脸鞋
15	后室西南壁左侧侍女	女	黑巾	长袍服	不详	不详	中袖	红色布带	深绿色	两侧高开衩，袒露红色蔽膝	白色阔腿裤	白鞋
16	后室西南壁中间侍女	女	莲瓣软冠	短襦长裙	交领	右衽	窄袖	不详	褐色	外罩绿色窄袖褙子	绿色曳地长裙	勾脸鞋
17	后室西南壁右侧侍女	女	鬓发包髻	长袍服	交领	左衽	窄袖	红色长飘带	红色	外罩绿色交领长衫	不详	黑色勾脸鞋

宣化 M6 辽墓壁画人物服饰表

序号	方位	性别	发式/巾帽	服装形制	襦/袍						裤/裙	鞋/靴
					领	衽	袖	腰饰	花色	其他		
1	前室东壁桌后男子	男	鬓发	长袍服	圆领	不详	窄袖	蓝色腰带	土黄色	内搭绿色交领中单	不详	黑色高筒鞋

续表

序号	方位	性别	发式/巾帽	服装形制	襦/袍 领	衽	袖	腰饰	花色	其他	裤/裙	鞋/靴
2	前室东壁某前童子	男	双髻	短袍裤	交领	右衽	挽袖	不详	土红色	无	白色瘦腿裤	麻鞋
3	前室东壁炉前童子	男	鬓发	长袍服	圆领	不详	窄袖	白色腰带	土黄色	内搭绿色交领中单	不详	黑色乌皮靴
4	前室东壁站立妇人	女	螺髻	短襦长裙	交领	右衽	窄袖	不详	浅绿色	无	杏黄色百褶裙	红色勾脸鞋
5	前室东壁茶罗子旁男子	男	鬓发	长袍服	圆领	不详	窄袖	褐色腰带	蓝色	无	不详	黑色乌皮靴
6	前室西壁前排左一	男	花妆幞头	长袍服	圆领	不详	窄袖（内搭墨绿色网纹臂）	金属白革带	绿色	内搭红色交领中单	白色瘦腿裤	遮挡
7	前室西壁前排左二	男	花妆幞头	短衫裤	交领	左衽	窄袖（内搭红色网纹臂）	遮挡	深蓝色	土粉色裹肚	袒露绿地黑花蔽膝、白色瘦腿裤	黑色乌皮靴
8	前室西壁前排左三	女	螺髻	短襦	交领	右衽	窄袖	长飘带系结	绿色	无	袒露红色蔽膝、杏黄色褶裙，绿地白圈红点裤	黑色勾脸鞋

续表

序号	方位	性别	发式/巾帽	服装形制	襦/袍						裤/裙	鞋/靴
					领	衽	袖	腰饰	花色	其他		
9	前室西壁后排左一	男	花妆幞头	长袍服	圆领	不详	窄袖	金属红皮带	土黄色	内搭白色交领中单	白色瘦腿裤	黑色乌皮靴
10	前室西壁后排左二	男	花妆幞头	长袍服	圆领	不详	窄袖	金属红皮带	蓝色	内搭白色交领中单	白色瘦腿裤	黑色乌皮靴
11	前室西壁后排左三	男	花妆幞头	长袍服	圆领	不详	窄袖	金属黑皮带	土黄色	内搭蓝色交领中单	白色瘦腿裤	黑色乌皮靴
12	前室西壁后排左四	男	花妆幞头	长袍服	圆领	不详	窄袖	金属黑皮带	绿色	内搭绿色交领中单	白色瘦腿裤	黑色乌皮靴
13	前室西壁后排左五	男	花妆幞头	长袍服	圆领	不详	窄袖	金属红皮带	蓝色	内搭红色交领中单	白色瘦腿裤	黑色乌皮靴
14	甬道左侧门吏	男	黑色幞头	短袍服	圆领	不详	一侧窄袖，一侧无袖袒露臂膀	蓝色布带	蓝色	内搭蓝色交领中单	青色网状裹腿露红色蔽膝和大腿	黑色麻鞋
15	甬道右侧门吏	男	黑色幞头	短袍服	圆领	不详	一侧窄袖，一侧无袖袒露臂膀	蓝色布带	蓝色	内搭红色交领中单	青色网状裹腿露红色蔽膝和大腿	黑色麻鞋
16	后室东南壁妇人	女	螺髻	短襦长裙	交领	遮挡	窄袖	长飘带系结	褚红色	无	深蓝色百褶裙	不详

续表

序号	方位	性别	发式/巾帽	服装形制	领	衽	袖	襦/袍			裤/裙	鞋/靴
								腰饰	花色	其他		
17	后室西壁妇人	女	螺髻	短襦	不详	不详	残	长飘带系结	褐色	无	白地褚色竖条纹裙，蓝色长裤	黑色勾脸鞋
18	后室西南壁妇人	女	螺髻	短襦长裤	交领	右衽	窄袖	不详	杏红色	无	浅黄色阔腿裤	白色勾脸鞋

宣化M7辽墓壁画人物服饰表

序号	方位	性别	发式/巾帽	服装形制	领	衽	袖	襦/袍			裤/裙	鞋/靴
								腰饰	花色	其他		
1	前室西壁后排左一	男	花妆襆头	长袍服	圆领	不详	窄袖	金属红皮带	土黄色有花纹	两侧高开衩，内搭黄色交领中单	白色瘦腿裤	黑色乌皮靴
2	前室西壁后排左二	男	花妆襆头	长袍服	圆领	不详	窄袖	遮挡	褚红色	两侧高开衩，内搭白色交领中单	遮挡	遮挡
3	前室西壁后排左三	男	花妆襆头	长袍服	圆领	不详	窄袖	黑色皮带	浅红色	两侧高开衩，内搭白色交领中单	蓝色瘦腿裤	黑色乌皮靴
4	前室西壁后排左四	男	花妆襆头	长袍服	圆领	不详	窄袖	金属红皮带	土黄色有花纹	两侧高开衩，内搭白色交领中单	白色瘦腿裤	黑色乌皮靴
5	前室西壁后排左五	男	花妆襆头	长袍服	圆领	不详	窄袖	金属细红皮带	蓝色	两侧高开衩，内搭红色交领中单	白色瘦腿裤	黑色乌皮靴

续表

序号	方位	性别	发式/巾帽	服装形制	襦/袍						裤/裙	鞋/靴
					领	衽	袖	腰饰	花色	其他		
6	前室西壁前排左一	男	花妆幞头	短袍裤	交领	右衽	窄袖（内搭红色网纹臂）	遮挡	土黄色有花纹	红色裹肚、内搭黄色交领中单	白色瘦腿裤	黑色乌皮靴
7	前室西壁前排左二	男	花妆幞头	短袍裤	不详	不详	窄袖	双重黑带	红色	无	土黄色瘦腿裤	黑色乌皮靴
8	前室东壁左组左一蹲踞童子	男	髡发	短袍裤	交领	右衽	窄袖	棕色布带打花结	土黄色有花纹	内搭土黄色交领中单	白色瘦腿裤	黑色勾脸鞋
9	前室东壁左组左二蹲踞童子	男	束髻	短袍裤	交领	右衽	窄袖	棕色布带系花结	赭红色有花纹	内搭土黄色交领中单	白色瘦腿裤	不详
10	前室东壁左组左三蹲踞童子	男	束髻	遮挡	交领	不详	遮挡	遮挡	浅黄色	无	遮挡	遮挡
11	前室东壁左组后站立童子	男	短发	袍服	交领	左衽	窄袖	遮挡	浅红色	无	遮挡	遮挡
12	前室东壁右组站立女子	女	螺髻	短襦长裙	交领	右衽	中袖	不详	黄绿色	无	红色长裙	遮挡
13	前室东壁右组跪地童子	男	髡发	长袍服	交领	右衽	窄袖	红色布带	绿色	无	不详	黑色乌皮靴

续表

序号	方位	性别	发式/巾帽	服装形制	襦/袍						裤/裙	鞋/靴
					领	衽	袖	腰饰	花色	其他		
14	前室东壁右组取桃童子	男	束髻	短袍裤	遮挡	不详	中袖	布带	赭红色	无	白色瘦腿裤	麻鞋
15	前室东壁右组接桃男子	男	鬓发	长袍服	不详	不详	窄袖	黄色布带	黄色	无	不详	黑色乌皮靴
16	甬道木门门额左侧	男	束髻	长袍服	不详	不详	广袖	不详	浅黄色黑边	无	不详	不详
17	甬道木门门额中间	男	硬脚幞头	长袍服	圆领	不详	窄袖	不详	白色	无	不详	残
18	甬道木门门额右侧	男	秃头	长袍服	交领	对衽	广袖	不详	青蓝色	无	不详	不详
19	甬道木门门额右侧左一侍童	男	双髻	短袍裤	交领	右衽	窄袖	残	浅红色	无	瘦腿裤	白鞋
20	甬道木门门额右侧左二侍童	男	双髻	短袍裤	交领	右衽	窄袖	残	黄色	无	瘦腿裤	白鞋
21	甬道木门门额右侧左三侍童	男	秃头	短袍裤	交领	残	窄袖	残	红色	无	瘦腿裤	白鞋
22	后室南壁左侧门吏	男	展脚幞头	长袍服	圆领	不详	窄袖	金属白革带	褐色	内搭白色交领中单	不详	黑色乌皮靴

续表

序号	方位	性别	发式/巾帽	服装形制	领	衽	袖	襦/袍			裤/裙	鞋/靴
								腰饰	花色	其他		
23	后室南壁右侧门吏	男	展脚幞头	长袍服	圆领	不详	窄袖	金属白革带	褐色	内搭白色交领中单	不详	黑色乌皮靴
24	后室西壁挑灯侍女	女	螺髻	短襦长裙	交领	右衽	窄袖	黑色长飘带	浅绿色	无	浅棕色长褶裙	黑色勾脸鞋
25	后室西壁启门侍女	女	双髻	短襦裙裤	不详	不详	窄袖	白色布带系结	浅蓝色	无	红色条纹裙,白色阔腿裤	白色勾脸鞋
26	后室东壁捧茶侍女	女	螺髻	短襦长裙	交领	左衽	窄袖	长飘带	土黄色	无	土黄色曳地长裙	不详

宣化 M9 辽墓壁画人物服饰表

序号	方位	性别	发式/巾帽	服装形制	领	衽	袖	襦/袍			裤/裙	鞋/靴
								腰饰	花色	其他		
1	墓室南壁拱门东侧门吏	男	髡发	长袍服	圆领	不详	紧袖	绛色带	蓝色	白色中单,浅绛色内衬	不详	长筒白靴
2	墓室南壁拱门西侧门吏	男	髡发	长袍服	圆领	不详	紧袖	蓝色腰带	朱色	白色中单,蓝色斜领内衬	不详	白色筒靴

续表

序号	方位	性别	发式/巾帽	服装形制	襦/袍						裤/裙	鞋/靴
					领	衽	袖	腰饰	花色	其他		
3	墓室东壁西南部侍者	男	软巾	长袍服	圆领	不详	紧袖	黄带	朱色	白色中单，黑色斜领内衬	不详	黑色筒靴
4	墓室西壁北四舞者	女	高鬟	短襦长裙	直领	不详	中袖	黑带	蓝色	白色中单，绛色斜领内衬，裙中间露出黄色大带	白色黄道开气长裙	黑尖头鞋
5	墓室西壁北七击鼓者	男	幞头	长袍服	圆领	不详	紧袖	不详	蓝地黑花	黑色斜领内衬	白色窄腿裤	红勒黑靴

宣化 M10 辽墓壁画人物服饰表

序号	方位	性别	发式/巾帽	服装形制	襦/袍						裤/裙	鞋/靴
					领	衽	袖	腰饰	花色	其他		
1	前室东壁后排左一	女	螺髻	短襦长裙	交领	对衽	中袖	绣花长飘带	米白色	内搭赭红色交领中单	棕色长襦裙	红色勾脸鞋
2	前室东壁后排左二	女	螺髻	短襦长裙	交领	左衽	中袖	不详	棕色	内搭白色交领中单	褐色长襦裙	遮挡
3	前室东壁后排左三	男	披发	长袍服	圆领	不详	窄袖	布带	棕色	内搭白色交领中单	不详	遮挡
4	前室东壁前排茶碾茶童子	男	披发	短袍裤	交领	右衽	窄袖	棕色布带打花结	赭红色	内搭白色交领中单	白色补丁瘦腿裤	麻鞋

续表

序号	方位	性别	发式/巾帽	服装形制	襦/袍						裤/裙	鞋/靴
					领	衽	袖	腰饰	花色	其他		
5	前室东壁前排吹火童子	男	髡发	长袍服	交领	右衽	窄袖	赭红色布带打花结	米白色	内搭白色交领中单	不详	麻鞋
6	前室西壁后排左一	女	花妆幞头	长袍服	圆领	不详	窄袖	遮挡	淡青色有花纹	内搭赭红色交领中单	不详	遮挡
7	前室西壁后排左二	女	花妆幞头	长袍服	圆领	不详	中袖	遮挡	赭红色有花纹	两侧高开衩、内搭白色交领中单	遮挡	遮挡
8	前室西壁后排左三	女	花妆幞头	长袍服	圆领	不详	中袖	金属黑皮带	淡青色有花纹	两侧高开衩、内搭红色交领中单	白色瘦腿裤	黑色乌皮靴
9	前室西壁后排左四	女	花妆幞头	长袍服	圆领	不详	中袖	金属黑皮带	棕色底红团花纹	两侧高开衩、内搭白色交领中单	瘦腿裤	黑色乌皮靴
10	前室西壁后排左五	女	花妆幞头	长袍服	圆领	不详	中袖	金属黑皮带	淡青色有花纹	两侧高开衩、内搭白色交领中单	不详	遮挡
11	前室西壁后排左六	女	花妆幞头	长袍服	圆领	不详	中袖	金属黑皮带	赭红色花纹	两侧高开衩、内搭白色交领中单	白色瘦腿裤	黑色乌皮靴
12	前室西壁前排左一	女	花妆幞头	长袍服	圆领	不详	窄袖	遮挡	淡青色有花纹	两侧高开衩、内搭红色交领中单	白色瘦腿裤	黑色乌皮靴

续表

序号	方位	性别	发式/巾帽	服装形制	襦/袍						裤/裙	鞋/靴
					领	衽	袖	腰饰	花色	其他		
13	前室西壁前排左二	女	螺髻	短襦长裙	交领	右衽	中袖（内搭长窄袖）	长飘带	米白色	内搭棕色红边交领中单	开叉裙搭阔腿和红色蔽膝	黑色勾脸鞋
14	后甬道东壁侍卫	男	黑帽	短袍服	圆领	不详	一侧窄袖，一侧无袖袒露臂膀	布带	绿色	内搭红色交领中单	青色裹腿，露棕色蔽膝和大腿	麻鞋
15	后甬道西壁侍卫	男	黑帽	短袍服	圆领	不详	一侧窄袖，一侧无袖袒露臂膀	布带	绿色	内搭红色交领中单	青色裹腿，露红色蔽膝和大腿	麻鞋
16	后室墓门上部左一	男	髡发	短袍裤	圆领	不详	中袖	布带系花结	橘红色	无	青蓝色阔腿裤	黑鞋
17	后室墓门上部左二	男	髡发	短袍裤	圆领	不详	残	布带	米白色	无	棕色阔腿裤	黑鞋
18	后室墓门上部左三	男	髡发	短袍裤	圆领	不详	残	残	棕色	无	白色阔腿裤	黑鞋
19	后室南壁拱门左侧	男	展脚幞头	长袍服	圆领	不详	窄袖	金属白革带	紫色	内搭白色交领中单	不详	黑色络缝靴

续表

序号	方位	性别	发式/巾帽	服装形制	襦/袍						裤/裙	鞋/靴
					领	衽	袖	腰饰	花色	其他		
20	后室南壁拱门右侧	男	展脚幞头	长袍服	圆领	不详	窄袖	金属白革带	紫色	内搭白色交领中单	不详	黑色络缝靴
21	后室东壁左一	女	螺髻	短襦长裙	交领	对衽	中袖	绣花长飘带	白色	内搭红色交领中单	淡黄色长褶裙	勾脸鞋
22	后室东壁左二	女	螺髻	短襦长裙	交领	对衽	中袖	椭红色布带系结	淡红色	内搭白色交领中单	淡灰色长褶裙	勾脸鞋
23	后室西壁燃灯侍女	女	螺髻	短襦长裙	交领	对衽	中袖	绣花长飘带	淡红色	内搭白色交领中单	黄色长褶裙	勾脸鞋

宣化Ⅱ区 M1 辽墓壁画人物服饰表

序号	方位	性别	发式/巾帽	服装形制	襦/袍						裤/裙	鞋/靴
					领	衽	袖	腰饰	花色	其他		
1	墓室东南壁桌后左者	男	髡发	长袍服	圆领	不详	紧袖	不详	蓝色	黄色中衣	脱落	脱落
2	墓室东南壁桌后右者	男	黑帽	长袍服	交领	右衽	窄袖	不详	深蓝色	不详	脱落	脱落
3	墓室东南壁立者	女	高髻	短襦长裙	交领	右衽	广袖	不详	蓝色	不详	红裙曳地长裙	脱落
4	墓室东壁右侧立者	女	双髻	短襦长裙	交领	左衽	广袖	不详	蓝色	不详	褐色曳地长裙	脱落
5	墓室东壁左侧老者	男	幞头	短襦长裤	交领	不详	中袖	不详	蓝色	不详	白色裤	不详
6	墓室东壁左侧坐者	男	包髻	短襦长裤	对衽	不详	窄袖	不详	褐色	不详	白色裤	脱落

续表

| 序号 | 方位 | 性别 | 发式/巾帽 | 服装形制 | 襦/袍 | | | | | | 裤/裙 | 鞋/靴 |
					领	衽	袖	腰饰	花色	其他		
7	墓室东北壁右侧卧者	男	髻	赤身短裤	无	无	无	不详	白色	无	白色裤	无（赤脚）
8	墓室东北壁右侧左立者	男	黑帽	长袍服	圆领	不详	窄袖	不详	蓝色	不详	不详	白色高筒靴
9	墓室东北壁右侧右立者	男	黑帽	长袍服	圆领	不详	窄袖	不详	黑色	不详	不详	白色高筒靴
10	墓室东北壁左侧持剑者	男	黑色官帽	长袍服	交领	左衽	窄袖	不详	蓝色	不详	不详	黑鞋
11	墓室东北壁左侧妇人	女	包髻	短襦长裙	交领	右衽	窄袖	长带	白色	不详	蓝色曳地长裙	不详
12	墓室北壁右侧骑马者	男	幞头	长袍服	圆领	不详	窄袖	白带	蓝色	不详	不详	白鞋
13	墓室北壁右侧马后男者	男	软巾	长袍服	圆领	不详	窄袖	不详	褐色	蓝色裹腿	白色裤	麻鞋
14	墓室北壁右侧马后女者	女	包髻	短襦长裙	圆领	不详	中袖	褐色长带	褐色	绿色披帛	白色曳地裙	黑色尖头鞋
15	墓室北壁左侧立者	男	包髻	长袍服	不详	不详	中袖	褐色长带	白色	褐色中衣	白色裤	麻鞋
16	墓室西北壁右侧妇人	女	包髻	短襦长裙	交领	不详	不详	不详	蓝色	不详	白色裙	脱落

续表

序号	方位	性别	发式/巾帽	服装形制	襦/袍						裤/裙	鞋/靴
					领	衽	袖	腰饰	花色	其他		
17	墓室西北壁左侧右一	男	戴帽	长袍服	交领	右衽	广袖	赭色腰带	蓝色	不详	不详	尖鞋
18	墓室西北壁左侧右二	男	幞头	长袍服	圆领	不详	广袖	赭色腰带	黑色	不详	不详	尖鞋
19	墓室西北壁左侧左一	女	双鬟	长裙	交领	右衽	中袖	不详	白色	蓝色裹腿	红裤	系带鞋
20	墓室西壁左侧侍者	女	双鬟	长裙	交领	不详	广袖	白色花结带	蓝色	赭色内衬	蓝色曳地长裙	脱落
21	墓室西南壁右一	男	幞头	长袍服	圆领	不详	窄袖	赭色腰带	蓝色	赭色中衣	不详	遮挡
22	墓室西南壁右二	男	幞头	长袍服	圆领	不详	不详	白色腰带	赭色	白色中衣，双腕戴行滕	不详	脱落
23	墓室西南壁右三	男	幞头	长袍服	圆领	不详	窄袖	赭色腰带	白色	赭色中衣	不详	脱落

宣化Ⅱ区 M2 辽墓壁画人物服饰表

序号	方位	性别	发式/巾帽	服装形制	领	衽	袖	腰饰	花色	其他	裤/裙	鞋/靴
								襦/袍				
1	墓室南壁左一	男	白帽	长袍服	圆领	不详	广袖	白色花结带	白色	不详	不详	白鞋
2	墓室南壁右一	女	双髻	长裙	交领	不详	中袖	白长带	白色	不详	白裤	翘尖鞋
3	墓室东南壁左者	男	髡发	长袍服	圆领	不详	窄袖	遮挡	蓝色	白色中衣	不详	白长筒靴
4	墓室东南壁右者	男	戴帽	长袍服	圆领	不详	不详	白色长带	楮色	蓝色中衣,蓝色裹腿	白色内裤	系带麻鞋
5	墓室东壁右者	男	髡发	长袍服	圆领	不详	窄袖	蓝色腰带	楮色	白色中衣	不详	长筒靴
6	墓室西壁左者	男	黑帽	长袍服	圆领	不详	窄袖	楮色腰带	蓝色	白色中衣	不详	黑色勾脸鞋
7	墓室西南壁右一	男	幞头	长袍服	圆领	不详	中袖	楮色腰带	蓝色	白色中单	白色裤	系带麻鞋
8	墓室西南壁右二	男	幞头	长袍服	圆领	不详	窄袖	不详	楮色	蓝色中单	不详	系带麻鞋
9	墓室西南壁右三	男	幞头	长袍服	圆领	不详	窄袖	楮色腰带	白色	白色中单	不详	系带麻鞋
10	墓室西南壁右四	男	幞头	长袍服	圆领	不详	窄袖	白色腰带	蓝色	白色中单	不详	系带麻鞋
11	墓室西南壁右五	男	幞头	长袍服	圆领	不详	窄袖	白色腰带	蓝色	白色中单	不详	长筒靴

蔚县东坡寨 M1 辽墓壁画人物服饰表

序号	方位	性别	发式/巾帽	服装形制	襦/袍						裤/裙	鞋/靴
					领	衽	袖	腰饰	花色	其他		
1	南壁墓门左侧	男	黑色展脚幞头	长袍服	圆领	不详	不详	不详	绿色	红色中单	不详	黑色尖头鞋
2	南壁墓门右侧	男	残	长袍服	残	不详	不详	橘黄色腰带	绿色	不详	不详	黑色尖头鞋
3	东南壁砖门左侧一	男	黑色展脚幞头	半臂衫	不详	不详	不详	不详	黄色	绿色斜领紧袖中单	白色紧身裤	不详
4	东南壁砖门左侧二	男	黑色展脚幞头	长袍服	圆领	不详	宽袖	浅绿色腰带	黄色	白色高领中单	不详	不详
5	东南壁砖门右侧	女	扎双鬏	长袍服	斜领	不详	长袖	不详	蓝黄色	绿色交领中单	绿色百褶裙	尖头鞋
6	东北壁直棂窗左侧	女	双高鬏	长袍服	斜领	不详	长袖	不详	蓝红色	绿色交领中单	绿色百褶裙	尖头鞋
7	东北壁直棂窗右侧	女	下垂双鬏、戴白色连珠串饰	长袍服	斜领	不详	长袖	不详	蓝红色	绿色交领中单	绿色百褶裙	尖头鞋
8	北壁左	男	黑帽	长袍服	不详	不详	长袖	红色腰带	酱色	高领黄色中单	不详	不详
9	北壁右	女	花冠	长袍服	斜领	不详	不详	不详	蓝 红色	绿色斜领中单,红色抹胸,蓝色云肩	不详	不详

续表

序号	方位	性别	发式/巾帽	服装形制	襦/袍						裤/裙	鞋/靴
					领	衽	袖	腰饰	花色	其他		
10	西北壁直棂窗左侧	女	双髻	长袍服	斜领	不详	长袖	残	蓝绿色	交领白色中单	蓝色百褶裙	尖头鞋
11	西北壁直棂窗右侧	女	双髻，髻根红带结扎	长袍服	斜领	不详	长袖	不详	蓝红色	交领白色中单	绿色百褶裙	尖头鞋
12	西南壁砖门左侧	女	连珠串饰、双辫下垂	长袍服	斜领	不详	长袖	不详	蓝红色	绿色交领中单	蓝色百褶裙	不详
13	西南壁砖门右侧一	男	黑色展脚幞头	半袖开长袍	圆领	不详	不详	腰系橘红色腰带	绿色	高领紧袖橘黄色中单	白色紧身裤	尖头鞋
14	西南壁砖门右侧二	男	黑色展脚幞头	长袍服	圆领	不详	长袖	腰系橘红色腰带	蓝色	高领紧袖橘黄色中单	不详	尖头鞋

五、辽南京地区

北京大兴区青云店 M1 辽墓壁画人物服饰表

序号	方位	性别	发式/巾帽	服装形制	襦/袍						裤/裙	鞋/靴
					领	衽	袖	腰饰	花色	其他		
1	墓室南壁墓门东侧侍女	女	高髻簪花	长袍服	交领	不详	窄袖	白花结带	青色	不详	不详	不详
2	墓室南壁墓门西侧侍女	女	高髻簪花	长袍服	不详	不详	不详	白带	红色	不详	不详	不详
3	墓室西壁窗户南侧左一侍女	女	高髻簪花	长袍服	圆领	不详	不详	白丝带	白色	不详	不详	不详
4	墓室西壁窗户南侧左二侍女	女	高髻簪花	长袍服	圆领	不详	不详	白丝带	红色	不详	不详	不详
5	墓室西壁窗户北侧侍女	女	高髻簪花	不详	不详	不详	不详	不详	不详	不详	不详	不详

续表

序号	方位	性别	发式/巾帽	服装形制	襦/袍						裤/裙	鞋/靴
					领	衽	袖	腰饰	花色	其他		
6	墓室北壁中部托盘侍者	女	不详	长袍服	圆领	不详	窄袖	白带	不详	不详	不详	不详
7	墓室北壁西侧箱子后侍女	女	高髻簪花	不详	圆领	不详	窄袖	不详	浅色	不详	不详	不详
8	墓室北壁门东侧左一	女	高髻簪花	长袍服	不详	不详	不详	丝带	红色	不详	不详	不详
9	墓室北壁门东侧左二	女	高髻簪花	长袍服	圆领	不详	窄袖	玉带	浅黄	不详	不详	不详
10	墓室东壁立柱南侧左一	女	高髻簪花	短襦长裙	交领	左衽	宽袖	不详	浅色	不详	红裙	不详
11	墓室东壁立柱南侧右一	男	髡发	不详	圆领	不详	窄袖	不详	不详	不详	长裤	尖头鞋
12	墓室东壁椅后侍女	女	高髻	短襦长裙	交领	不详	不详	不详	红色	不详	白裙	不详

北京西郊百万庄 M1 辽墓壁画人物服饰表

序号	方位	性别	发式/巾帽	服装形制	襦/袍						裤/裙	鞋/靴
					领	衽	袖	腰饰	花色	其他		
1	甬道一	男	冠	长袍服	圆领	残	残	残	紫色	残	残	残

续表

序号	方位	性别	发式/巾帽	服装形制	襦/袍						裤/裙	鞋/靴
					领	衽	袖	腰饰	花色	其他		
2	甬道二	男	冠	长袍服	圆领	残	残	残	黑色	残	残	残
3	室内一	男	盔	长袍服	不详	不详	不详	不详	红色	不详	不详	不详
4	室内二	男	盔	长袍服	不详	不详	不详	不详	土红色	不详	不详	不详

丰台区云岗刘六符墓壁画人物服饰表

序号	方位	性别	发式/巾帽	服装形制	襦/袍						裤/裙	鞋/靴
					领	衽	袖	腰饰	花色	其他		
1	甬道东侧	男	巾	长袍服	圆领	不详	窄袖	腰带	蓝色	不详	不详	残
2	甬道西侧	男	巾	长袍服	圆领	不详	窄袖	腰带	紫色	不详	不详	不详
3	墓室西壁耳室一	男	残	长袍服	残	残	窄袖	残	残	残	残	残
4	墓室西壁耳室一	男	残	长袍服	残	残	窄袖	残	残	残	残	残
5	墓室西壁耳室二	男	残	长袍服	残	残	窄袖	残	残	残	残	残
6	墓室西壁一	男	残	长袍服	圆领	残	残	残	残	残	残	残
7	墓室西壁二	男	残	长袍服	残	残	残	残	残	残	残	残

丰台区云岗刘顗墓壁画人物服饰表

序号	方位	性别	发式/巾帽	服装形制	襦/袍						裤/裙	鞋/靴
					领	衽	袖	腰饰	花色	其他		
1	墓室西北壁一	女	残	衣	残	残	残	残	绣花	残	裙	不详
2	墓室西北壁二	女	残	衣	残	残	残	残	绣花	残	裙	不详
3	墓室北壁	女	不详	长袍服	不详	不详	广袖	不详	不详	不详	不详	不详
4	墓室东北壁	女	不详	长袍服	不详	不详	不详	不详	绣花	不详	不详	不详

说明：壁画图像残缺破残无法识别服饰细节用"残"表示，被身体、物体或服饰本身遮挡用"遮挡"表示，开衽难以分辨或线图无法知晓花色色等情况用"不详"表示。此外，有的壁画有文物的文字描述，无图片或图片难以辨识暂不收录，如晦德让辽墓、白音孑山 M1 等。

后　记

　　见贤思齐，2016 年，我拜读郑春颖女士的专著《高句丽服饰研究》，该书一改以往文献引证或图像展示的研究方式，将考古学视角、类型学方法广泛运用到不同时间轴线上零散图像的整合中，为此类研究开辟了新的路径，我被这种方法和逻辑推理的合理性深深折服，研究服饰的愿望宛如一颗种子落进了心田。无独有偶，2018 年在申请国家社科基金时，塔拉导师建议我做辽代丝织品研究，丝织品遗物历代都很难保存，难得的是辽墓中还出土了几批丝织品实物，而且是研究者涉猎较少的领域。经过一番思量，打算拓展研究范围，将丝织品扩展到契丹服饰，学习高句丽服饰的研究范式，将重点转到服饰款式的辨析、时空框架的搭建、文化因素的梳理上来。可喜的是，以契丹服饰为题首次申报的项目成功获批，服饰研究计划得到了认可，至今都心存感激。

　　研究契丹服饰，要解决的最关键的问题就是以什么样的标准将契丹服分出来，在壁画图像中往往与汉服杂糅在一起。在进入具体研究时，有很长一段时间，每天就是在翻图录，把《内蒙古辽代壁画》《中国出土壁画全集》翻了很多遍，这个入门的过程是艰难的，而且对于愚钝的我而言，无异于再写一次博士学位论文。但兴趣是最好的老师，也许，对服饰之美的热爱是女性的天性吧。对于该课题，越积累越有兴趣，越有兴趣，越能收获点滴的喜悦，"问渠那得清如许，为有源头活水来"，在三年的时间里，完成了国家社科研究报告并以良好等级结项，是对我莫大的激励，成为这段生活中最有意义的一项人生体验。但是我深知，由于初涉服饰领域，有一些研究和我的预期尚有距离，比如等级性的论证不充分，文化交流的深度不够等，报告初稿离出版还有很长的路要走。不久人民出版社联系到我，有意向出版此书，我诚惶诚恐，于是将修改报告提前提上日程，认真研读了评审专家的评审意见，其中有一条建议是：将契丹服饰研究延伸到辽代服饰研究，为我后来的修改指明了新的方向。本书的侧重点在于：将辽政权存续时间范围内五京地区的服饰资料全部收集，以考古学的视角和方法重新解读，重点关注五京地区的服饰构成，服饰源流的解读更加注重多线证据。

虽然我是本书主笔，但是有很多的人在默默地为我付出，在此表达我最诚挚的谢意。冯恩学导师远在长春，时刻关注着研究进度，在茫然时刻总能得到老师的雪中送炭，带我探寻考古的诗和远方。第二次冒昧请老师作序，心里惴惴不安，但是"可以写"三个字的简单回复掷地有声，还在百忙中通读全文，指出制图、图案存在的具体问题，在此捎去学生深深的感激和祝福。塔师荣退后得以空闲相聚，笑谈天南海北，老师的通透与宽容总能让紧张的生活松弛，回归生命的本真，"从明天起，做一个幸福的人，喂马，劈柴，周游世界"。2019年末项目组赴赤峰、阿鲁科尔沁旗、巴林左旗、巴林右旗、敖汉旗、宁城县进行服饰课题调研，承蒙塔师鼎力支持，赤峰文物局陶建英局长助力，各馆馆长及工作人员热情接待，帮助项目组收获了珍贵的一手资料，真切而难忘。

曹建恩、魏坚、李艳洁、张文平、于宝东等诸位老师经常过问研究进展情况，宋国栋、彭善国、于永、盖志庸等诸位老师在文稿修改、提供资料方面给予了很大帮助。此外，夏鹏飞、韩静、刘艺璇、李楠迪娜、刘海清、郭智强、刘振鹏等学生帮助我补充资料、制作表格、校对数据、清绘图片，学习、工作之余倾注了不少精力。本书的出版还依赖于内蒙古社科基金和师大历史文化学院的联合资助；人民出版社詹夺博士不辞辛劳，为本书纠错润色，恕不能一一列举。最后，想用年度热播剧《人世间》主题曲与我的家人和同道中人共勉：平凡的我们撑起屋檐之下一方烟火，若年华终将被遗忘记得你我。

本书的编写，虽然尽力而为，但仍有不少遗憾、疏漏、错讹、不当之处，尚祈师友赐教。

王春燕

2023 年 6 月 1 日书于众新家园